本书的出版得到了国家自然科学基金（71402070）
和南京大学国际化项目学术著作出版基金的资助。

我国上市公司
年报文本信息研究

Text Analysis on Annual Reports of Listed Companies in China

张 娟 著

南京大学出版社

图书在版编目(CIP)数据

我国上市公司年报文本信息研究/张娟著.—南京：南京大学出版社，2020.10

ISBN 978-7-305-23529-0

Ⅰ.①我… Ⅱ.①张… Ⅲ.①上市公司—会计分析—研究—中国 Ⅳ.①F279.246

中国版本图书馆 CIP 数据核字(2020)第 183208 号

出版发行 南京大学出版社
社 址 南京市汉口路 22 号 邮编 210093
出 版 人 金鑫荣

书 名 我国上市公司年报文本信息研究
著 者 张 娟
责任编辑 王日俊

照 排 南京开卷文化传媒有限公司
印 刷 南京爱德印刷有限公司
开 本 718×1000 1/16 印张 17.25 字数 316 千
版 次 2020 年 10 月第 1 版 2020 年 10 月第 1 次印刷
ISBN 978-7-305-23529-0
定 价 80.00 元

网 址：http://www.njupco.com
官方微博：http://weibo.com/njupco
微信服务号：njupress
销售咨询热线：(025)83594756

前　言

随着经济转型升级和公司经营业务复杂化，上市公司年报中的文本信息日益成为社会各界关注的重点。尽管财务信息是披露公司经营业绩最重要的一个方面，但并不能够代表全部。非财务信息在解释公司经营和预测公司发展前景时起着举足轻重的作用，这些信息被以文本叙述为主的方式表达在上市公司年报中，逐渐占据年报披露的主体篇幅。与此同时，在新商业模式的冲击下，财务信息的局限性凸显，难以满足投资者不断增长的信息需求，年报文本信息相对自由而丰富的内容，为投资者决策提供了重要的增量信息。为此，我们迫切需要引进和应用计算机文本分析程序来提取海量年报文本信息，分析其特征和探讨其影响因素、经济后果与扩展应用。这对充分理解和挖掘年报文本信息价值，推进年报文本信息披露的规范化，缓解资本市场信息不对称和促进市场资源配置效率的提升，意义重大。

本书主要围绕上市公司年报文本信息的五个方面问题展开：第一，年报文本信息分析的对象。即年报中常见的有用文本信息有哪些？这些文本信息和财务信息的关系如何？应该从哪些角度提取这些文本的特征？第二，年报文本信息分析的技术构成。即适用于年报文本分析的技术有哪些？新型文本分析技术与传统文本分析有何区别？针对不同文本特征的分析技术主要适用于哪些场景？第三，年报文本信息的影响因素。这包括管理层如何决策文本信息的披露质量？哪些因素对文本信息披露质量产生正向作用？哪些因素产生负向作用？第四，年报文本信息的价值相关性。这包括投资者能否关注到年报文本信息？文本信息如何影响投资者对财务信息的理解？不同模块的文本信息的价值相关性是否存在差异？第五，年报文本信息的扩展应用。这包括可以从哪些角度进一步挖掘年报文本信息的价值？文本信息如何改进一些重要经济指标的衡量？利用文本信息指标是否影响传统经济问题研究的结果？这五个方面的研究问题相互关联，按照从基本理论、技术解析到文本信息影响因素、影响效应和扩展应用的路线层层推进。通过文献梳理、技术解析和实证回归的方法，本书对上述问题进行系统讨论，构建了较完整的年报文本信息分析体系，形成的主要研究观点如下。

1. 年报文本信息分析的理论基础

上市公司年报是管理者和外部利益相关者沟通的重要载体，文本信息占年报篇幅的主体。年报中的“经营情况讨论与分析”“重要事项”“董事、监事、高级管理人员和员工情况”“公司治理”等模块的内容不仅补充解释了财务信息，也为不能进入财务报表的信息提供了披露渠道。基于组织话语理论，这些文本叙述性信息的语篇、句式、词汇、语法、语调等特征，直接影响到公司的社会建构。同时，基于信息不对称理论，年报文本信息的披露具有缓解信息不对称、传递信号和印象管理的功能。公司管理者将权衡文本信息披露的收益和成本，通过选择性处理文本信息质量来影响年报阅读者对文本信息的解析成本，进而影响信息传递效率和市场价格对年报信息的反应。因此，年报文本分析需要吸收来自修辞学、语言学、认知科学、信息学、社会学、心理学等学科的理论和方法，提取年报文本信息的特征和性质指标，展开对文本信息的生成机制和经济后果的讨论。

2. 年报文本信息特征提取技术

相对于基于结构化数据的分析技术，计算机文本分析技术能提供全新的文本特征变量，进而成为年报文本研究发展过程中需要关注的重要内容。年报文本信息特征的提取技术主要分为两大类，即基于机器学习的文本分类技术和基于字典的文本分类技术。其中，基于机器学习的文本分类技术又分为两种，即基于传统特征工程的文本分析技术和基于深度学习的文本分析技术。前者把文档表示成矢量，然后从中提取文档特征，最后使用传统的分类算法如贝叶斯算法等对文本进行分类。后者不需要手动提取特征，而由卷积神经网络自动提取特征并分类。字典法则对商业领域常用的词语进行归纳并形成字典，然后根据字典来统计文本内容中的各类词语，从而对文本进行分类。在进一步以年报文本信息为基础的行业重分类检验中，这些计算机技术被证实在年报文本分析领域取得了良好的分析效果。

3. 年报文本信息的影响因素

年报文本信息披露的主要是各种非财务信息和自愿性披露信息，有着低规范性和弱监管特点，因此，管理者在文本信息披露质量上具有较高的裁量权。一方面，基于自愿信息披露假说，管理者为了缓解信息不对称，有动机进行高质量的文本信息披露以获取融资便利或估价优势；另一方面，管理层出于自利动机很有可能实施信息披露的机会主义行为。出于印象管理和专有成本考虑，管理者将通过操纵文本信息的可读性、差异性、语调等特征，以较为含蓄的方式影响阅读者的信息解析成本，或者给阅读者带来一定的心理暗示，潜移默化地影响其投资决策。在采用计算机文本分析技术提取出我国上市公司年报中经营情况分析与讨论、研发创新等文本信息的基础上，本书的实证检验发现，公司业绩、市场竞争、管理者权力以及公司治理对相关文本信息披露质量存在显著的影响。

4. 年报文本信息的价值相关性

上市公司年报信息的价值相关性长期以来都是财务会计和金融领域研究的经典问题。近年来的研究发现，财务信息的市场反应出现下降和漂移趋势。本书从年报文本信息的视角为之提供了新的解释途径。作为年报信息披露的主要表达形式之一，年报文本信息的信息含量不容忽视。文本信息至少通过影响年报阅读者对财务信息的理解深度和速度，进而对市场盈余反应系数产生重要影响。通过采用计算机文本分析技术提取我国上市公司年报中经营情况讨论与分析、研发创新和业绩说明会的文本信息特征，本书的实证分析发现，在主板、创业板和中小板的市场中，不同的文本信息模块分别对财务盈余市场反应系数和盈余公告后股价漂移现象产生了显著的调节作用。

5. 年报文本信息的扩展应用

年报文本信息直接描述了公司经营、人力资源、重要事项和治理结构等状况，其价值不仅体现在上述对市场盈余反应系数的调整，还有更广阔的应用空间。本书尝试利用文本信息提供一些重要的新经济变量或用于改进传统基于财务信息衡量的经济变量。例如，基于年报中经营情况讨论与分析模块或高管背景情况模块的文本信息，在经过文本相似度分析和聚类分析处理后，能为产品市场竞争、审计专长、或公司治理效率提供更直接的代理变量。这突破了传统研究中过于依赖财务指标和单维度信息进行指标衡量的方法。采用这些新的指标有望解决相关财务会计主题研究中实证结论不一致的现象。这为进一步扩展应用年报文本信息提供了借鉴。

年报文本信息的引入将推进许多重要会计理论的扩展和实证研究范式的变化，影响深远。本书是对技术驱动型的会计文本分析进行的一项较为系统的探索性研究，旨在为财务会计领域中文本信息研究的发展提供参考和借鉴。

但在目前阶段，书中对有些问题的论述尚待进一步改进和深化，恳请有关专家学者批评指正。

本书的写作过程中得到南京大学会计系李萧、汤书雅、岳艳婷、陈建宇、吴洁、罗澄、林莉，以及罗格斯大学(Rutgers)会计系连续审计和报告实验室米克洛斯·瓦萨艾利(Miklos Vasarhelyi)和戴珺(Jun Dai)的支持。他们为本书提供了宝贵建议和基础资料。本书的出版得到了国家自然科学基金(71402070)和南京大学国际化项目学术著作出版基金的资助。在此表示感谢！

张　娟

2020 年 7 月

目　录

第一章　绪　论

1.1　研究背景与意义

1.1.1　研究背景

现代经济学已经证明，信息是市场经济有效运行的关键因素之一，信息不对称是制约经济运行方式和经济效率的基本问题。上市公司公开披露年度报告（以下简称“年报”）是有效降低资本市场信息不对称程度的重要方式。长期以来，年报中的财务信息被认为是年报的核心内容，是市场参与者进行经济决策的主要依据，但随着上市公司经营状况的复杂性上升，利益相关者及其关注的信息范围不断扩大，财务信息传递的内容已经不能充分满足市场中的信息需求。人们对非财务信息的关注开始不断加强。非财务信息一般是以自然语言的形式呈现出来，采用文本叙述性方式表达。当前，这类文本信息在上市公司年报中所占比重不断增加，具有很高的研究价值。尤其在我国这一高语境传播的环境中，文本可以从内容、语调和可读性等方面向外部投资者传递更多和公司价值相关的信息。然而，国内外对文本信息的考察整体上还处于起步阶段，文本信息的特征提取技术、生成机制、经济后果以及对财务信息的影响等问题，都亟待得到进一步的探讨。这就为本书专题讨论上市公司年报文本信息提出了研究动机、目标和要求。

1. 财务信息价值相关性下降的困惑

上市公司年报中的财务信息从会计视角揭示了公司的财务状况、经营业绩和现金流量等经济情况，目的是反映公司管理层受托责任履行状况，帮助财务报告使用者做出经济决策。在有效市场的理论框架下，Ball 和 Brown

(1968)以及 Beaver(1968)拉开了关于财务信息价值相关性的实证研究序幕。大量研究基于事件研究法,发现在年报披露的短窗口期内,资本市场中股票价格或股票交易量变化与财务信息关系显著。这些研究一方面有助于人们判断和识别财务信息是否受到资本市场投资者的重视,另一方面可以从市场反应的角度评价财务信息的质量。

然而,美国会计学者 Lev(1989)在综述 1970 年至 1989 年期间发表在美国三大会计期刊上有关盈余信息含量的研究时指出,很多证据显示财务盈余对于股票价格的解释力非常低。在窄窗口期(2—3 天),财务盈余对股价变动的解释力只有 2%至 5%;即使在较宽(一个季度)和很宽(最长为两年)的窗口期,财务盈余对股价变动的解释力也只有 4%至 7%。此后,Lev 和 Zarowin(1999)持续跟踪相关研究发现,股票价格与关键财务变量(如报告盈余、权益净值和现金流量)之间的统计关联性不断恶化:在二十年期间,反映股票回报与报告盈余相关关系的拟合优度从 0.115 降至 0.037,反映股价变动与报告盈余变动相互关系的盈余反应系数(Earnings Response Coefficient,ERC)也从 0.907降至 0.61;反映股票回报与经营性现金流量相关关系的系数从 0.074 降至 0.036;反映股价变动与现金流量变动相互关系的现金流量反应系数(Cash Flow Response Coefficient,CFRC)也从 0.75 降至 0.416;按照 Ohlson 模型计量的反映股票回报与"报告盈余+权益净值"的相关关系系数由 0.923 降至 0.618。2016 年,Lev 和 Gu 在《会计的没落与复兴》一书中,将考察期间拓展至 1950—2013 年,发现财务信息相关性的下降趋势仍然没有改观,多重财务指标(包括销售收入、销售成本、销管费用、净利润、总资产和总负债等六个指标)对股票市值的解释能力从 1950 年的 90%降至 2013 年的 50%—60%之间。

如果资产负债表、利润表和现金流量表三大报表提供的财务信息,只能在很低程度上解释不同上市公司的股价差异,则财务信息的决策相关性堪忧,财务信息的提供是否符合成本效益原则,令人质疑。这引发了人们对财务信息解释力低的原因的探讨,诸多学者考察了包括盈余的性质、会计准则和公司或行业特征等因素的影响。其中,财务信息自身的局限性被认为是价值相关性较低的本质原因。这些局限性包括:

一是财务信息受到会计确认和计量基本原则的制约。这导致财务信息相关性和可靠性之间的矛盾普遍存在,很多重要的经营活动无法通过传统的财务信息予以货币计量。并且,财务信息反映的主要是公司过去的经营业绩,无法满足利益相关者分析公司未来发展情况的需求。因此,财务信息越来越难以满足市场信息需求(黄世忠,2020)。Govindarajan et al.(2018)的调查访谈表明,很多首席财务官(CFO)甚至认为,按照公认会计准则编制财务报告特别是资产负债表和利润表,只是法规遵从(Regulatory Compliance)要求的一种摆设,尤其是新经济环境下,相当多耗费在财务报告编制和审计上的资源属于浪费。

二是建立在权责发生制基础上的财务信息貌似精确,却充斥着主观的估计和判断。由于面临诸多不确定性,企业的业务日趋复杂,财务报表在编制过程中需要企业管理当局和会计人员运用大量的判断和估计。管理当局正是利用会计这一缺陷玩起了"数字魔术",通过操纵财务信息披露,引导市场做出对其自身能力和公司价值有利的判断(Bloomfield,2002)。已有研究发现,管理者操纵财务数字信息披露的机会主义行为普遍存在(Healy 和 Wahlen,1999;Healy 和 Palepu,2001)。

三是财务信息具有高度的综合性和专业性。"三十年前,会计准则的文献资料仅仅有两卷,并且很容易就能装进公文包携带。从那以后,会计准则文献资料数量呈指数速度迅速增长,现在需要用带有很多隔层的书柜才能容得下"(Steve Liesman,2002)。要真正理解准则已成为一件令人气馁的事情,即使是专业的财务主管们也不得不雇佣高专业水平的会计师。试想,又有几个投资者能真正读懂如此复杂准则下生成的财务报表?安达信的 CEO Berardino 在《我对安然审计的反思》一文中写道"安然就是很典型的一个案例,它如此正宗地用了会计标准却使得投资者更难于理解业务的真相"。大多数投资者由于缺乏专业基础,阅读和理解财务信息比较困难,可能只流于表面,无法真正理解数据的内涵(Lev,2001;Grandi et al.,2009)。

2. 非财务信息的价值认同

随着经济结构转型调整、新兴产业的崛起以及投资者对信息需求的不断增长,财务信息的局限性凸显,且所传达的内容已不能够充分满足市场的信息需求。在此期间,非财务信息的披露日益受到人们的关注。非财务信息主要是指那些"无法进入财务报表,但与企业的生产经营密切相关"的信息。

目前，全球范围内有至少 45 个国家的政府及交易所明确要求或鼓励企业披露其非财务信息。[①] 在我国，上市公司在年报中披露非财务信息的重要性也与日俱增。近年来，不断修订的《公开发行证券的公司信息披露内容与格式准则第 2 号——年度报告的内容与格式》多次强调了非财务信息披露的重要性。比如，根据 2007 年修订版，我国证监会首次要求所有公司在管理层讨论和分析中都应更加详细地披露有关公司未来发展方面的非财务信息；2011 年，证监会鼓励上市公司披露对投资者决策有重大影响的报告期主要产品的生产量、销售量、库存量和市场占有率等非财务信息；2014 年的修订版明确指出，要增强非财务信息披露的针对性，披露内容要做到简明易懂；2016 年、2017 年，证监会又再次对上市公司非财务信息披露内容和披露方式提出要求。

国内外监管层采取加强非财务信息披露举措的根本动因和理论基础，是由于非财务信息作为财务信息的重要补充，能有效缓解信息不对称的程度，提高信息透明度，向外部投资者传达与价值相关的内部信息和公司未来的发展前景(Grossman，1981)。首先，从实证研究上看，非财务信息可以增强财务危机预警和提高财务欺诈识别的概率(Wu，2004)；提高企业收入预测，从而减少投资者风险(Brazel et al.，2009)；平均而言，公共机构一项投资决策的 35%都是由非财务信息决定的(Khan et al.，2016)。而且，非财务指标对企业内部管理也有重要作用。Ittner et al.(1997)的一项研究表明，317 家样本公司中有 36%的公司使用诸如产品质量、顾客满意和市场份额这样的非财务指标来评估 CEO 的业绩。其次，投资者一般认为，非财务信息的可靠性远强于财务信息，因而更愿意投资于非财务信息质量比较好的上市公司(Riley et al.，2003)。消费者也倾向于购买披露非财务信息较多的公司生产的产品(张川和潘飞，2007)。再次，从实践经验上看，过去财务信息是企业价值评估的重要信息来源，而近年来考虑非财务信息的投资行为越来越普遍。例如，2015 年 9 月曝光的大众集团排放作弊的丑闻直接导致一周内公司市值减小了约 1/3，但其实在

① 早在 1991 年，美国注册会计师协会(American Institute of Certified Public Accountants，AICPA)就在广泛收集财务分析师意见的基础上，提出企业应该披露更多关于它们的计划、机遇、风险和关键商业流程的非财务信息。2001 年，财务会计准则委员会(Financial Accounting Standards Board，FASB)发布研究报告《改进财务报告：提高自愿信息披露》，明确鼓励公司自愿披露非财务业绩信息。美国会计协会财务会计准则委员会(American Accounting Association Financial Accounting Standards Committee，AAA FASC)的 2002 年研究报告在以实证方法证明了非财务信息对于投资者的价值基础上，提出 FASB 应该调查并鼓励包括非财务指标在内的能够增强财务业绩测量的模式和架构。

该事件发生四个月之前的 2015 年 5 月，全球领先的指数供应商 MSCI 因为大众公司在董事会独立性、高管薪酬以及会计准则等公司治理方面出现的问题而将其除名。这充分表明非财务信息评价的领先性。在 2016 年，全球最大资产管理公司 BlackRock 的首席执行官 Larry Fink 在发给标准普尔 500 强公司高管的一份备忘录中表示，“请更多地关注企业的长期价值创造能力而不是短期股利发放，并请多关注环境、社会以及公司治理因素，因为它们具有真实和可量化的财务影响”。由此可以看出，非财务信息涵盖内容丰富且具有重要的潜在价值，反映公司治理、创新、竞争、风险等的非财务信息可以传递公司更多的状态。将非财务信息指标纳入投资决策，对于公司本身而言，是加强风险控制能力和长期可持续发展能力的一种手段；对于投资者和利益相关者而言，是提高投资稳定性和可预测性的一种方法。

然而，非财务信息在具体应用中还存在两方面的局限性。一是缺乏规范性。许多机构和学者认为，制定最优的非财务信息强制披露准则是一件非常困难的事情(Skinner，2008；Simpson，2010；Beyer et al.，2010)。虽然近年来国际综合报告委员会(The International Integrated Reporting Council，IIRC)、全球报告倡议组织(Global Reporting Initiative，GRI)和美国可持续发展会计准则委员会(Sustainability Accounting Standards Board，SASB)等组织都在致力于推进非财务信息报告的标准化，但目前各国非财务信息披露格式和内容仍旧以自愿披露为主，这导致非财务信息的可比性和可阅读性较差。二是人工处理成本高。非财务信息一般是大量分散的，并由多个渠道来源收集的信息。因此，非财务信息的收集和加工不仅需要投入较多的时间阅读，而且需要投入精力进行信息整理。最近 Amel-Zadeh 和 Serafeim(2017)的调查研究显示，尽管全球 413 名投资高管中的 82%受访者表示非财务信息非常重要，但在应用于投资过程中面临种种障碍，其中缺乏跨公司可比性(44.8%)以及缺乏非财务信息报告标准(43.2%)是最大的问题；其次是收集和分析非财务信息的成本高(40.5%)，信息缺乏细节(39.4%)和缺乏可量化(37.8%)等。

综上所述，尽管上市公司年报中的非财务信息具有结构化财务数据难以体现的丰富内涵，但从理论上来说，很难有像约束财务信息的会计准则那样对非财务信息进行标准化规范。而且，非财务信息一般不以货币形式出现，大多是一种定性的非结构化的文本信息描述，如何克服上述两方面局限性，是在挖掘非财务信息价值的过程中需要解决的重要议题。

3. 年报文本分析的现状和前景

导致年报文本信息可比性差和处理成本高的本质原因是非财务信息难以计量。因此，如何量化非财务信息是突破其应用中两方面局限性的切入点（Li，2010）。由于绝大部分的非财务信息是以文本形式表达的，那么通过识别文本特征并构建指标来解决非财务信息的量化问题，被认为是挖掘年报中非财务信息价值的重要手段。

早期对非财务信息的文本分析主要基于两个视角：一是采用主观打分法。这种方法虽然可以根据文本内容选择相应的指标，具有较强的针对性，但无论是在指标选取还是对权重赋值时都存在较强的主观性，从而损害了研究的解释力和可鉴证性。并且，这种方法需要人工阅读大量的年报和临时公告，工作量较大，使得研究样本普遍偏小。这就提高了抽样误差，进而降低了估计结果的可靠性。二是直接采用一些非财务指标，如顾客满意度、市场占有率等。采用这种方法可以有效避免打分法只注重披露信息的数量而忽略了信息的差异。比如，即使公司披露了顾客满意度，但不同公司的顾客满意度并不完全相同，而是存在着较大差别，如果忽视这种差异，仅仅考虑是否披露，就可能得出错误的实证结论（胡元木和谭有超，2013）。然而，由于非财务信息以文本方式披露，仅有一小部分非财务信息可能存在直接量化的指标。更多的文本信息由于缺乏量化指标而被迫产生信息丢失。因此，早期人工判断法进行的文本分析存在人工成本高、解读效率低下、费时费力、易受解读者主观因素和个人利益影响的问题。这些问题长期困扰着非财务信息研究者，导致相关研究进展缓慢。

近十年来，随着机器学习（Machine Learning）和自然语言处理（Natural Language Processing）技术的长足发展，使用机器取代人进行年报文本分析成为可能。计算机文本分析的学习算法与 Google 公司的人工智能程序 AlphaGo 深度学习的基本原理是一致的。这种文本分析方法通过类人工智能程序阅读海量财务报告文本并进行专家式的信息解读，不仅解决了文本的样本量偏少问题，降低了人工成本，而且减少了人工阅读中主观性过大的问题，极大地提高了非财务信息的分析效率。近年来，一些创新性公司已经陆续开发了年报文本分析工具，成功地利用年报中非财务信息进行了投资决策。例如，建立在美国硅谷的创业公司 TruValue Labs 基于自然语言处理办法开发了 Insight360 文本分析工具，根据美国可持续发展会计准则委员会标准，对全球 8 000 多家上市公司的非财务信息进行评级。从 2013 年到 2017 年，TruValue Labs 评级分数高的公司股票收益率超过准普尔 500 指数，额外回报年率达到 3%至 5%。总部位于阿姆斯特丹的 Sustainalytics 公司，通过机器学习算法来整合 2013 年到 2016 年的 1 600 多家公司的非财务信息，根据非财务信息信号纳入的投资组合，年化利率超过基准指数的 1.1%至 4.3%（金希恩，2018）。

在计算机文本分析方法不断发展的背景下，财务会计领域的信息披露研究开始有了实质性突破。据 Li(2010)统计，截至 2010 年，发表在国际顶级期刊上的以计算机为基础的会计文本实证研究已超过数十篇，而近十年来文本分析文献逐年增长的趋势不减。这些学者尝试从可读性、文本相似性、披露语调等计算机文本分析法得出的关键文本特征，来研究年报中的非财务信息。随着非财务信息越来越受到重视，基于计算机文本分析法的研究逐渐成为当前财务会计领域的研究热点。

计算机文本分析法与早期的人工分析法相比优势明显，并能提供更多的文本特征和变量。但由于这种方法要求研究人员既懂得财会知识，又懂得计算机知识，门槛较高，让很多研究者望而却步。同时，已有关于中文年报文本的研究不仅数量较少，且主要是通过手工收集数据与人工阅读的方法，存在研究样本量较小、变量取值较为主观等问题（孙蔓莉等，2013；王克敏等，2018）。这使得目前文本分析研究在我国财务会计领域尚属于新兴话题，现有文献量远远低于研究财务数据信息的文献。

4. 本书写作主旨

随着当前新经济时代的到来，财务信息披露的作用有限。各国监管机构要求并鼓励公司在年报中披露非财务信息。文本自由而丰富的表达方式，为多样化的非财务信息披露提供了天然的载体。这些文本信息具有较高的信息含义，能够对财务报表数据起到解释、补充以及验证的作用。但是，非财务信息具有规则性和一致性较差的特征，即使采用选取具体项目并进行人工评分的度量方法，依然具有主观性和人工量大的缺点。同时，文本的信息价值又隐藏在字里行间，不容易直接观察和测度，因而需要运用专门的技术手段进行提炼，进而量化为数值型的变量。凭借以计算机为基础的文本分析方法，公司背景、生产运作、公司治理等方面的非财务信息都可以得到文本特征度量，会计学者可以对年报文本进行深入的研究，以进一步论证、补充和扩展现有财务信息披露理论框架。

目前，国内外将文本挖掘技术应用于社会科学的各个领域，取得了许多成果，如科技教育，社会舆论、商业金融领域等，但会计领域对文本分析的研究尚待展开。在对近十年来相关研究成果进行系统的梳理和述评基础上，我们发现，现有文献中国外文献占比较高，这些文献主要是以英文文本为分析对象。但文本分析是以语言的基本结构和语义构造为基础的，由于不同的语言之间存在显著的差异，现有的国外相关研究并不能直接应用于我国年报的中文文本。特别是相比英语文本的线性思维，汉语更强调圆式思维，反映在语言上更加委婉含蓄(孟庆涛，2009)，这导致中文语义更为曲折隐晦，增加了上市公司年报文本信息汉语语言特征提取的难度(王克敏等，2018)。因此，对于我国的研究而言，构建中文文本分析方法是开展会计文本研究的基本前提。而且，考虑到国家间文化和制度的差异性，不同的文化与制度可能影响公司年报文本信息的生成机制及其经济后果，这导致基于国外欧美制度的研究结论并不能直接照搬到我国。因此，我国上市公司年报文本信息研究一方面需要借鉴国外已有的研究框架和理论成果，但另一方面更需要积极探索我国特色情境下的年报文本研究。整体而言，国内外会计领域对文本分析技术的应用都尚在初级阶段，年报文本分析技术、年报文本信息披露特征、年报文本研究理论框架及其与原有财务信息研究的结合和扩展等，许多问题亟待得到系统的解答。

本书将在文献梳理、技术讲解和实证分析的基础上，对文本分析技术的构成、文本分析的实际应用、年报文本信息含量及其影响因素进行细致讨论，为实现年报文本信息价值的挖掘和文本分析技术在会计领域中的推广应用提供理论基础和应用借鉴。

1.1.2 研究意义

随着近年来计算机自然语言处理技术和大数据技术的长足发展，理论界和实践界都意识到年报文本分析的必要性。但是，具体哪些计算机技术在财会领域更有普遍的应用前景；如何在财会领域使用自然语言处理技术；如何衔接新型自然语言处理技术和传统财会分析范式；文本信息可以从哪些角度展开分析；执业者、监管者和研究者如何理解文本分析的结果等问题都尚未得出明确的结论。本书将清晰地展现如何将计算机文本分析技术引入到财会领域的年报文本信息研究中，通过构建相关理论基础，并实证分析年报文本的影响因素、经济后果和扩展应用来尝试解答上述问题。具体来讲，本书的理论意义和实践意义分别如下：

1. 理论意义

第一，拓展已有的财务信息披露理论，构建新的理论来解释和预测日益复杂的年报信息披露问题。在信息使用者越来越多元化的情况下，管理者会基于何种动机披露非财务信息，以及其会导致何种经济后果？已有的代理理论和信号理论难以提供完全合理的解释，因而迫切需要引入或创建新的理论模型用以指导研究和解决实践问题。通过引入组织话语理论、印象管理理论、专有成本和市场竞争理论等，本书为充实年报信息披露理论进行了探索，为今后的研究提供了借鉴思路。

第二，通过中文年报文本信息大样本分析，为已有信息披露的理论包括有效市场理论、信号传递理论、委托代理理论等，提供新的实证证据。计算机自然语言处理技术的革命性发展，推动了文本分析技术的应用。本书在当前英文文本研究成果的基础上，结合汉语语言学研究进展，从文本可读性、相似性、聚类等层面构建中文年报文本信息指标变量。这扩大了传统年报财务数据分析的范畴，有助于充分挖掘年报中非财务信息的价值。与此同时，通过将计算机领域的新技术应用到会计领域，本书研究中的文本信息提取与变量生成全部由计算机程序自动完成，与传统手工搜集和人工阅读打分方法相比，研究样本大幅增加，评价指标多元化，研究结果更加客观。

第三，融合财务信息和非财务信息的研究，为应用计算机文本分析法来对接和扩展原有财务信息研究体系提供参考。已有关于年报信息披露的研究一般将财务信息和非财务信息作为两类相对独立的信息披露（Schrand 和 Walther，2000；Li，2008；Huang et al.，2014）。但随着非财务信息披露的增加以及相关文本分析法的改进，从信息的内涵、影响机制和经济后果来看，财务数字信息和非财务文本信息之间的互补或替代关系将有望得到探讨。本书通过提出年报文本分析的研究框架，推动财务会计信息披露研究迈入到一个新的发展阶段。

2. 实践意义

第一，对市场投资者而言，先前主要关注的年报信息是财务信息。但随着经济增长方式和公司经营模式的转变，财务信息的局限性突出，为了增强年报的决策有用性，非财务信息大幅度增长。当根据年报信息进行公司比较和选择投资决策时，非财务信息将逐渐产生重要影响。由于非财务信息涵盖范围广，难以被统一规范，这在某种程度上增加了市场投资者的信息处理成本。本书提供的文本分析法，将有助于投资者从文本信息的可读性、相似性、前瞻性等方面解读非财务信息，也可帮助市场参与者了解公司文本信息披露策略，提高决策的有效性。

第二，对公司管理者而言，年度报告是与外部利益相关者进行沟通的重要载体。财务信息由于受会计准则的约束而发挥空间有限。但在非财务信息方面，文本如何组织，管理者有相对的自由和灵活度。如果投资者对年报信息的解读会影响其对公司价值的判断，那么，公司就有必要在文本上下功夫，及时优化文本披露策略。本书的研究有助于管理者理解如何通过文字，使得阅读者进一步了解公司的产品、产业、行业、市场、人员、经营、战略，从而加深对公司的印象，增加对公司的兴趣，提高对公司的认同。

第三，对监管层而言，我国财务报告披露相关法规重点关注财务信息披露的全面性和透明度，对文本信息的关注较少。尽管《公开发行证券的公司信息披露内容与格式准则第 2 号——年度报告的内容与格式》多次提到鼓励非财务信息的披露，但这些非财务信息披露多以文本方式进行，管理者在披露时存在多种技巧。本书的研究提示监管者应加强对年报文本信息的关注，指导上市公司发布更加简明易懂的年度报告。

1.2　基本概念的界定

1.2.1　财务信息和非财务信息

一般而言，财务信息是指那些完全符合可定义性、可计量性、可靠性、相关性的，能够通过确认、计量、记录、报告程序进入财务报表的信息，以及报表附注中的解释说明和由财务报表扩展而来的信息。非财务信息是指与财务信息相对应的，不以货币为主要计量单位，与企业生产经营活动相关的，与利益相关人决策相关的信息。这种财务信息和非财务信息的界定与美国财务会计准则委员会(FASB)在《企业财务报表项目的确认和计量》中的观点，以及澳大利亚特许会计师协会(1997)在《报告非财务信息》中的定义相一致。

上市公司年报信息披露是以"受托责任"和"决策有用"为基础的。长期以来，上市公司在年报中应当充分披露高质量的财务信息已经成为共识。但财务信息由于受到会计确认、计量等因素制约，其主要面向过去，是对企业历史经营情况的反映，很多重要信息无法通过传统的财务报表予以披露，越来越难以满足投资者准确了解公司经营现状以及预测未来业绩的需求。同时，随着利益相关者理论的影响日益扩大，信息需求者的范围也不断增加，如员工更加关注福利待遇、职业培训、工作环境，政府更加关注环境保护、社会责任履行等信息。为增强年报的"决策有用"目标，增加非财务信息披露，已经得到了理论界和实务界的广泛认同。

从非财务信息的内容看，美国证监会发布的S-K规程最早详细规定了年报中必须提供的非财务信息，主要包括：① 经营说明；② 普通股的市场价格与红利；③ 管理部门的讨论与分析；④ 会计师的变更与分歧；⑤ 管理人员的薪金；⑥ 与有关方面的交易与关系；⑦ 收益的使用；⑧ 管理人员与董事们的报酬。但随着经济环境的发展和市场对重要信息的需求变化，上市公司对非财务信息的自愿披露内容也在发展变化中。Robb et al.(2001)在对美国、加拿大和澳大利亚的公司年报进行综合分析的基础上，将非财务信息划分为前瞻性的非财务信息和历史性的非财务信息，前者主要包括公司周围环境、战略和管理、公司发展趋势信息；后者主要包括公司环境信息、产品信息、顾客信息。2013年，为了解决实务中非财务信息披露标准缺失的问题，国际综合报告委员会(IIRC)发布《国际综合报告框架》提出了八大类非财务信息[①]。近年来，全球报告倡议组织(GRI)提出将非财务信息分为环境、社会与治理(Environment，Society and Government，ESG)三类。由此看出，因为上市公

① 国际综合报告委员会(IIRC)于2013年12月发布的《国际综合报告框架》规定了以下非财务信息主要内容：机构概述和外部环境、治理、商业模式、风险和机遇、战略和资源配置、绩效、前景展望、编制和列报基础。

司披露的非财务信息是对信息需求者的回应，而企业的生产经营与社会经济发展是密切相关的，随着经济发展方式、企业经营模式或经营内容的转变，信息需求者的信息需求也在变化。时至今日，我国上市公司年报中披露的非财务信息主要包括：① 背景信息。企业经营总体规划和战略目标，企业经营活动和资产的范围与内容，所处行业的特点，产品生命周期及产品结构。② 经营业绩说明。经营活动指标、成本指标、关键经营业务指标、关键资源数量与质量指标。③ 管理部门的分析与讨论。企业财务状况、经营业绩变化的原因和未来的发展趋势。④ 前瞻性信息。企业面临的机会与风险，管理者的计划，影响的关键因素，将实际经营业绩与以前披露的机会与风险进行比较。⑤ 社会责任。环境责任指标，包括处理废水、废渣、废气的情况，对社会环境治理提供的服务，减少耗用稀有及不可再生资源的措施与效果；人力资源信息，如企业员工构成情况信息、员工安全和健康信息以及员工培训、员工福利和社会保障信息；企业经营对当地的影响，包括对带动地区经济发展的积极作用，为当地提供就业机会情况，对居民居住环境和社会稳定的影响。⑥ 核心竞争力及持续发展能力。研究与开发创新能力，员工能力，资源利用情况。

上市公司年报中这些多维度的非财务信息具有结构化财务数据难以体现的丰富内涵，为扩展财务会计研究提供了充足的资源。例如，反映公司治理、创新、竞争、风险、前瞻性等的非财务信息可以传递公司更多的状态。探究非财务信息披露的内在机制和经济后果，可以自然地融入和发展已有的财务会计研究。

但是目前非财务信息的披露大多还是处于自愿的状态，因此，实践中各公司披露的差异较大。为此，一系列关于非财务信息披露规则标准制定的工作正在进行中。正如 Baker 和 Eccles(2018)在《FASB 和 IASB 应该为非财务信息制定标准吗?》提出，如果没有监管机构提供的标准和报告要求，非财务信息将永远不会具有财务信息的质量、效用和合法性。近年来，美国可持续发展会计准则委员会(SASB)和国际综合报告委员会(IIRC)、全球报告倡议组织(GRI)一致努力在实现公司非财务信息报告的标准，并且要推动非财务信息在上市公司年报中实现与财务信息统一进行披露。在这一背景下，我国为维护资本市场的健康发展，优化市场资源配置效率，保护投资者及其他利益相关者的权益，对非财务信息的研究亟待加强。这包括非财务信息的披露方式、影响因素、经济后果，以及非财务信息与财务信息的关系等问题，相关研究将为我国监管层推动非财务信息披露规范提供重要参考。

1.2.2 年报文本信息内容

我国上市公司年报需要依据证监会《公开发行证券的公司信息披露内容与格式准则第2号——年度报告的内容与格式》中的规定进行披露。该准则的总则中指出“准则的规定是对公司年度报告信息披露的最低要求；对投资者投资决策有重大影响的信息，不论本准则是否有明确规定，公司均应当披露。鼓励公司结合自身特点，以简明易懂的方式披露对投资者特别是中小投资者决策有用的信息。”年报正文包含的内容分为十二节：重要提示、目录和释义；公司简介和主要财务指标；公司业务概要；经营情况讨论与分析；重要事项；股份变动及股东情况；优先股相关情况；董事、监事、高级管理人员和员工情况；公司治理；公司债券相关情况；财务报告；备查文件目录。许多公司实际披露的年报篇幅经常长达上百页，这其中不同的利益相关者的关注点存在差异。

按照信息的表达形式，上市公司年报的内容可分为数据信息和文本信息两部分。数据信息是指上市公司在年报中通过数字形式列示的各项主要经济指标。资产负债表、利润表、现金流量表中的所有项目都属于数据信息。财务报表是上市公司提供数据信息的主要载体。文本信息是指公司报告中除数据信息以外，其他所有以文字叙述为主要表达方式的信息（孙蔓莉和姚岳，2005）。文本信息以非财务信息为主，包括股东情况、治理结构、董事会报告、监事会报告、重要事项等，是公司对外报告的重要组成部分。如果按篇幅计算，非财务信息在公司报告中占主体地位。2009年的一项调查发现，2005年至2009年期间，非财务信息内容增加导致伦敦交易所上市公司的年报页数增加了41%。在一份典型的上市公司年报中，以文本表达的非财务信息的篇幅在80%左右（赵立新和黄燕铭，2013）。

就财务会计研究而言，经营情况讨论与分析，重要事项，董事、监事、高级管理人员和员工情况，公司治理构成年报非财务信息文本分析的重要对象。①

① 需要说明的是，除了公司年报披露的文本信息之外，广义的会计文本信息还包括网络发帖留言、媒体报道、业绩说明会、分析师报告等其他渠道的文本信息。与狭义的会计文本研究相比，广义的会计文本由于内容相比企业披露的会计文件更易于理解，阅读对专业的要求更低，语言学、传播学和计算机学等非会计专业的研究者也针对此类文本进行了大量的研究，因此相较于狭义会计文本，广义会计文本研究开始地更早，成果和结论也更丰富。

首先，经营情况讨论与分析。这对应着美国上市公司年报 10－K 文件中的“管理层讨论与分析”（Management Discussion and Analysis，MD&A）。MD&A 不但包括公司管理层对当前公司经营状况的阐述，还包括对公司未来的展望，因此，信息含量较高。我国上市公司年报在 2002 年首次引入管理层讨论与分析概念，在 2016 年将年报中的董事会报告正式更名为经营情况讨论与分析。这部分信息披露的内容从业务层面充分解释导致财务数据变动的根本原因及其反映的可能趋势；提供了许多关于公司经营情况的细节信息，例如研发投入、投资状况、生产经营环境变化；还包括了公司未来发展战略、下一年度的经营计划以及公司可能面临的风险。对这一部分信息进行解读，能够帮助阅读者理解上市公司运营状况，判断公司核心竞争力、预测上市公司未来的发展。

其次，重要事项。重要事项中所包括的内容应该是投资者特别予以关注的方面，这段文字可能埋藏着公司正常持续经营的“炸弹”。其中包括的重大诉讼、仲裁事项关乎公司业务和财务状况，是公司风险的重要来源；公司、公司董事及高级管理人员受监管部门处罚的情况，可以传递公司是否规范经营的重大信息；公司收购及出售资产、吸收合并事项的情况，可以让投资者理解上述事项对公司财务状况和经营成果的影响，更为清晰地认识公司的本来面目；重大关联交易事项可以提供公司社交网络的信息来源。在重大事项中，公司资产或项目存在盈利预测，且报告期仍处在盈利预测期间内，公司董事会、相关股东和负责持续督导的中介机构应当就资产或项目是否达到原盈利预测及其原因作出说明。这为前瞻性信息的文本分析提供了资源。同时，披露准则鼓励公司主动披露积极履行社会责任的工作情况，这成为分析社会责任的重要来源。

再次，董事、监事、高级管理人员和员工情况。董事、监事和高级管理人员的背景信息和报酬决策程序、报酬确定依据以及实际支付情况、母公司和主要子公司的员工情况，包括在职员工的数量、专业构成（如生产人员、销售人员、技术人员、财务人员、行政人员）、教育程度、员工薪酬政策、培训计划以及需公司承担费用的离退休职工人数，是年报阅读者了解公司人力资源信息的重要来源。特别是高管人员信息为分析高管激励、高管特征、团队能力等指标和公司绩效的关系提供了信息来源。

最后，公司治理。近二十年来，我国学术界对公司治理的研究日益深入，公司治理从一个研究问题演化成一个研究领域，并最终成为一个学科。公司治理结构是否规范；治理职能是否齐全；议事规则是否合理；人员是否胜任等指标的度量，充分应用了年报中的公司治理信息。随着内部控制基本规范的出台，公司治理信息披露要求公司内部控制存在重大缺陷的，应当披露具体情况，包括缺陷发生的时间、对缺陷的具体描述、缺陷对财务报告的潜在影响，已实施或拟实施的整改措施、整改时间、整改责任人及整改效果。这为内部控制领域的研究提供了详细信息。

1.2.3 文本分析和自然语言处理技术

围绕着各种非财务信息披露内容，大量密密麻麻的文字提高了阅读者的处理成本。为了挖掘年报中非财务信息的价值，年报披露准则多次提出要求“语言表述平实，清晰易懂，力戒空洞、模板化。”然而，具体文本表达难以进行统一规范，由此产生了文本偏差。这是指不同社会范畴个体运用语言及文字向他人传递信息时，语言与文字的特征表现出一定的差异。文本分析通过文本特征识别与变量构建来解决非财务信息的量化问题，一直被认为是挖掘年报中非财务信息价值的重要手段。

文本分析又可以称为文本知识发现，它是一个运用自然语言处理、数据挖掘和计算机技术，从半结构化或非结构化的文本中，提取文本信息，进而发现知识的过程(Ronen et al.,1995)。从基本技术上来讲，文本分析是个多学科交叉的研究领域，可将其视为数据挖掘的一个分支。数据挖掘中的统计知识、机器学习技术及可视化技术都可以被运用到文本分析中来。一般文本分析的过程首先是文本信息的预处理，主要是指量化方法的选择，信息的清洗，分类，特征标识等；然后建立索引与存储结构，形成中间表示层(聚类、趋势分析、关联规则发现等)；最后是信息的分析，即知识发现和表示的过程(谌志群等，2005)。但文本分析与传统的数据挖掘相比较，最大的不同之处在于，数据挖掘处理的是结构化数据，如存储在数据库中的数据，而文本分析所处理的对象主要是不规则的，无法直接量化表达的文本。因此，相关研究面临着许多自然语言处理上的困难和挑战。

现有经济管理研究领域在运用计算机技术提取以下五种文本特征上取得较为一致的意见，这五种特征分别为：

(1) 可读性。在最广泛的意义上，可读性是影响读者理解文本信息的所有元素的总和(Dale 和 Chall，1948)。根据 Tekfi(1987)的经典定义，可读性是“确保给定的一段写作按照作者的意图来传达并影响其受众”。在计算机处理的文本分析中，可读性具体是指文本的复杂性或模糊性特征。SEC 将文本复杂性定义为非简明语言的使用。可读性较差的文本会增加投资者处理信息的成本。

(2) 相似性。这是指文本之间的相似度。与之相对应的概念是文本距离，指的是两个文本之间的距离。文本距离和文本相似性是负相关——距离小，“离得近”，相似度高；距离大，“离得远”，相似度低。在商业领域，通过文本相似度可以找到与主题信息相似度较高的信息。通过测量文本的重复或者距离，还可以衡量公司之间经营的同质性，进而测度竞争程度(Brown 和 Tucker，2011；Hoberg 和 Phillips，2016)。Li(2010)则认为文本的重复性披露可以增强投资者对其他非重复性文本信息的理解。

(3) 前瞻性。这是指文本中包含与公司未来发展和业绩相关的信息。这些信息一般包含在管理层讨论和分析(MD&A)的段落中，比如，行业发展趋势、公司未来的发展战略、新年度的经营计划、未来资金来源及使用、未来可能的风险因素以及应对策略等。MD&A 前瞻性信息对投资者有重要的战略指导意义，准确的前瞻性信息能直接帮助预测公司的未来发展趋势，为投资决策提供有效的指引。

(4) 语调。文本语调分析又被称为文本情感分析、意见挖掘，是指对带有情感色彩的主观性文本进行采集、处理、分析、归纳和推理的过程。语调或情感是由乐观或悲观、正面或负面、积极或消极两种对立的感觉构成。中性语调或可视为第三种语调，因为大部分词句既不乐观也不悲观(Li，2010)。

(5) 管理者特征。文本不仅可以对受众、环境和话题做出有效回应，还可以微妙地展现文本披露人的角色个性等特征(Rampton，1995)。这种特征体现主要基于自我服务偏差或归因心理，例如，在 MD&A 中存在管理者对年报业绩的自我服务归因偏差。文本中第一人称的使用频率，或者管理者在电话会议中的发言特征都经常被用来度量管理者特征(Li et al.，2009)。

相对中文而言，英文语句中单词之间存在空格，词与词之间有自然区分，采用词作为索引在英语语言处理技术上要比中文简单得多。中文文本挖掘受自身特点的限制，比英文处理难度更高。中国学者对中文文本挖掘也做了许多的研究，其中，中文分词技术的研究尤为重要。自 20 世纪 80 年代中文信息处理提出自动分词以来，中文文本分析取得了一些重要的研究成果（刘迁等，2006）。中文分词技术总结起来大致分为三类：

一是基于词典的分词方法。这也被称为“词袋法”，基本思想就是字符串匹配技术：确定一个匹配策略，将待处理文本段落中的词与“词袋”中的词条进行匹配，若在词典中找到某个词或短语，则匹配成功，即该词语被识别。该方法的优点是过程实现非常容易，但缺点是匹配速度慢，词典的创建和质量影响分词效果，也存在歧义切分等问题。

二是基于统计模型的分词方法。这种方法的基本思想是鉴于词是稳定的字的组合，因此，某文本集中一些字同时出现的次数越多，就越可能构成一个词（曹倩等，2004）。基于统计的分词方法依赖于一些统计模型的应用，主要的统计模型有互信息、神经网络模型、隐马尔科夫模型和“熵”模型等。这些统计模型主要是利用字与字的同时出现概率作为分词的依据。基于统计的分词优点明显，不受待处理文本的领域限制，无须建立适合该领域的专属字典。其缺点则是需要大量的文本进行训练学习，完善模型参数估计，分词精度受到训练文本数量和质量影响。

三是基于规则和理解的分词方法。这主要依赖人工智能技术的应用，进行中文的分词处理。该领域算法的分词过程是希望将人的思维方式模拟移植到机器之中，使机器像人一样思考，理解人的言语表达方式，从而自动识别文本中词的构成。该方法是理论上最理想的方法，也是最难实现的方法，由于该分词方法的研究处于起步阶段，并且由于汉语自然语言复杂灵活，因此，基于人工智能的分词技术仍然面临着巨大的挑战。

1.3　研究问题及其逻辑关系

借助会计文本分析，年报使用者能从较高的层次把握公司经营状况，挖掘更多信息，减少信息解析的工作时间。计算机网络和人工智能技术正以各种形式影响所有行业，财会数据分析也需要翻开新的篇章，从原来的结构化财务数据分析为主的时代进入到财务数据和文本信息并重的时代。

然而，目前大多数人对引进计算机领域的新技术改进和扩展会计数据分析，还没有形成系统的认识，对零散的会计文本分析实践还缺乏提炼和总结。有哪些文本分析技术适用于财会领域？这与传统财会数据分析技术有何区别？如何实施新型文本分析技术？这些问题的解答是推动年报文本分析应用的充要条件。为此，本书要回答的问题包括：

1. 年报文本信息分析的理论基础

在大数据时代，社会科学发展中最引人注目、同时也是影响最深远的趋势之一是非结构化信息的价值挖掘。从上市公司年报信息的表达形式看，文本是重要的非结构化信息，所占篇幅远超过结构化的财务信息。如何构建年报文本分析的理论框架？是否需要引入新的理论来为文本分析提供支撑？文本分析是否有可能改变、扩展或完善原有在财务信息基础上发展起来的信息披露理论？基于这些问题，本书引入组织话语理论中的符号学、言语行为学和系统功能语言学，为年报文本分析奠定理论基础；同时，本书讨论了文本分析的应用将如何扩展和完善信息不对称理论中信息含量理论、信号传递理论和印象管理理论。理论基础的讨论将有助于阐明传统财务数据分析和文本信息分析之间的差异，为开展年报文本信息分析提供可行的研究思路和丰富的研究视角。

2. 年报文本分析的技术

上市公司年报文本包含了大量的公司经营信息，从中获取用户感兴趣或者有价值的信息需要应用到计算机文本挖掘技术。文本挖掘技术是从数据挖掘发展而来，但与结构化数据相比，文本是半结构化或非结构化的，无确定的形式并且机器很难理解其语义。文本挖掘技术需要对以文本形式存储的文件提取特征，从中分析出有意义的信息，建立有价值的模型。那么，在财会领域取得较为公认的文本特征有哪些？这些特征如何通过文本挖掘技术获取？基于这些问题，本书对年报文本信息特征及其分析技术进行了整理，介绍了传统特征工程、深度学习和常用字典方法。这为提取上市公司年报文本信息并构建变量指标提供了可行性。

3. 年报文本信息披露的影响因素

虽然年报文本信息相对于财务信息较难操纵，但这些文本信息有着低规范性和弱监管的特点，管理层出于自利动机会策略性地利用印象管理手段，通过对文本信息的选择性处理，影响阅读者对公司的感知。那么，管理者会如何操纵文本信息质量？文本信息披露的影响因素有哪些？这些因素中，哪些会增强文本信息质量，哪些会降低文本信息质量？基于这些问题，本书应用自愿信息披露理论、专有成本理论和模糊动机理论，讨论了公司盈余、产品市场竞争和公司治理对文本信息的篇幅、可读性和异质性的影响。这补充完善了传统基于财务数据的信息披露影响因素研究，指出年报文本信息披露中存在的机会主义行为。

4. 年报文本信息披露的价值相关性

在信息不对称的环境中，股票市场对财务盈余反应一直是会计领域的经典话题。尽管多年来各国的实证证据表明财务盈余会导致股价变动，但市场对财务盈余的弱反应和不完全反应现象长期存在。那么，财务信息和文本信息作为年报中两种基本的信息形式，文本信息能否影响财务信息的市场反应呢？年报中不同模块的文本信息是否产生不同的影响？相对于直接解释财务盈余的文本信息，MD&A 或研发创新的文本信息是否受到不同的投资者关注？基于这些问题，本书考察了 MD&A、研发信息和业绩说明信息对财务盈余市场反应的调节作用，并特别讨论了创业板和中小板等信息透明度相对较弱的板块中文本信息的作用。这为理解盈余市场反应系数波动现象提供新的参考依据。

5. 年报文本信息的扩展应用

年报文本信息除了作为财务信息的补充或并列信息，更重要的意义在于叙述了公司经营特征和管理层特征等非财务信息。通过文本分析技术挖掘年报文本信息，一些新的经济指标有望得到更直接的衡量。应用文本信息可以改进哪些经济指标？利用新指标是否可以解决原有研究中结论不一致的现象？基于这些问题，本书尝试运用文本相似度和聚类方法，度量产品市场竞争、审计专长和高管梯队等指标，并设计专题研究，考察新指标应用后的实证结果。这为挖掘年报文本信息进行更广阔的研究创新提供了思路。

上述五个方面的研究问题相互关联，沿着理论基础、技术构建到基础实证分析和扩展实证应用的路线层层推进，形成一个年报文本信息分析的理论和实证体系。

1.4 研究结构和内容安排

对上述1.3节中相关问题的研究和回答构成本书的主要内容。根据从分析技术到应用实例的线条进行讨论，这些内容被划分为不同的模块。全书包括7章，可分为五个部分，第一部分（第1章）提出本书的研究背景、研究问题及其相互之间的逻辑关系；第二部分（第2章）对本书相关的研究文献进行回顾；第三部分（第3章）探讨文本分析技术；第四部分（第4、5、6章）是从财会研究的视角，实证分析年报文本信息披露的影响因素、经济后果和年报文本信息的扩展应用；第五部分（第7章）是研究结论、研究局限和未来研究方向。各章具体内容如下：

第1章绪论。本章阐述了会计文本分析技术应用的背景因素，提出本书的研究问题及其相互之间的逻辑关系，并简要介绍本书的组织结构和内容安排。

第2章研究文献综述。本章通过对国内外相关文献进行综述，运用组织话语理论和信号传递理论为会计文本分析提供理论基础，归纳了财会领域讨论的各种文本分析方法，总结了现有会计文本实证研究。这为后续的文本信息应用和实证分析奠定了基础框架。

第3章文本分析技术。本章整理并归纳了会计文本分析中常用的数据分析技术。这些技术主要分为两大类，即基于机器学习的文本分类技术和基于字典的文本分类技术。其中，基于机器学习的文本分类技术又分为两种，即基于传统特征工程的文本分析技术和基于深度学习的文本分析技术。

第4章文本信息披露影响因素。本章基于信息披露的机会主义行为，讨论了自愿信息披露、印象管理、专有成本和模糊动机对年报文本信息质量的影响，分析了公司财务业绩、创新绩效、产品市场竞争、管理者权力和公司治理等对相关文本信息质量的影响机制，并建立实证模型，应用我国上市公司年报数据，实证检验了影响年报中MD&A模块或研发创新文本信息的可读性、异质性和篇幅的因素。这为年报文本信息披露质量的改进和监督提供了理论框架和实证依据。

第5章文本信息的价值相关性。本章从年报信息披露对市场股价影响的角度，在 Ball 和 Brown(1968)盈余市场反应分析模式的基础上，讨论了年报文本信息的信息含量和对资本市场价格的影响，提出年报中 MD&A 模块、研发创新、业绩说明等文本信息的可读性、异质性和篇幅对财务盈余市场反应和盈余公告后股价漂移现象的调节作用。对于传统研究中发现的市场对财务盈余信息反应不完全的现象，本章提供了新的解释渠道和实证依据。

第 6 章文本信息的扩展应用。本章基于 Hoberg 和 Phillips(2016)应用文本相似性对行业重分类的理论，探究年报文本信息对当前一些存有争议的经济指标的改进作用。采集年报中的 MD&A 模块和高管特征信息，进行文本的相似度分析和聚类分析技术处理，讨论其对改进产品差异、市场竞争、审计专长和高管梯队等重要经济指标的意义，并设计研究主题，应用文本分析指标进行了实证研究。这突破了传统研究中过于依赖财务指标和单维度信息进行指标衡量的方法，为进一步扩展应用年报文本信息提供了借鉴。

第 7 章结语。在对本书进行归纳总结的基础上，重点阐述了本书的主要研究结论和成果，并指出研究中存在的一些不足和局限因素，为未来进一步的研究指明了方向。

第二章　上市公司年报文本信息的文献综述

长期以来,年报财务信息分析一直是财务会计领域研究的主流。但是,上市公司投入大量的时间和资源来编制和发布年度报告,年报中的文本信息对理解财务数据、公司决策和公司行为至关重要。随着计算机语言和机器学习技术发展,文本信息的量化问题迎刃而解。自 2010 年以来,发表在国际期刊上的年报文本信息研究文献数量显著增长。同时,近五年来发表在国内 CSSCI 期刊上的相关文献数量也快速增加。

为进一步推动年报文本信息研究的进展,有必要对现有国内外年报文本信息研究文献进行系统的回顾与梳理,包括相关的理论分析、主要的文本信息特征测量方法,以及相关实证研究。这有助于总结和发现已有研究的经验或不足,也为本书后续章节的研究和明确未来研究方向提供了基础。

2.1　年报文本信息的理论基础

现有研究对上市公司年报文本信息的理论讨论主要分为两类:一类基于组织话语的视角,通过分析年报的体裁特征、词汇语法特征、篇章结构等,考察年报文本的话语功能(Bhatia,2010;Fuoli 和 Hommerberg,2015;Fuoli,2017);另一类基于信息不对称的视角,通过扩展市场有效性、信号传递和印象管理等理论,考察文本特征与公司内部或外部经济指标之间的关系(Li,2010;Huang et al.,2014)。

2.1.1　组织话语理论

组织话语理论在语言学视阈下,为组织及其基本要素的社会建构过程研究提供了切实、有效的分析工具，促使研究者注重文本信息。上市公司年报中的文本信息属于组织话语的重要内容之一。组织话语研究的理论框架和研究范式将为上市公司年报文本研究提供借鉴。因此，对国内外组织话语研究的现状进行梳理，有助于更有条理地开展上市公司年报文本研究。

1. 语言转向和组织话语研究的兴起

20 世纪 80 年代末期，随着长期占据社会科学研究主导地位的实证主义及其倡导的定量研究方法受到越来越多的质疑和挑战，社会学、社会心理学、传播学、文化人类学等学科开始从文本与语言的角度重新审视各种议题及研究，由此引发的“语言转向”(Linguistic Turn)对当代社会学科发展影响深远，促使语言问题成为诸多研究领域的焦点(Alvesson 和 Kärreman，2000；吕源和彭长桂，2012；张慧玉和杨静，2016)。

在这一时期之前，人们普遍认为语言是社会现实的反应。如果语言正确地反映了社会现实，它就是“真实的”；如果没有正确地反映社会现实，它就是“虚假的”。但从十九世纪末到二十世纪中期，海德格尔、奥斯汀、巴特、福柯等哲学家提出，语言绝不是静态或“客观”地反映世界，或者再现实在的符号体系，而是代表着一种深深根植于文化、权力、知识规范等社会现实和历史继承的、深层次的“社会建构”(The Social Construction，Berger 和 Luckmann，1967)。语言的意义表达并非是绝对的、孤立的和规则的，而是与一定的社会文化价值体系和意识形态紧密关联的，并随着交际主体的文化特征、权力地位以及言者、听者和周围的场景或时间而变化(Foucault，1972；Lyotard，1984)。哲学家 Bergmann(1964)在 *Logic and Reality* 中最早提出了“语言转向”的说法，后来 Rorty(1967)出版文集 *The Linguistic Turn: Recent Essays in Philosophical Method*，使得“语言转向”在社会科学领域流行开来。得益于语言转向的观点，学者们开始强调语言在社会现实建构中的作用，即语言既是人类生活的反映，同时也构建着人类生活，并对后者产生非同一般的影响(吕源和彭长桂，2012)。

在这一背景下，组织管理学领域的学者开始关注组织话语(Vaara et al.，2004)。组织话语研究不仅关注表达某一特定概念或想法的成套文本，而且致力于探讨这些概念或想法在文本中的构建与形成，以及该过程对所在组织的影响。在该领域，早期的研究致力于探讨组织话语的性质及贡献；近年来，越来越多的研究将话语分析与特定的组织研究领域相结合,探讨具体情境下与组织话语相关的主题,包括组织身份认同话语、组织变革话语、战略话语、领导话语等。因此,组织话语为组织研究开辟了新的理论、视角、思路与范式,得到越来越多的学术关注与认可。大量的组织话语分析涉及文本的收集、文本如何构建意义、文本的传播、接收与使用等,讨论了组织话语性质、构成组织话语的文本如何生成、不同文本如何产生不同影响作用等问题(张慧玉和杨静,2016)。

2. 组织话语的核心理论

组织话语理论在其发展过程中吸收了来自不同社会学科的理论和方法,包括修辞学、语言学、认知科学、社会学、心理学等(Wodak,2006)。但其中,具有奠基意义的理论基础分别来自符号学、言语行为理论和系统功能语言学(吕源和彭长桂,2012)。

一是符号学。瑞士语言学家索绪尔在《普通语言学教程》中明确地提出了建立"符号学"的主张,并认为"语言的问题主要是符号学的问题,我们的全部观点都从这一基本事实获得理由。要发现语言的真正本质,首先必须知道它跟其他一切同类系统有什么共同点"(Saussure,1983)。符号可以是抽象的图形、数字、语言、标记、标示等。但是,语言是所有符号系统中最重要的,因为任何符号系统都需要依赖语言加以阐述和诠释(陈嘉映,2003)。文本是语言表达的重要形式之一,也是一种重要的符号体系。人们创造符号的目的在于满足人类认知和社会交际的需要(Eco,1976)。在索绪尔看来,语言并非像人们普遍认为的那样,是事物与名称的对应,而是一个二分体(Dyad):一面是"形象",也称"能指"(Signifier);另一面是"意义",即"所指"(Signified)。通俗地说,"能指"属于语言的形式,是形体;"所指"并非实物,而是心理概念。符号的内在意义"所指",只有通过具有具体表现形式的"能指"才能完成传递。因此,符号就是"能指"和"所指"的统一整合体。其深层意义在于,语言"具有编码功能和生成价值功能,因此,它是用于社会生活中创造意义的资源手段"。换句话说,语言不仅仅反映现实,也用于创造社会现实。因此,"语言不是理解现实的依附品,它在社会建构中起着重要的作用"(张绍杰,2003)。

二是言语行为理论。言语行为理论的创始人是英国哲学家约翰·奥斯汀。奥斯汀将言语行为分解为三种:第一种为"说话行为(Locutionary Act)",

即"以言表意"，是指发出和使用合乎语法的句子来表达某种含义和某种所指；第二种是"施事行为(Illocutionary Act)"，即"以言行事"，指在特定的语境中，赋予话语一种"言语行为力量(Illocutionary Force)"，即俗称的"语力"，表示说者欲有所为；第三种是"取效行为(Perlocutionary Act)"，即"以言取效"，指说话行为或施事行为在听者身上取得某种效果(吕源和彭长桂，2012)。奥斯汀的学生塞尔(J.Searle)从语言的规则出发提出了规定规则(Regulative Rules)和构成规则(Constitutive Rules)。其中，规定规则来自外在的社会规则，如礼仪规则。在塞尔看来，规定规则对施事行为不起作用，因为说话者都要遵循外部规则行事。真正影响施事行为的是构成规则。言语行为理论中关于规则和以言行事的分类，关于施事动词的讨论和言外之力的概念，均为文本沟通分析提供了有效的分析框架(Fairhurst 和 Cooren，2004)。

三是系统功能语言学。系统功能语言学的奠基人是著名语言学家韩礼德(M.A.K. Halliday)，他也是"社会符号学"的创始人。韩礼德将语言分为三个既相互区别又相互重叠的层次：最高是语义层，其次是词汇语法层，最低是音位层。每一层其实也是一个系统，而且又包含若干子系统。与语言系统紧密相关的是语言功能。韩礼德假设语言包含三项元功能(Meta functions)：概念功能(Ideational)，代表人们通过语言表达各种经历的功能；人际功能(Interpersonal)，指人们运用语言参加各种社会交际活动的功能；语篇功能(Textual)，即人类具有组织语言，使其本身前后连贯，并与语域发生联系的能力。一切能够在一定的语境中发挥作用或实施一定功能的语段都可以被看成语篇。更通俗地讲，语篇就是"用来表达一定的社会文化意义的语义单位"(朱永生等，2004)。根据系统功能语言学假设，由于语言的意义随着情景因素和交际目的而变化，语言本身并非一个定义精确的系统，具有明显的模糊性。不仅词义有模糊性，短语和句子的意义也有模糊性。因此，研究语言概率可以让人们根据词汇使用的频率来掌握其使用范围，把握语言变化的规律。语言的这种特性，不仅表现在词汇使用方面，也可以类推到语法系统的使用范围上。比较典型的例子是同一个陈述可以有主动语态与被动语态两种方式，在某些特定的语境下，例如，科技论文中被动语态的出现频率会有所提高(胡壮麟等，2005)。系统功能语言学理论中关于语句之间、语句与上下文之间以及语境与语义之间关系的观点，为文本分析提供了理论参考框架和适用的分析方法。

3. 组织话语研究现状

诸多组织研究领域运用话语分析的理论与方法探讨具体的组织管理问题，其中，组织制度、组织战略、组织身份认同与组织变革是运用最广泛、探讨最深入、贡献最显著的四个领域（张慧玉和杨静，2016）。

首先是组织话语与组织制度。语言互动不仅是内心想法或意图的表达或反映，也是制度现实的潜在构成部分。一方面，部分研究剖析制度的社会建构过程，针对该过程中的话语、语篇、语句特征进行分析（Vaara，2014；彭长桂和吕源，2014），并结合情境剖析话语蕴含的意义与思想（Sahlin 和 Wedlin，2008）。这些研究指出制度化的基础不是社会行为，而是描述、传达这些行为的文本，制度化实际上是制度话语构建的过程。另一方面，部分研究通过话语识别社会建构过程中的主要行动者并分析其互动影响，进而深入阐释不同组织领域的制度构建逻辑（张慧玉和杨静，2016）。这不仅促使研究者更多地关注研究语言文本自身，而且也透过文本更准确、深刻地把握制度构建的内涵和意义。国际顶级期刊《管理学会评论》继 2004 年推出“语言与组织：话语所为”的专刊之后，于 2015 年第 1 期推出聚焦制度话语的专刊“沟通、认知与制度”，鼓励学者们从其他社会学科领域借鉴与话语、沟通相关的理论观点，并使之与制度的认知基础相联系，将与沟通相关的新概念介绍到制度理论研究中，超越现有研究对修辞策略、修辞格等话语要素的探讨（Cornelissen et al.，2015）。这些新探索将组织制度话语研究引入新的高度与深度，为推动后续实证研究提供了明确的建议，对推动制度沟通的理论化具有深远意义。

其次是组织话语与战略。战略是组织成员制定出来的，而不是天然拥有的，战略的制定往往发生在对话、讨论、文本等话语形式之中。战略实践领域的话语研究主要考察战略话语的构成，以及战略制定者如何利用话语制定战略。具体来说，相关研究主要关注战略制定者如何利用叙事、修辞、隐喻、身势语等话语形式建构战略制定者身份、战略制定形式、战略风险、战略走向、战略理解、战略举措、战略行动，等等。例如，McCabe（2010）提出，由于话语具有较高的灵活性与模糊性，行动者可以通过话语形式控制战略进程，如通过模糊的话语引导组织成员支持管理者发起的战略项目，推动新项目的实现。Mantere 和 Vaara（2008）从批判性话语视角聚焦战略参与问题，发现话语不仅影响战略的生成与合法化，而且影响组织成员对战略的理解以及他们在战略实施过程中的角色分配。话语分析不仅为战略研究带来了新的研究视角与方法,引发了对传统战略研究的重新思考,而且深刻影响、改变了学者们对战略及战略过程的理解(Balogun et al.,2014)。

再次是组织话语与身份。个人在组织中如何塑造身份一直是管理研究中广泛关注的焦点。在语言转向的影响下,学者们开始关注组织身份是如何通过话语进行改变和重塑的(Ibarra 和 Barbulescu,2010)。这类研究揭示了特定组织语境下的交际规则和会话结构如何帮助建构组织身份,以及如何策略性地利用交际规则和会话结构来建构身份。例如,Phillips 等(2013)通过长时间跟踪案例聚焦创业过程中同质网络关联的形成过程,发现创业者可以通过身份认同话语战略构建同质关系,即通过特定的话语程序或故事,将特定的信息传递给潜在的合作伙伴。比如,基于共同宗教身份、共同国籍、共同移民经历以及共同的创伤感等,寻找、创建共同身份认同,进而以多种相似性为基础建立关联。这种以相似性为基础、通过身份认同话语构建的同质关联可以产生高度信任的关系。话语视角的身份认同研究不仅通过观察、分析身份认同构建过程中的语言文本,清晰地呈现身份认同的形成、塑造及演变过程,而且深入揭示这一过程在组织行为及绩效中的重要作用及内在作用机理。

最后是话语与组织变革。受社会科学领域"语言转向"的影响,学者们开始认识到话语是变革的关键所在,因为变革不是固定的,而是动态的、开放的,是在不同的话语中建构起来的,想要完全理解组织变革,就要把它当作一个话语建构对象来处理。一部分组织变革话语研究关注话语建构和表述组织变革的作用。例如,Sonenshein(2010)分析一家财富 500 强企业的战略变革发现,管理者不仅需要创造新的话语来进行组织变革,还需要保留原有话语来维持组织稳定。Vaara 和 Tienari(2011)通过分析跨国公司并购中的叙事探究话语对组织变革的作用,他们发现话语可以促进合法化并购活动,也可以用于阻止并购活动。不同群体在变革中以各自利益为基础运用差异化的话语达成各自目标,这一话语过程推动着变革的发展。Narayanan 和 Adams(2017)基于组织变革路径模型,分析一家全球性金融服务公司的组织话语与组织实践的交互作用。研究发现,组织话语,特别是与会计实践相关的话语,在实现可持续发展的根本性变革中处于中心地位。另一部分研究关注组织变革话语如何塑造和影响组织成员对变革的态度和行为。例如,Sonenshein 和 Dholakia(2012)基于社会心理学理论分析一家财富 500 强企业的话语发现,特定种类的意义建构可以促进员工参与变革的实施。

组织话语分析将组织变革看作话语性社会建构过程，启发研究者关注变革过程中行动群体的沟通，在理论上有助于组织变革相关的理论构建，在实践中启示管理者充分利用有效的话语提高变革成效。

2.1.2 资本市场信息不对称理论

上市公司年报是管理者向投资者传递信息的重要途径。文本作为年报信息的重要表达形式，主要披露的是非财务信息。这些非财务信息大多数属于自愿性披露的内容，这些信息不仅仅是对财务报表的解释和说明，本身也包含丰富的信息含量，对投资者决策的有用性持续增强，进而引起了社会各界的关注。但由于文本语言以灵活性见长，在强制性披露的范围之外，也不属于外部审计的内容，公司管理者可以根据实际情况和需要选择性地向投资者披露文本信息。这就对资本市场基于信息不对称发展起来的信息披露理论产生重要影响，主要表现为信息含量、信号传递和印象管理理论。

1. 文本的信息含量

从基本的有效市场假说（Efficient Market Hypothesis，EMH）来看，证券价格能够充分反映所有有用信息（Fama，1970）。在这一假说下，只要市场出现新的信息就会迅速被知晓，并被迅速和准确地反映在价格上，均衡资产价格揭示了市场中所有与决策相关的信息。但是，这种强势有效市场（Strong form）只是一种理想状态。在实际中，绝对有效的市场并不存在，资本市场更多处于弱势有效市场（Weak form）或半强势有效市场（Semi-strong form）状态。在弱势有效市场中，证券价格只能反映有关价格变动的历史信息，如过去的股票交易量、成交价等。在半强势有效市场中，证券价格可以反映与证券定价相关的包含历史信息在内的所有公开信息，如年度盈余公告、股利分红等信息。

检验市场有效性的方法主要是利用事件研究法，统计分析年报信息披露的窗口期内，资本市场中股票价格或股票交易量的变化是否和披露的信息显著相关。这种方法也被用于检验年报的价值相关性或信息含量。自 1968 年 Brown 和 Beaver 等学者的实证会计拉开了对财务信息含量研究的序幕，会计学和资本市场研究领域对财务信息含量的实证研究已取得了丰富的成果，非预期盈余、经营现金流等财务数据信息的信息含量已经得到了大量研究的证实。但如前所述，近年来越来越多的学者发现，股票价格对盈余的反应并不充分，或相关性较弱（Lev 和 Gu，2016）。基于此，Bloomfield（2002）提出了不完全反映假说。

与有效市场假说相似，不完全反映假说同样认为市场中的信息和证券价格之间存在密切关系，信息的确可以用于决策和交易。其理论创新之处在于，不完全反映假说提出了信息解析成本的概念。这是因为随着市场对年报信息反应不足的证据越来越多，人们认识到有效市场假说中对市场参与人有无限能力处理信息的假设过于理想化。市场上成百上千的上市公司都在披露大量信息，投资者从海量的信息中搜集自己需要的信息，并理解、提炼、转化为有助于预测未来收益的信息，需要付出大量的时间和精力，产生一定的解析成本。由于信息的生产、传递、搜索、理解等都需要花费成本，因而信息收集、处理能力不同的投资者自然无法获得相等的信息。而且，如果上市公司出于降低成本的考虑，减少价值相关信息的生产和传递，也将使投资者无法及时、全面地获得决策有用信息。这造成资本市场上的信息不对称，一些信息可能不会立即被市场价格反应。因此，由于解析成本的存在，市场价格并不能及时吸收和包含所有公开信息。信息的解析成本越高，越难引起交易兴趣，因而越难引起市场价格的反应。为了缓解资本市场的信息不对称，一方面需要信息的充分披露，另一方面需要市场参与者能够低成本的进行信息收集、处理和理解。这意味着，年报信息披露作为管理者和外部利益相关者沟通信息的过程，管理者仅仅披露信息是不够的，还需要使信息的使用者能够理解并使用信息（Bedford 和 Baladouni，1962）。文本是信息沟通的重要渠道，企业年报话语功能的发挥影响读者对信息的解读，影响信息的解析成本和沟通效率，进而影响市场价格对信息的反映程度。

但是，目前基于信息含量的研究仍然主要是围绕财务数据信息进行的。尽管一些研究对年报中的审计报告、社会责任的信息含量进行了考察（Dopuchet al.，1986；Alan et al.，2006），但年报中更多的文本信息的信息含量及其作用机制，以及这些文本信息对传统财务信息的信息含量影响，尚未得到细致讨论。这就需要发展现有年报信息含量的研究框架，从财务信息研究为主的模式扩充到同时以文本信息与财务信息为对象的研究模式。

2. 文本披露的信号传递功能

信号传递理论的核心是信号，信号是运载信息的工具。根据申农的信息理论(C.E. Shannon,1949),信号传递的六要素分别是信源、编码、信道、噪音、译码、信宿。信源是信息的来源、发送者,是信息传递过程的起点;编码是将信息转化成某种信号的过程;信道是传递信号的媒介和途径;噪音指信号传递过程中受到的各种干扰;译码指把信号翻译成最初的信息;信宿指信号的接受者。该理论最初仅局限于通讯领域,后来,Ross(1977)等人将其应用到了金融和财务研究领域。财务学是信号传递理论应用最广泛的领域之一。上市公司年报披露其实就是一个信号传递的过程:公司管理者作为信息发送者(信源),将公司的经营管理等内部信息编码为信号(如财务数据和文本等),然后通过发布年报的渠道将信号传递给投资者等信息需求者(信宿)。

1973 年,Spence 基于信息不对称和"逆向选择"建立了一个劳动力市场模型,讨论信号传递与市场均衡的关系。他提出在绝大多数劳动力市场上,雇主事先并不清楚雇员的生产能力,即存在所谓的"信息沟"。雇员的特征包括"标志"(不可改变,如种族、性别等)和"信号"(可以改变的,如教育水平)。根据以前的市场经验,给定不同的"标志"和"信号"的组合,雇主将估计出雇员生产能力的条件分布。教育水平可以看作是雇员发出的一种信号。假设信号传递是有成本的,并且雇员传递信号的成本与其生产能力成反比。如果雇主从条件概率信念出发,并且在一个循环之后所得的数据没有证明条件概率信念是不成立的,那么这个体系就是稳定的(王钦池,2009)。

截至目前,已有财务领域的研究重点讨论了三种常见的信号:利润宣告、股利宣告、融资宣告。而且认为,与财务利润的可操纵性相比,股利宣告是一种比较可信的信号模式。这些信号更多是围绕财务信息展开的。随着年报文本信息的增加,文本信息特征也将形成一种信号传递。由于文本信息比财务信息更通俗,投资者有更多的意愿去阅读年报文本信息。同时,在文本内容上,管理者披露虚假信息的难度比财务信息要大。因为,年报阅读者可能缺乏专业知识去发现财务信息中的舞弊行为,但具备文字识别能力的阅读者很容易发现文本叙述与事实不相符的情况。因此,年报文本信息中的 MD&A、研发创新、高管团队和背景特征等可以看成是向公司外部利益相关者传递了重要的信号。

然而,管理者可以操纵文本信息的表述特征来制造信号传递中的噪声。对于年报文本信息而言,管理者夸大经营状况,报告话语过于复杂,投资者理解能力有限等因素都会造成噪声干扰。信息不对称的存在为管理者操纵年报文本表述提供了可能性。管理者有动机借用信息优势,在披露文本时酌情选择不同的策略迷惑投资人，获取自身的利益。例如，管理者有动机操纵文本语言表述，夸大公司的盈利性和成长性趋势，规避掩盖公司面临的问题。尤其是当公司经营情况不善时，管理者有动机弱化公司面临的风险和问题，或传递模糊的信号影响股东的评价和判断，以此减少向投资人传递不利于公司的信息。这些噪声干扰会降低信号传递的有效性，并进一步影响市场价格对信息的反应效率。

因此，管理者如何决策年报文本信息质量，如何向投资者传递信号，以及投资者如何理解和对文本信息产生反应，是在传统以财务信息为主的研究基础上，当前信号传递理论需要讨论的关键问题。

3. 文本披露的印象管理功能

印象管理（Impression Management）属于心理学的范畴，是指人们通过某种手段对一些事物和事件的信息进行形象控制的过程，是所有人际关系互动过程中的基本组成部分。通俗地说，印象的形成就是“自我表现”和“自我投射”的过程。在会计研究领域，印象管理是指公司管理者通过操纵和控制财务报告语言信息，并借此影响人们对公司财务状况、经营成果等看法的过程。孙蔓莉（2004）研究认为，印象管理的形象动机形成具有四个基本因素，包括：（1）期望实现的目标价值，价值和预期回报是印象管理行为最为直接的动机因素；（2）行为的公开程度，外界更容易对公开程度高的行为做出反应，印象管理目的实现概率更大；（3）期望获取资源的稀缺程度，资源机会获取难度越大，公司越会进行印象管理行为去争取；（4）处于信息不对称优势地位的程度，信息优势地位可保护印象管理行为不被识别。公司进行年度报告的印象管理行为具有上述因素的内在动机。首先，印象管理有助于构建公司的优质印象，这将直接转化为公司或管理者的资本市场利得、政治资源、股价上升、职位晋升等高价值目标。其次，年度报告是公司与外界利益相关者进行信息沟通的重要公开渠道之一，公司可通过年度报告对过去经营结果进行总结和归因，发布未来公司战略等，成为公司进行印象管理的重要阵地。再次，资本市场的青睐是公司期望获取的稀缺资源，资本是同行参与者竞相争夺的重要资源，良好的形象有助于降低公司资本市场融资难度。最后，管理者相对公司其他利益相关者而言处于信息优势地位，资本市场的信息不对称环境为印象管理行为提供了天然的土壤和温床。实证研究支持了年报是公司应用保护性印象管理策略的重要渠道。Lee（1994）通过对英国 25 家公司进行研究发现“年报已成为公司传递固定形象的机制”，Bansal 和 Iain(2004)发现公司经常通过年报对股东进行印象管理。

文本信息是公司年报的重要组成部分。Beattie 和 Jones(2000)提出，年报中的印象管理策略可分为财务数据信息操纵和文本表述管理两种。通常情况下，年报中的财务信息是审计机构审计的关键，而文本部分大多处于审计范围之外。这就在很大程度上为管理当局的印象管理提供了可乘之机。而且，目前各国监管机构对文本的格式和每一部分披露的内容有具体的要求，但是不涉及语言表述方式，且语言灵活复杂，便于管理者在披露文本信息时进行一些修饰，采用策略性的表达方式，以影响投资人心中的公司形象。此外，与财务信息操纵不同的是，管理者在进行语言文本信息操纵时更加具有隐蔽性和自由度。Aerts(1994)认为，年报语言文本是经过管理者筛选、具有导向性的为管理者服务的信息披露工具。管理者操纵年报文本信息进行印象管理的手段主要包括如下两种。

(1) 自利性归因。这是指在归结事件真实原因时会加入主观因素，来保护自己和规避责任：正面业绩归结于行为人的主观努力因素，负面业绩归结于客观的、行为人所无法控制的政治、经济等外部环境因素。具体而言，在上市公司年报披露中，管理者在业绩表现好时归功于自己，在业绩表现差时归结于经济环境因素。自利性归因的目的是为了使年报信息阅读者产生有利于公司管理者的想法。通过自利性归因，业绩好的公司希望能够获得更多的资源，其管理者能够提升自己在经理人市场的价值；业绩不好的公司及其管理者则希望获得投资者的谅解，使其不至于转向其他公司投资(王维虎和李娟，2012)①。

① 例如：某家电上市公司在某亏损年度财务年报的董事会报告中对经营情况的描述是“中国家电业动荡变化、行业竞争更加激烈，公司自身面临止滑求升的巨大挑战”。对亏损的解释是“由于公司经营状况和经营环境的变化，本着对投资者负责的态度和出于公司长远发展的角度考虑，公司董事会决定按照现行会计政策及谨慎性原则，计提应收账款坏账准备、存货跌价准备……，公司也因此出现亏损”。但对亏损的内部管理原因未作解释；而下一年度扭亏为盈时，该公司对经营情况的描述是：“公司坚持以财务为主线，以利润为核心，以……为方针，通过优化产业结构、加强运营资金控制和技术创新、加大市场拓展力度等措施，取得了显著成绩”。同时，对报告期内的主要经营工作更是大加列举，如：“积极推进组织转型……；拓展国内国际市场，持续推进品牌建设……；大力推进产业结构调整……；积极推进产品升级……”，但对扭亏为盈的外部因素却未提及。从该例中不难看出，该公司管理者存在自利性归因倾向。虽然亏损年度也曾提到“本着对投资者负责的态度和出于公司长远发展的角度考虑，公司董事会决定按照现行会计政策及谨慎性原则，计提应收账款坏账准备、存货跌价准备……”。此表述从表面上看似乎无自利性归因倾向，但从另一角度讲，其潜在意图是表明当年亏损是历史遗留问题，而非现任管理者的工作失误，实质上是轻描淡写地转移了责任。

（2）可读性与可理解性。上市公司按照证监会的要求编制财务报告并及时发布到指定的媒体上，并不等同于成功地向利益相关者传递了有用信息。报告阅读者看到了报告并不等同于理解了报告的内容。只有当财务报告的可读性与信息使用者的理解能力相匹配时，上市公司所要传递的信息才能被阅读者所理解和接受。可读性操纵表现在：当公司的经营业绩下滑或突然恶化时，公司管理者可能大量使用会计专业术语、或语句过长、或使用复杂的句式以增加信息的理解难度，阻碍信息的顺利传递，避重就轻、避实就虚的内容披露使信息披露成为一种文字游戏，混淆了投资者的认知，大大降低了所披露信息的透明度，从而影响了投资者及其利益相关者的判断与决策。当公司经营业绩良好时，报告中则会尽量使用通俗易懂的白话文，大量减少会计专业术语，缩短语句的长度，达到言简意赅的效果，增强信息的透明度和可读性，以吸引公众对本公司的兴趣。

2.2　年报文本信息的特征提取

文本特征提取是一个从非结构化文本数据中获取用户感兴趣或者有价值的信息的过程。简单说，为了应用海量文本信息进行研究，我们需要对以文本形式存储的文件提取特征，从中分析出有意义的信息，建立有价值的模型。与会计领域传统的定量财务数据研究方法相比，由于文本特征较模糊且难以抓取，文本分析在精确性上稍弱（Loughran 和 Mc Donald，2016）。然而，理解文本信息对于理解财务数据、公司决策和公司行为至关重要（Li，2010）。而且，相对于以数字形式报告的财务信息，管理者以文字形式撰写财务文本信息的自由度可能更大，因而，年报文本可以为学者们探究市场效率和年报披露影响因素提供更多有价值的信息（Li，2006）。近年来，计算机技术尤其是自然语言处理技术的发展，为年报中的非结构化文本数据的抓取和量化提供了条件。这使得越来越多的学者开始关注并可以切实开展大样本的年报文本信息研究。本节将主要梳理年报文本信息特征提取研究的相关进展。

2.2.1　传统年报文本信息度量指标

年报文本信息主要披露的是非财务信息和自愿性披露信息。在计算机文本分析法新兴之前，上市公司对这些信息的披露质量评价方法多种多样。Beattie(2004)将这些评价方法分为主观等级法和半客观法，其中，半客观法又分为指数研究法和内容分析法。实际的研究文献中主要采用两种方法：一是采用相关协会或监管部门等机构发布的信息披露评级结果；二是通过研究者自建评分法构建信息披露指数。

1. 机构发布的自愿性信息披露评级结果

比较权威和常被学者们引用的机构信息评级包括四项：一是 AIMR 评级。美国投资管理与研究协会(The Association for Investment Management and Research，AIMR)自二十世纪八十年代以来，每年都对外公布其评级报告。AIMR 将公司公布的信息分为三类：年度信息、季度信息和其他自愿披露信息，然后按行业组成不同的分析师组群对其做出打分和排名，加权后形成对该公司披露的总体评分和行业排名。评级由具有丰富行业经验的卖方和买方财务分析师进行，具有相当的权威性。但令人遗憾的是 1995 年之后，AIMR 不再进行此项工作，停止发布评级报告。因此，投资者和学者们只得另寻他法。二是 T&D 评级。T&D(Transparency and Disclosure)评级是美国标准普尔公司于 2001 年开始的，通过分析最新的核心公开披露文件，如年度报告等，评价发达市场和新兴市场的信息质量水平。评级共分三类 98 个属性进行，每个属性一个问题，共有 98 个问题。每个问题是一个得分点，最后根据总得分进行分级。但 T&D 评级突出的问题是过多地关注于信息的披露数量，却无法评价所提供信息的质量。三是 CIFAR 评级。这是美国国际财务分析和研究中心在二十世纪九十年代创立的，用来衡量上市公司信息的披露密度。CIFAR 评级对 34 个国家 8 个不同制造行业的 856 家企业的 7 个类别 90 个重要披露项目的披露数量进行衡量。数量越多，指数越大，信息的披露质量就越好。但同样，该指数只关注信息披露的数量，没有关注到信息的质量。四是我国证券交易所的信息披露质量评级。这种评级由我国深圳证券交易所在 2001 年开始启动，考核办法主要是以上市公司在该年度的信息披露情况为基础，综合下面四个方面的因素进行评级：对上市公司采取的处罚、处分及其他监管措施；上市公司与深交所配合情况；上市公司信息披露事务管理情况；深交所认定的其他情况。对上市公司信息披露质量的考核结果分为优秀、良好、合格和不合格四个等级。考核主要从上市公司对外信息披露的真实性、准确性、完整性、及时性、合法合规性和公平性出发。这种信息质量评级综合考虑了上市公司信息披露的数量和质量两个方面，不仅包含对信息本身的质量考核，还包括对披露程序的考核，能够较恰当地反映我国上市公司的信息披露质量。目前，国内学者对于上市公司的整体信息披露质量的研究，大多采用交易所的信息披露评级作为代理变量。但是，该评级指数具有太大的综合性，且并不完全是对年报文本信息的度量。

2. 自建评分法信息披露指数

在 AIMR 不再公布自愿性信息披露的评级报告之后，国外学者开始自己构建信息披露指数来衡量自愿性信息披露水平。在计算机文本分析技术新兴之前，大多研究文献采用的方法是基于 Meek(1995)和 Botosan(1997)构建的自愿性信息披露指数。Meek(1995)将自愿性信息披露项目分为战略性信息、非财务信息和财务信息三大类合计 85 个项目。若样本公司披露某一项目则得 1 分，若没有披露则得 0 分，最后将所有项目得分加总获得样本公司自愿性信息披露实际得分。Botosan(1997)在分析自愿性信息披露与权益资本成本之间关系的文章中，提出了新的自愿性信息披露指数。该披露指数以公司的年度报告信息为基础，目的是建立一个以公司年报中的自愿性信息披露为基础的横截面评价方法。按照这种衡量方法，Botosan(1997)将公司年度报告中自愿披露的信息分为五类：公司背景信息、历史数据的总结、关键的非财务指标、预测信息、管理层讨论与分析，对五类信息分别设定一些明细的项目，根据各项目得分进行分类汇总，然后对五类信息的总分进行汇总，得到公司的自愿性信息披露的总得分。总得分越高，公司的自愿性信息披露水平越高。这两种传统的文本信息或自愿性信息披露质量的衡量方法为我国上市公司自愿性信息披露水平的衡量提供了借鉴经验。我国学者常用的构建自愿性信息披露指数的过程是，剔除中国证监会颁布的《年度报告的内容与格式》中规定的强制性披露项目，增加《年度报告的内容与格式》中规定鼓励自愿披露的项目，最后得出适用于我国上市公司的自愿性信息披露指数，对公司年报进行评分(肖华芳和袁建国，2007)。国内也有学者以上市公司自愿性信息披露的次数作为衡量自愿性信息披露的指标，披露的次数越多，说明公司的信息披露频率越快，自愿性信息披露水平也就越高。但显然，这种度量方式过于粗略，与对披露内容评分的方法有着相当大的差距。

3. 传统度量方法的缺陷

机构评级法和自建评分法并不是专门为年报文本信息设计的，但是在计算机文本分析法成熟之前，当大量研究涉及非财务信息或者文本信息披露的讨论时，经常采用这些方法得到量化的指标。与计算机文本分析法相比，这两类指标存在难以克服的重要问题。这至少包括：一是评分法需要大量的人工成本阅读年报，耗时耗力，进而容易造成样本量少的问题；二是机构评价指标存在发布时间不连续或获取上较为困难和被动的问题；三是不能直接衡量年报文本信息，例如，评分法容易遗漏掉文本包含的细节内容；四是主观性较强，评分法显然带有评分者的主观判断。

计算机文本分析法可以有效避免上述问题。目前，会计学者已经可以借助于类人工智能程序来阅读海量年报文本，通过计算机专家式的信息解读，进行文本特征识别来解决文本信息变量构建问题。至今，比较成熟的计算机文本特征识别包括可读性、相似度和情感分析。以下将分别对这三种以计算机技术为基础的文本特征研究进行介绍。

2.2.2 文本可读性

Dale 和 Chall(1948)将文本可读性界定为“在最广泛的意义上，可读性是给定的一份材料，影响读者理解材料的所有元素的总和”。关于英文可读性的研究起源久远。早在十九世纪中期出现的《麦高菲读本》，就是由专家学者通过阅读文本并判断其可读性等级之后得到的成果汇总。到了二十世纪初期，美国心理学家 Thorndike 也利用整体判断法建立了“写作量表”，此后整体判断法被广泛应用于教育学界。1920 年以后，可读性研究中开始出现传统公式法。可读性公式就是针对某种阅读文本，将影响阅读难度的、可进行量化的文本因素综合起来，评估文本难易程度的公式。它通常给出数值结果作为文本难度分数。传统公式法主要针对文本表面特征进行提取和研究，操作比较简单，便于大规模数据的处理，因此，成为最主要的可读性特征提取方式。但是，影响文本难度的因素很多，可读性公式只能考虑有限的、可计量的文本特征，无法把所有影响文本可读性的变量如语法语义、句法、篇章等考虑在内，因此，可读性公式的效度一直颇受争议。但不可否认的是，可读性公式法针对特定阅读人群,实现了通过量化手段客观地评估文本阅读难度,为后来的可读性研究奠定了基础。使用可读性公式评估文本的难易程度具有客观性、简便性和经济性等特点。20世纪50年代后,可读性公式的构建逐渐兴盛。到了80年代,超过两百个可读性公式被构建出来并广泛应用于出版社、研究所、医疗说明、法律、保险等行业。美国教育部和国防部也建立了以可读性公式为中心的可读性分析体系,用来对教育体系中使用的教材、国家政策中使用的文件进行评估和定级。在传统公式法的发展过程中,逐渐衍生出关于认知结构法的研究,这类研究的侧重点转向更为深层次的文本特征,需要通过深度的文本挖掘才能确定,应用范围因此相对有限,多属于语言学家与其他领域学者所进行的跨领域理论研究。

可读性公式的构建主要包括两方面的内容:一是与可读性级别密切相关的文本因素;二是各因素与可读性级别之间的函数关系。由于组成一篇文章的最基本元素为单词,最小的集合为句子,所以,传统公式法的研究无一例外的考虑了文本的两大要素:"单词"和"句子"。学者们指出,对文本的阅读和理解的难易程度影响最明显的两类指标为"单词难易度"和"句子复杂度"。其中最常用的"单词难易度"指标为单词的平均长度,以平均字母数和平均音节数等来衡量。"句子复杂度"指标则为句子的平均长度,多以平均单词数来衡量。目前在上市公司年报分析中应用最为广泛的可读性公式主要有Dale-Chall公式、Fog指数、Flesch-Kincaid公式等。这几个较为权威的英文可读性公式如表2-1所示。

表2-1 具有代表性的英文可读性公式

可读性公式	模型
The Dale-Chall Formula(1948)	RL=0.049 * SL+0.157 9 * DW+3.636 5
The Gunning Fog Index(1952)	RL=0.4 * (SL+HW)
Flesch-Kincaid Formula(1975)	RL=0.39 * SL+11.8 * WL−15.59

注:RL:可读性级别;SL:平均句长,即平均每个句子的平均单词数;DW:不在3 000常用词表的非常用词的数量;HW:指文本中难词的比例;WL:平均单词长度。

(1) Dale-Chall公式。Edgar Dale是美国教育学家,为了建立阅读测试和文本难度之间的关系,他和Jeanne Chall于1948年编写了四年级学生一般能够理解其中80%的包含769个词的词表,1995年该公式所用的单词表扩展为包含 3 000 个简单词。该公式适用于四年级以上水平的学生或成人文本阅读难度测度。Dale-Chall 指数越低，文本可读性越佳。

(2) The Gunning Fog 指数。该公式于 1952 年被提出，是为了测度文本阅读难度与公民教育水平的对应关系，即轻松读懂某篇文档所需要的教育水平。该公式在各个研究领域均得到了广泛的应用，主要原因是十分易于计算且适用性强。Fog 指数是两个变量的简单函数：平均句子长度(单词)和复杂单词，复杂单词在英文语境中定义为超过两个音节的单词。这两个因素以一种旨在预测等级水平的方式组合在一起。Fog 指数的值越低，说明文字可读性越强。

(3) Flesch-Kincaid 公式。Flesch-Kincaid 可读公式是美国国防部可读性标准测量公式，也是 Microsoft Office Word 内置的英文可读性测度公式。在可读性统计中，Flesch-Kincaid 年级水平测度指数被广为应用，而且该公式的变体在世界各地被用于多种语言的阅读难度分析。Flesch-Kincaid 可读值越低，文本越容易被读懂。

会计学界对公司年报文本可读性的测试和研究开始于 1950 年 Pashalian 和 Crissy 两位学者使用 Flesch-Kincaid 公式进行的分析。由于英文可读性测试方法经过近八十年的探索，已经较为成熟，且普适性强，这导致澳大利亚、加拿大、英国、美国等国关于年报可读性的研究颇丰。孙蔓莉和阎达五(2002)选取我国深市 B 股企业为研究样本，利用 Flesch 模型对我国上市公司年报进行了可读性分析，认为公司年报阅读难度极大。虽然中文文本可读性特征提取方法的研究还在进行中，一些研究已经在借鉴 Flesch 模型的基础上，结合中国语言文字的特点，提出中文文本的可读性。例如，李清(2012)选取沪市 A 股 201 家上市公司作为研究样本，以 MD&A 的篇长、平均句长、会计术语密度作为衡量可读性的三个指标，构建上市公司 MD&A 可读性影响因素的互动模型。陈世敏在总结了关于英语的可读性公式的研究之后，认识到中英文的衡量存在差异性，不宜完全照搬英语的可读性公式直接应用到中文中。因此，他结合了 Flesch 公式和 Dale-Chall 公式，改进了 Fog 公式，建立了新的可读性公式：可读性分数＝0.8 * 平均句子字数＋难词比例。孙刚(2015)提出可读性公式就是对文本中的基本词法单元的特征统计，比如，平均句子长度(平均句子单词数)和平均单词长度(平均单词音节数)。根据以前在英文可读性领域的研究成果，其文章计算了一系列的适合于中文的表面特征用于可读性的计量。

2.2.3 文本相似度

文本相似度计算是自然语言处理中的一项基础性研究，有着非常悠久的研究历史。但由于不同应用场景的内涵有所差异，故没有统一和公认的定义。从信息论的角度来看，文本相似度与文本之间的共性和差异有关，共性越大、差异越小，则相似度越高；反之，共性越小、差异越大，则相似度越低。[①] 文本相似度最大的情况是文本完全相同。基于此，相似度的基本公式表达为如下公式(2－1)。该公式表达出相似度与文本共性成正相关。由于没有限制应用领域，该公式是被较多采用的概念。

$$Sim(A,B)=\frac{logP(common(A,B))}{logP(description(A,B))} \qquad \text{公式(2－1)}$$

其中，$common(A,B)$ 是 A 和 B 的共性信息，$description(A,B)$ 是描述 A 和 B 的全部信息。

文本相似度计算中有一个重要概念是文本表示，代表对文本的基本处理目的是将半结构化或非结构化的文本转换为计算机可读形式。文本相似度计算方法的不同，本质是文本表示方法不同。文本相似度计算一般是通过一定的策略比较两个或多个实体(包括词语、短文本、文档)之间的相似程度，得到一个具体量化的相似度数值。现有文本相似度计算中的大量方法可以被分为表面文本相似度计算和语义相似度计算两类。其中，表面文本相似度计算直接针对原始文本，作用于字符串序列或字符组合，以两个文本的字符匹配程度或距离作为相似度的衡量标准。其算法原理简单、易于实现，是研究历史最长的一类文本相似度算法。语义相似度计算可以分为基于知识库和语料库两大类计算方法，基于知识库的计算方法包括基于本体知识和网络知识两种，基于语料库的计算方法包括基于分布表示和基于搜索引擎两种。但未来，基于神经网络的分布表示方法是文本相似度计算领域最为重要的研究方向。

① 需要说明的是，文本相似度与相关度是容易混淆的概念。相关度是文本以任何形式体现的相互关联(包括上下位关系、同义关系、反义关系、部件—整体关系、值—属性关系等)。相似度是相关度的一种特殊情况，包括上下位关系和同义关系。由此得出，文本相似度越高，则文本相关度越大，但是相关度越大并不能说明相似度高。

目前,对上市公司年报文本特征提取较多的是用表面文本相似度计算方法。其中,最常用的是基于字符串法。该方法从字符串匹配度出发,以字符串共现和重复程度为相似度的衡量标准。根据计算粒度不同,可将方法分为基于字符(Character-Based)的方法和基于词语(Term-Based)的方法。一类方法单纯从字符或词语的组成考虑相似度算法,如编辑距离、汉明距离、余弦相似度、Dice 系数、欧式距离;另一类方法还加入了字符顺序,即认为字符组成和字符顺序相同是字符串相似的必要条件,如最长公共子串(Longest Common Substring,LCS);还有一类方法采用集合思想,将字符串看作由词语构成的集合,词语共现可用集合的交集计算。表 2-2 列出了主要方法,其中,S_A、S_B 表示字符串 A、B。

表 2-2 基于字符串的代表方法

类型	方法	基本思想	类型	特点与不足
基于字符	编辑距离	S_A 转换到 S_B 需要删除、插入、替换操作的最少次数	字符组成	计算准确,但费时
	汉明距离	$I=(\sum_{k=1}^{n} x_k \oplus y_k)/n$,其中 x_k,y_k 分别表示字符串 S_A、S_B 对应码字第 K 位的分量	字符组成	采用模 2 加运算、简化长文本计算,效率高
	LCS	共现且最长的子字符串	字符顺序	原理简单,针对派生词和短文本有较好效果,但不适用于长文本
	Jaro-Winkler	$d_l=\frac{1}{3}\left(\frac{m}{\lvert S_A\rvert}+\frac{m}{\lvert S_B\rvert}+\frac{m-t}{m}\right)$,其中 m 是匹配的字符串,t 是换位的数目。相似度计算公式为 $d_l+(lp(1-d_l))$,其中 d_l 是两个字符串的 Jaro 距离,l 是前缀相同的长度,规定最大为 4. Winkler 讲 p 定义为 0.1	字符顺序	考虑了前缀相同的重要性,针对短文本有较好效果,但不适用于长文本
	N-gram	$\frac{\text{相似的 } n \text{ 元组数量}}{n \text{ 元组总量}}$	集合思想	N 可调,方法较为灵活,但不适用于长文本

续　表

类型	方法	基本思想	类型	特点与不足
基于词语	余弦相似度	$\frac{\bar{S}_A \cdot \bar{S}_B}{\|\|S_A\|\| \|\|S_B\|\|}$	词语组成	将文本置于向量空间，解释性强，较为常用，但不适用于长文本
	Dice 系数	$\frac{2 \times comm(S_A, S_B)}{leng(S_A) + leng(S_B)}$	词语组成	增强相同部分的作用，有效关注较短的相同文本
	欧式距离	$\sqrt{S_A^2 + S_B^2}$	词语组成	算法简单直接，但效果粗糙，不适用于长文本
	Jaccard	$\frac{S_A \cap S_B}{S_A \cup S_B}$	集合思想	不适用于长文本
	Overlap Coefficient	$\frac{S_A \cap S_B}{min(S_A, S_B)}$	集合思想	当一个字符串是另一个字符串的子字符串时，相似度最大

2.2.4　文本情感和语调

如何从大规模文本中快速挖掘出有价值、有意义的信息，并对其进行情感分析，成为当下学者普遍关注的问题。文本情感分析作为自然语言处理领域中一种用于情感识别和意见挖掘的关键技术，在舆情监测、股市和电影票房预测、消费者偏好分析等方面有着十分广泛的应用。文本情感分析的根本是识别文档中重要的文本特征（词语强度、词性和词频率、意见/情绪词和短语，以及否定和增强词等）。接下来进行情感识别，利用文本信息的极性（正面、负面或中性情感）表征文本文档。

在无监督情况下，文本情感分析经常使用基于词典的方法，利用词汇资源将极性分数分配给单个词以检测文档的整体情绪。在受监督的情况下，文本情感分析通常遵循机器学习方法，其中，情感检测任务通过采用诸如支持向量机算法对情感进行分类。

(1) 基于词典的特征提取。情感词典是文本情感分析的基础。利用构建的文本情感词典，并对情感词典进行极性和强度标注，进而对文本情感分类，能够有效地进行情感分析。其中，构建情感词典是关键。根据人工在情感词典构建过程中的参与程度不同，又分为人工构建情感词典和自动构建情感词典。

(2) 机器学习方法。利用机器学习方法进行文本情感分析是近几年比较流行的研究方向。通过训练数据对测试数据进行识别，然后进行特征提取。通过模型训练生成文本情感分析模型，然后进行文本情感分析，过程如图 2-1 所示。

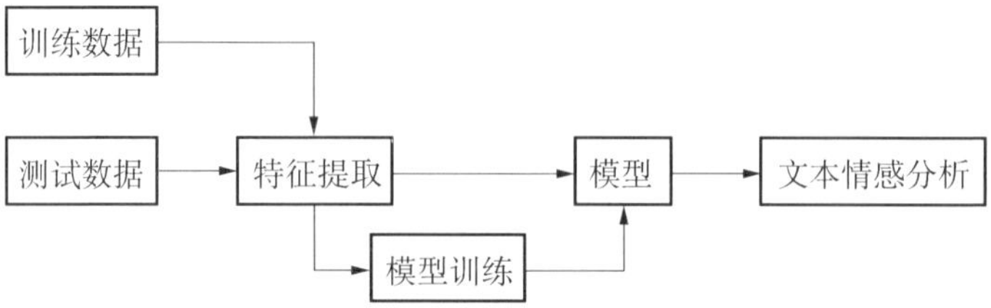

图 2-1　基于机器学习的文本情感分析过程

根据分类算法不同，可以将文本情感分析分为基于朴素贝叶斯的方法、基于最大熵的方法和基于支持向量机的方法。Pang et al.(2002)比较了这三种方法在文本情感分析中的应用，发现利用基于支持向量机进行文本情感分析能达到最优效果。此外，情感分析按照处理的文本粒度不同，可以分为篇章级、句子级和方面级三个层次。早期的情感分析很多都是面向篇章，主要完成文档的情感分类。篇章级情感分类的基本任务是处理从篇章中提取观点词，并检测这些观点词的极性，将篇章文本中表达出来的情感分为正、负、中性三类，最后看表达的情感对主题整体是正面意见还是负面意见。但篇章级情感分析过于粗糙，由此出现句子级情感分类。这是指提出识别句子是主观还是客观的，然后对主观性句子进行情感极性判断。方面级情感分析是一种更为细化的模型，它提取了针对不同实体的不同方面发表的意见，主要涉及方面和意见的提取，得到(方面，观点)二元组，并将它们分类到相似的类别中，再确定意见的极性和结果的汇总。对于文本情感特征的提取分析，虽然人们在研究和应用方面已经进行了深入探讨和取得了长足进步，但整体上对于情感分析的认识以及时下的解决方案，仍未达到理想水准。目前还没有一个算法能够实效、完备地解决情感分析问题。也就是说，在技术上，情感分析仍然具有广阔的研究发展空间。

会计领域的文本情感分析法在招股说明书信息披露、上市公司新闻发布会、新闻报道、年度报告等文本信息研究中均有涉及。其中的文本情感也被称为文本披露的语调。Schleicher 和 Walker(2010)将词汇划分为肯定、中性、否定，运用内容分析法研究了不同类型的公司在日常报道中对公司前瞻性信息披露的语调倾向。Sadique et al.(2013)采用内容分析法对美国联邦储备委员会公布的经济报告进行内容分析，特别是对包含预测内容的部分进行了分析，研究表明在经济上升时期，美国联邦储备委员会公布的经济报告肯定语调变得更加突出，否定语调变得不突出。林乐和谢德仁(2016)发现，管理者语调信息在资本市场资源配置效率方面发挥着重要角色，管理者语调可以传递企业的未来业绩信息，市场对语调披露有强烈反应。同时，有利语调信息会提高分析师荐股(林乐和谢德仁，2017)和提高分析师盈余预测的准确性(Kothari et al.,2011)。

2.3 年报文本信息的实证研究

近十多年来，在计算机文本分析法逐渐成熟的基础上，利用计算机手段提取文本特征进行研究成为实证会计领域中不可忽视的一种新范式。年报中的文本信息包含了财务信息所不能体现的丰富内涵，具有很高的研究价值，例如，可读性、情感和相似度等特征不仅可以反映管理者的行为和动机，还可以影响投资者对信息的理解进而影响其投资决策。在信息披露的主体研究框架下，现有相关实证研究主要分为两类：一是讨论影响年报文本信息披露的因素；二是考察文本信息披露后的影响效应。

2.3.1 整体研究概况

本节将“textual analysis 或 text analysis 或 text mining”与“annual report 或 financial report 或 accounting 或 finance”作为检索关键词，在 web of science 数据库核心合集中进行检索，将发表时间限定为 2000 年至 2020 年 7 月。通过人工阅读检索到的文章摘要，筛选出与公司年报文本信息研究相关的 SSCI 期刊论文 161 篇。对这些论文的发表时间进行统计发现(见表 2-3)，具有以下两个特点：

表 2－3　国外金融、会计学领域年报文本研究的总趋势(2000—2020 年)

年度	2000	2001	2002	2003	2004	2005	2006
篇数	0	0	0	0	0	0	0
年度	2007	2008	2009	2010	2011	2012	2013
篇数	0	1	1	4	2	1	5
年度	2014	2015	2016	2017	2018	2019	2020
篇数	5	8	13	16	13	50	42

数据来源：web of science 数据库。

(1) 2000 年至今，国外会计金融领域对公司年报文本的研究呈上升趋势，尤其近五年以来，相关研究发文数量持续迅速增长。截至 2020 年 7 月，近五年发文量已达年均 27 篇，较五年前增长了约七倍。可见，年报文本研究近年来成为一个新兴研究热点，会计金融研究领域也出现了语言转向。

(2) 对公司年报文本研究的期刊分布情况统计发现，公司年报文本研究在会计金融领域受到广泛关注，且具有跨学科属性。大多数论文发表在会计类期刊上(占 71.2%)，如 *Journal of Accounting and Economics*，*Accounting Auditing and Accountability Journal*，*Accounting and Business Research*，*Accounting Review*，*Corporate Governance*，*Management Science* 等，反映出公司年报文本在会计领域受到了广泛关注。此外，有相当一部分研究发表在金融学期刊上，如 *Journal of Behavioral Finance*，*Journal of Financial Economics*，*Financial Management*，*International Review of Financial Analysis* 等金融类期刊发文量占总发文量的 20.3%，反映出公司年报文本研究在金融领域受到一定关注。公司年报文本研究还发表在计算机科学，经济学，商务沟通学等不同领域期刊上，如 *Decision Support Systems*，*Applied Economics Letters*，*International Journal of Business Communication* 等，反映出公司年报文本研究具有跨学科的属性。

在会计和金融领域的年报文本研究主要是实证研究。这些研究以计算机为基础，将定性的年报文本信息压缩为简单的文本特征，不仅降低人工成本，而且极大地提高了研究效率。总结现有实证文献可以发现，已被量化的文本特征按照是否与内容相关可分为两类。其中，语调、可读性与文本内容无关，而相似性则属运用到文本内容的一部分。根据肖浩等(2016)，表 2－4 概括了最主要的三种年报文本特征的代表性国外文献。需要说明的是，在这三类基本的文本特征分类基础上，利用相关文本特征提取方法，还有许多文献进行了更广泛的文本特征衍生研究。例如，基于文本内容，采用字典法识别和度量包含在 MD&A 中的前瞻性信息、研发信息和风险信息等(Loughran 和 Mcdonald,2011)。

表 2-4 主要年报文本特征的代表性文献

文本特征	基本含义	测量方法	代表文献
可读性	文本是否便于理解，或者晦涩难懂的程度	1. Fog 指数；2. 单词的数量；3. 文件的长度；4. 单词或句子的简单程度	De Franco et al. (2014a); Lee (2012); Lehavy et al. (2011); Li (2008); Lo et al. (2014); Loughran 和 Mcdonald (2014); Miller(2009); Nelson 和 Pritchard (2007); Tan (2014)
相似度	文本内容的差异性	公司产品的文本描述与其他公司产品的文本描述的相似程度	Hoberg 和 Phillips(2009); Hoberg 和 Phillips (2014); Hoberg 和 Phillips(2015); Li et al.(2009); Li et al.(2013)
情感	积极的或消极的、正面的或负面的、乐观的或悲观的等相对立的语调特征	1. 积极与消极的词语占文本总词语量的比例之差；2. 采用文本分类算法进行语调识别	Core et al. (2008); Davis et al. (2012a); Davis et al. (2015); De Franco et al.(2014b); Feldman et al. (2009); Henry (2008); Huang et al. (2014); Jegadeesh 和 Wu (2013); Kothari et al. (2009); Larcker 和 Zakolyukina (2012); Loughran 和 McDonald (2011); Price et al. (2012); Rogers et al. (2011)

数据来源：web of science 数据库和肖浩等(2016)《国外会计文本信息实证研究述评与展望》。

相对而言，国内研究涉及的文本特征主要集中于语调、可读性、业绩归因自利性。在具体文本特征的衡量上，这些研究不仅借鉴了国外的已有研究，同时针对中文语言进行了本土化的改良。例如，孙蔓莉和姚岳(2005)通过理论分析得出，由于上市公司内外信息不对称，管理者作为"内部人"，能通过调整报告语言特征等，对信息使用者进行印象管理。国内企业采取的印象管理手段主要包括选择信息披露内容与格式、自利性归因、操纵信息阅读难度、控制文本语调等(谢德仁和林乐，2015)。管理者在向信息使用者传递公司价值信号时，常常不是孤立使用某一维度的语言特征，而是整合多种特征方法，根据公司面临的不同情况灵活进行策略性地组合表述(蒋艳辉和冯楚建,2014;李胜男,2018)。整体上,我国早期的上市公司年报文本信息的可读性较低。阎达五和孙蔓莉(2002)对B股59家公司的英文进行分析,发现我国上市公司年报非财务信息是难读的或非常难读的。孙蔓莉(2004)也通过学生实验发现我国上市公司年报接近于半专业投资者的理解能力,但对于非专业投资者则是不可理解的。葛伟琪(2005)研究表明,2005年的中英文年报虽然在信息含量上有明显的增加,但可读性仍然较低。从近些年文本信息可读性的变化趋势来看,国内学者并没有得出一致结论。陈林俊(2009)的研究结果表明,不论是MD&A整体部分、经营情况回顾部分还是未来发展展望部分,可读性都是连续三年下降的。与之相反的是,李萍(2018)对房地产行业的报告信息进行了比较,发现该行业报告可读性不断提升,语言更加精炼且易懂,虽然可读性总体上还是偏难,但呈现出一个不错的改善趋势。

2.3.2 年报文本信息的影响因素

尽管统计结果表明,影响公司信息披露的因素很多,但大致可以归为三大类:外部宏观环境、行业层面因素和公司层面因素。

1. 外部制度环境因素

已有关于信息披露的实证研究揭示了法律、文化、政治经济等宏观环境对信息披露的影响。这是因为公司的生存与发展离不开外部的制度环境。无论是证券交易委员会规定、法律条款还是证券市场的内在需求,都会影响年报信息的披露。这些因素同样会影响到年报中的文本信息质量。一是证券交易委员会的要求。美国证券监管委员会在1980年强制要求上市公司在年报中增加MD&A部分,用于评估企业的流动性、资本以及经营状况。至今,MD&A已经成为上市公司年报中最受关注的文本内容。Loughran和McDonald(2014)研究发现,SEC在1998年明确要求上市公司在招股说明书中必须使用简明英语,这之后不仅是招股说明书连未被强制性要求的年报的可读性也得到显著的提高。又如,Li et al.(2013)发现,在SEC建议公司在年报文本中包含对竞争形势的描述后,公司描述竞争形势的文本就显著包含了与盈余质量相关的信息。二是法律制度。Li(2010)的研究发现,安然公司丑闻案之后的萨班斯-奥克斯利法案要求公司在 MD&A 中增加更多的前瞻性信息披露，这使得 MD&A 中前瞻性描述的语调与公司未来盈利以及流动性正相关，对未来的业绩具有增量解释。三是市场环境。如果公司的信息环境较差，股价并不能充分反映公司未来盈利信息，公司很可能调整信息披露策略来引导投资者决策。例如，Muslu et al.(2014)发现，当公司股价不能充分反映未来盈利信息时，公司会选择在年报 MD&A 文本中进行更多的前瞻性信息披露，这种策略能有效缓解股价信息效率低的问题。我国学者李萍(2018)发现每股收益越差的公司，其报告的可读性反而更好，这可能是因为盈利能力较弱的企业会面临更严厉的社会监督和市场监督。

2. 行业层面因素

年报文本具有灵活自由的内容体现，很大程度上反映的是自愿性信息披露。由于行业之间的差异性，年报自愿性信息披露的内容有很大的不同。例如，FASB(Financial Accounting Standards Board，2001)发表了一份题为《改进企业报告增加自愿性信息披露》的研究报告，选取了汽车、化工、计算机、食品、石油、制药、区域性银行及纺织各行业的多家上市公司作为样本，指出不同行业自愿性信息披露内容的不同。高科技、高成长公司自愿披露人力资本信息，已经成为业界通行的惯例，而传统公司较少自愿披露能为公司带来价值的人力资本信息。Nerissa(2005)通过实证研究发现，同一行业或同一类型的公司之间的自愿性信息披露行为会相互影响，导致出现自愿性信息披露的"行业羊群行为"。这使得公司的自愿性信息披露决策与其他同业公司的自愿性信息披露行为呈现正相关关系。有的行业性因素会促进上市公司自愿披露更多的信息，例如，处于垄断性行业的公司由于缺乏竞争对手，扩散成本低而会增加自愿性信息披露。如果经营情况正在好转，在诉讼风险不同的行业中，公司发布的未来盈余预测的乐观程度存在差异(Bushman et al.，2004)。

3. 公司层面因素

首先，公司特征在一定程度上决定了文本特征。Loughran 和 McDonald (2014)指出，业务越复杂的公司，文本更难以阅读，甚至有时很难将公司复杂性与年报可读性加以区分。此外，文本所包含的信息可能是公司业绩、诉讼风险等变量的函数。Li(2010)发现，公司未来的盈利状况和流动性越好，文本的语调也就越乐观。Brown 和 Tucker(2011)对不同时期 MD&A 的内容进行比较后发现，公司经济状况的变化越大，MD&A 内容的改变也就越大。Merkley(2014)的研究表明，业绩的下滑会导致公司增加对研发信息的披露。在国外的公司诉讼案中，投资者经常会将公司披露的定性文本作为诉讼证据，因此，Nelson 和 Pritchard(2007)研究发现，当公司面临更大的诉讼风险时，年报将采用更多的警告性语句和更易读的语言，以减少诉讼成本。其次，管理者特征和公司治理对年报文本特征存在重要影响。上市公司年报的执笔在很多情形下，实际上是由管理者、审计师、律师和公关部职员等多方协同完成，但在撰写和完成时都需要征询公司治理和管理者的意见，需要通过其审阅。管理者不仅直接影响文本信息的披露，而且这种影响存在个体差异。例如，管理者的工作经历、心理特征等因素会影响文本信息量以及语调特征。Hanley 和 Hoberg(2010)发现，勤勉工作的管理者能够提高招股说明书的信息含量。当管理者任期更长或是信息来源更可靠时，年报文本信息具有更高的信息含量。再次，管理者存在自利归因动机。Li(2011)发现，具有自我服务偏差的经理人在公司业绩较好的时候，更倾向于在年报 MD&A 中使用第一人称。而且，大量研究证明了年报文本信息中存在业绩自利性归因倾向，花贵如等(2014)提出，管理者自我服务归因偏差产生的动因来自信息加工处理过程中无意识的认识偏差。他们有意将成功更多地归因于内部原因，而将失败更多地归因于外部原因，主要是为了“维持脸面”，从而在认知过程中无意识地偏离了正常的路线。蒋艳辉和冯楚建(2014)发现，管理者对公司未来绩效的预期，会影响 MD&A 语言文本特征。当对未来业绩保持乐观时，管理者有更强的动机采取恰当的表达方式传递公司价值信号，相应 MD&A 语言信息的可读性更高，业绩归因解释更加客观可靠，前瞻性信息也更加准确积极。相反，当对未来业绩预期不理想时，管理者会弱化这些表述方式。

2.3.3 年报文本信息的影响效应

从信息经济学的角度来看，上市公司年报在资本市场中起着至关重要的作用，大量研究发现与收益相关的信息影响了股价波动和股票交易量。最初的观点认为，年报文本的影响效应很弱，这些文本信息只是基于通用模板所做的披露，仅仅包含样板式的文字、免责的声明、标准化的语句以及其他无关紧要的细节，并不具有信息价值(Li,2010)。但随着计算机语言学的应用，越来越多的研究结果已经证明,年报文本信息对资本市场有显著的影响(肖浩等,2016)。

1. 对投资者的影响

年报文本影响投资者对年报信息的理解。首先,从文本信息内容的角度看,Kravet 和 Muslu(2013)和 Hope 等(2014)发现,公司增加风险信息披露能够增强投资者对风险的认识和理解,对特质性风险的信息披露有益于投资者对财务报表数据的理解。Li(2014)的研究则表明,文本的重复性披露不仅能为投资者提供有用的信息,而且能够增强投资者对非重复性文本信息的理解。从文本的基本特征来看,由于复杂的文本信息会增加投资者尤其是中小投资者的信息处理成本,因此,年报可读性越差,相应的股票交易量也越少(Miller,2010)。其次,从心理学角度看,Rennekamp(2012)和 Tan et al.(2014)基于实验研究的方法证明,文本信息的可读性越强,投资者处理信息的过程就会越流畅,投资者由此产生一种心理暗示:此类信息披露更可靠、更值得信赖。Loughran 和 McDonald(2014)认为可读性影响年报中关于价值信息的有效沟通,而投资者更可能投资于年报可读性更强的公司。再次,从信息操纵角度看,Li(2008)、Lo et al.(2014)、Bushee et al.(2015)的研究证明,管理者通过降低年报文本的信息含量、进行语调的策略性管理、增加文本复杂性等诸多手段操纵文本信息,可以误导投资者对公司价值的判断。

2. 对资本市场的影响

由于年报文本信息会引起投资者行为的变化,进而影响资本市场反应。考察文本信息的市场反应,不仅可以判断年报文本信息的信息含量,还可以用于检验资本市场的效率。首先,文本的语调会引起市场的显著反应。Davis et al.(2012)认为,管理者通过乐观或悲观的语言来暗示公司未来的业绩,因此,盈余公告的语调越乐观,市场的短期反应就越强烈。林乐和谢德仁(2016)发现,年报文本信息语调能够显著影响资本市场反应。我国投资者能够理解业绩说明会上的管理者语调,对于负面语调会即时做出显著的负向反应,而对于正面语调,需要经过一段时间的观察分析,才可能做出正向反应。周波等(2019)不仅考虑了语调的积极程度,还考虑了语调的真实性。结果表明,不考虑语调真实性时,年报的积极程度和股价崩盘风险无关。但是考虑语调真实性后发现,在语调真实程度较低的情况下,年报语调越积极,其公布后发生崩盘风险的可能性越大。除此之外，语调还会引起股票交易量的变化（Loughran 和 McDonald，2011；Price et al.，2012）。其次，文本可读性也会影响市场对信息的反应。Bushee et al.（2015）发现，由管理者驱动的文本复杂性扩大了投资者的信息不对称程度，降低了股价信息效率。此外，Brown 和 Tucker（2011）发现，由于经济状况的较大变化会引起各年 MD&A 文本的显著变化，进而在年报公告时导致市场更大的反应。再次，文本信息可能影响盈余数据与股价之间的关系。年报中的文本信息不只是盈余数字的替代，也是其有益的补充。Li（2010）证明，当公司在对应计的解释文本中发出警告时，市场减少了对应计的定价偏误。孟庆斌等（2017）在探究 MD&A 信息含量和股价崩盘风险的关系时，发现文本的可读性特征具有显著的调节作用。随着可读性的提高，MD&A 展望部分所提供的信息能够更好地为信息使用者所理解，从而信息含量与股价崩盘风险的负向关系更加显著。

3. 对分析师和审计师的影响

分析师和审计师作为资本市场中的重要参与者，也成为文本信息影响效应的研究对象。Lehavy et al.（2011）研究发现，公司年报的可读性越差，关注该公司的分析师就越多；由于分析师需要耗费更多的努力来工作，因此，其研究报告的信息含量也更高。公司披露更多的 R&D 信息，不仅能够吸引更多的分析师关注，而且能够提高分析师预测的精度、减少分析师预测分歧。裴蓓（2017）的研究发现，分析师能比较理性地看待年报文本中的语调信息，管理者异常积极语调的上扬会显著增加证券分析师对公司的关注度，同时提高证券分析师的盈余预测质量。绩优公司的管理者异常积极语调越高，证券分析师对公司未来一年的业绩表现预期越乐观。相反，绩劣公司的管理者异常积极语调越高，证券分析师不仅会对公司未来一年的业绩表现预期越悲观，而且会投入更多的关注，以期降低预测误差。李晓慧和孙蔓莉（2012）以“莲花味精”为例，对风险导向审计、审计风险识别以及业绩归因等理论做了总结，试图构建通过年报文本信息业绩归因分析评价审计风险的应用框架。虽然该研究还只是停留在理论分析的层面，但有很高的实证分析指导意义，为文本信息对审计师的影响指明了新的研究方向。

2.4　本章小结

本章梳理了上市公司年报文本分析的基础理论和特征提取方法，并在此基础上综述了学术界近年来的实证研究成果。组织话语和资本市场信息不对称为年报文本分析提供了理论基础。在具体展开文本信息的研究时，为解决传统文本度量方法的局限性，需要引入计算机技术，通过计算机专家式的海量信息解读，构建文本特征识别变量。目前比较成熟的计算机文本特征识别包括可读性、相似度和情感分析。最后，本章对近年来的年报文本信息实证研究文献进行了评述。现有相关实证研究主要分为两类：一是讨论年报文本信息披露的影响因素；二是考察文本信息披露后的影响效应。前者主要包括外部宏观环境、行业层面因素和公司层面因素；后者主要是指年报文本信息对投资者、资本市场、分析师和审计师的影响。但是，现有实证研究大多以英文文本分析为主，要将其移植到我国，还需要考虑中文的特点，并从基础技术、理论框架和实证分析三个方面进行有中国特色的研究。

一是理论框架研究。国内对组织话语的研究刚刚兴起，研究主题非常有限，将年报作为重要的组织话语表达形式进行分析的文献更少。但通过回顾已有的组织话语研究可知，话语分析促使研究者注重文本、话语等并使之融入对组织现实多面性的剖析与理解中。因此，组织话语研究有望为年报文本分析提供重要的理论切入口。此外，信息不对称和信息披露理论一直是年报文本信息研究的理论基础，但当前的框架是在以财务信息为主的情景下构建的，文本信息的引入将如何补充或扩展现有理论框架，还需要进一步探索。例如，文本信息更注重语言对投资者心理的影响，因此，未来信息披露研究的理论基石可能从有效市场理论拓展到行为金融理论。再比如，通过观察管理者的相关背景指标，可以探究心理特征对年报信息披露行为和文本信息特征的影响，这将有可能在“高管梯队”理论的基础上，从高管性别、年龄、规模，以及团队中学历差异、任职时间差异、职能经验差异等团队异质性角度解释影响文本特征的公司内部因素。总体而言，基于组织话语理论和信息不对称理论，融合语言学、心理学、社会学、会计学和财务学等多学科，为年报文本分析提供一个完整的基础理论框架是展开相关研究的必要步骤。

二是基础文本特征提取技术研究。中文计算机文本分析方法的健全，是发展我国年报文本信息研究的必要前提。中文文本与西方文本相比有其独特性，中文词语之间没有间隔，不像英文每个单词都是用空格分开的，中文文本挖掘很重要的一个环节就是文本分词。目前，国内致力于这方面研究的学者有很多，已经出现了多个中文分词的工具。但这些技术并不是专门针对经济管理文本或年报文本分析，如何验证并应用这些技术来合理提取中文年报中的文本信息特征，是减少文本分类偏差和提高研究结果可靠性时所必须解决的重要问题。同时，使用机器学习法降低对人工分词的依赖是文本特征提取中需要应对的挑战。

三是实证分析研究。目前的年报文本信息实证研究主要以英语国家为背景，将这些在国际学术上已经提出的重要研究问题放置于我国情境下进行本土化实证验证，不仅能从基本的信息披露效应和资本市场效率方面检验我国年报文本信息的价值，也是进一步开展中国特色类文本研究的直观切入点。根据肖浩等(2016)，目前国内对可读性、语调和相似度文本特征展开的研究主题仅仅是国外相关文本研究主题的四分之一，因此，许多主题均可能作为我国未来复制性研究的主题。此外，我国的实证分析还需要结合我国特殊情境进行独特性和拓展性的研究，在研究中需要注意以下三个方面的问题：

(1) 积极探索我国特殊制度背景下的文本研究。我国是处在转型发展中的新兴市场，公司治理、管理者权力、资本市场参与者结构等都与国外成熟的欧美市场存在一定的差异，公司信息披露监管要求、审计师制度、法律保护制度也具有我国的特色。因而，我国年报文本信息研究不仅要借鉴国外的研究主题，更需以我国自身特色为前提进行实证检验的理论分析和模型构建。

(2) 加强文本内容的衡量与分析。我国关于会计文本的研究起步较晚，国内最早开始研究会计文本信息特征的文献是阎达五和孙蔓莉(2002)。但其后很长一段时间内，会计文本研究的文献十分匮乏。近五年来，年报文本研究有明显增加，主要集中于部分文本特征(可读性、业绩归因自利性、语调)，研究的文本信息来源也几乎都是年报的 MD&A。相对外国的文献而言，研究面较窄。因此，在基于文本内容进行的研究方面，未来实证研究不仅需要加强文本相似度特征的研究，还需要注意 MD&A 模块之外的年报文本信息挖掘。

(3) 将文本信息和财务信息披露研究相融合。年报文本信息的重要作用是对财务信息进行补充、解释和验证。由于财务数字信息和文本叙述信息是上市公司年报中最主要的两种表达形式，在考察文本信息的影响因素和影响效应时，也需要关注财务信息的影响。因此，融合文本信息和现有财务信息披露的实证分析，才有望得到较为稳健的研究结论。

第三章　上市公司年报文本信息处理技术

尽管如第二章所述，人们在文本信息处理方面做了多种前沿技术的理论探讨，但这些就技术而谈技术的分析较为零散，缺乏对整体文本信息处理实践的系统指导。这就难免导致实践中应用文本信息处理技术的发展缓慢。本章是在现有自然语言处理框架的基础上，应信息披露研究对文本信息处理的改进要求，界定一些关于文本信息处理的技术。针对当前实证研究中出现的一些问题，这些处理技术至少需要讨论的问题包括：在当前的文本信息环境下，如何基于传统特征工程对文本进行分类？如何基于深度学习技术对文本进行分类？文本信息处理的字典有哪些？本章将对这些问题进行阐述，并从机器学习法和字典法两个维度，为文本信息处理应用提供一个系统框架。

3.1　基于传统特征工程的文本分析技术

基于传统特征工程的文本分析技术，首先把文档表示成矢量，然后从中提取文档特征，最后使用传统的分类算法如贝叶斯算法等对文本进行分类。

3.1.1　文档表示模型

文档表示模型中用到的数学方法主要分为三类：集合论模型，代数论模型，概率统计模型。以基于代数论的矢量空间模型为例，一份文档可以表示如下：

每个文档由 N 个特征项表示，对应 N 个权重，则这具有权重的 N 维矢量表示该文档。

矢量空间模型应用于文本分类时，支持近似内容匹配和部分内容匹配。矢量空间模型的问题在于，它假设特征项之间互相独立，但这个假设在大多数情况下不成立,这制约了该模型的实际应用。

3.1.2　文档特征提取

特征提取包括特征项选择和特征权重计算两个步骤。

特征项选择:对所有特征项按照评价指标进行排序,选出靠前作为文章的特征项。

特征权重计算:一个词的代表程度与类内词频正相关(也就是说明这个词是否具有代表性),一个词的区别程度与所有类别中出现的次数相关(也就是说明这个词相较于其他类别是否具有区分度)。

一般采用评估函数这种数学方法进行特征提取。常见评估函数如下:

(1) 词频(TF)。即词出现于文本中的次数。将词频小于某一阈值的词删除进行筛除。但是对于专业性很强的文档来说,频率低的词反映出的行业有效信息更多,因此,这个特征提取方法并不适用。

(2) 文档频次法(DF)。计算整个数据集中包含这个特征文本数量,并根据阈值去掉不具有代表性和不具有区分度的特征,即频次特别低和特别高的特征。

(3) TF-IDF。这实际上是 TF * IDF 即(词频) * (逆向文档频率),可以用来判定词语的类别区分能力。

(4) 互信息方法(Mutual information)。它能表现特征对于主题的辨别度以及词与类别之间的统计独立关系。互信息大表明该词在指定类别频次高,在其余类别频次低。互信息分类效果一般都很差,因为它会受到容词边缘概率的影响。

(5) 其他方法。这包括期望交叉熵函数,信息增益函数,卡方校验函数,二次信息熵等。

3.1.3　文档分类算法

1. K 近邻算法

K 近邻算法(k-nearest neighbor,K-NN)是 1967 年由 Cover T 和 Hart P

提出的一种基本分类与回归方法。它是非常典型的分类监督学习算法，可以解决多分类的问题。它的工作原理是：存在一个样本数据集合，也称作为训练样本集，并且样本集中每个数据都存在标签，即我们知道样本集中每一个数据与所属分类的对应关系。输入没有标签的新数据后，将新数据的每个特征与样本集中数据对应的特征进行比较，然后根据算法提取样本最相似数据（最近邻）的分类标签。一般来说，我们只选择样本数据集中前K个最相似的数据，这就是K近邻算法中K的出处，通常K是不大于20的整数。最后，选择K个最相似数据中出现次数最多的分类，作为新数据的分类。

K近邻算法的优点在于：(1) 它是一种 lazy-learning 算法，分类器不需要使用训练集进行训练。(2) K近邻算法理论简单，容易实现。(3) 对异常值和噪声有较高的容忍度。(4) K近邻算法天生就支持多分类。

K近邻算法的缺点在于：(1) 基本的K近邻算法每预测一个“点”的分类都会重新进行一次全局运算，对于样本容量大的数据集计算量比较大。(2) K近邻算法容易导致维度灾难，在高维空间中计算距离的时候，就会变得非常慢。(3) 样本不平衡时，预测偏差比较大，K值大小的选择得依靠经验或者交叉验证得到。K的值越大，模型的偏差越大，对噪声数据越不敏感，当K的值很大的时候，可能造成模型欠拟合。K的值越小，模型的方差就会越大，当K的值很小的时候，就会造成模型的过拟合。(4) 可解释性差，无法看出哪个变量更重要，无法给出决策树那样的规则。

2. K均值算法

在有监督学习中，我们把对样本进行分类的过程称为分类(Classification)；而在无监督学习中，我们将物体被划分到不同集合的过程称为聚类(Clustering)。“聚”这个动词十分精确，它传神地描绘了各个物体自主地向属于自己的集合靠近的过程。

在聚类中，我们把物体所在的集合称为簇(cluster)。

K均值算法是典型的基于距离的聚类算法，采用距离作为相似性的评价指标，即认为两个对象的距离越近，其相似度就越大。该算法认为簇是由距离靠近的对象组成的，因此把得到紧凑且独立的簇作为最终目标。

K均值算法的基本步骤如下：

(1) 根据设定的聚类数K，随机地选择K个聚类中心(Cluster Centroid)。

（2）评估各个样本到聚类中心的距离，如果样本距离第 i 个聚类中心更近，则认为其属于第 i 簇。

（3）计算每个簇中样本的平均(Mean)位置，将聚类中心移动至该位置。

（4）重复以上步骤直至各个聚类中心的位置不再发生改变。

综上，K 均值算法步骤能够简单概括为：（1）分配：样本分配到簇。（2）移动：移动聚类中心到簇中样本的平均位置。需要注意的是：某些聚类中心可能没有被分配到样本，这样的聚类中心就会被淘汰(意味着最终的类数可能会减少)。

K 均值算法的优点在于：擅长处理球状分布的数据，当结果聚类是密集的，而且类和类之间的区别比较明显时，K 均值的效果比较好。对于处理大数据集，这个算法是相对可伸缩的和高效的，它的复杂度是 O(nkt)，n 是对象的个数，k 是簇的数目，t 是迭代的次数。相比其他的聚类算法，K 均值算法比较简单、容易掌握，这也是其得到广泛使用的原因之一。

K 均值算法的缺点在于：（1）算法的初始中心点选择与算法的运行效率密切相关，而随机选取中心点有可能导致迭代次数很大或者限于某个局部最优状态；通常 $k \ll n$，且 $t \ll n$，所以算法经常以局部最优收敛。（2）K 均值的最大问题是要求用户必须事先给出 k 的个数，k 的选择一般都基于一些经验值和多次试验的结果，对于不同的数据集，k 的取值没有可借鉴性。（3）对异常偏离的数据敏感——离群点；K 均值对"噪声"和孤立点数据是敏感的，少量的这类数据就能对平均值造成极大的影响。

3. 朴素贝叶斯算法

贝叶斯分类是一类分类算法的总称，这类算法均以贝叶斯定理为基础，故统称为贝叶斯分类。

贝叶斯定理如下：

$P(A|B)$表示事件 B 已经发生的前提下，事件 A 发生的概率，叫作事件 B 发生下事件 A 的条件概率，其基本求解公式为：$P(A \mid B)=\dfrac{P(AB)}{P(B)}$。

贝叶斯定理之所以有用，是因为我们在生活中经常遇到这种情况：我们可以很容易直接得出 $P(A|B)$，$P(B|A)$则很难直接得出，但我们更关心$P(B|A)$，贝叶斯定理就为我们打通从 $P(A|B)$获得 $P(B|A)$的道路，其计算公式为：$P(B \mid A)=\dfrac{P(A \mid B)P(B)}{P(A)}$。

朴素贝叶斯分类分为三个阶段：

第一阶段：准备工作阶段。这个阶段的任务是为朴素贝叶斯分类做必要的准备，主要工作是根据具体情况确定特征属性，并对每个特征属性进行适当划分，然后由人工对一部分待分类项进行分类，形成训练样本集合。这一阶段的输入是所有待分类数据，输出是特征属性和训练样本。这一阶段是整个朴素贝叶斯分类中唯一需要人工完成的阶段，其质量对整个过程将有重要影响，分类器的质量很大程度上由特征属性、特征属性划分及训练样本质量决定。

第二阶段：分类器训练阶段。这个阶段的任务就是生成分类器，主要工作是计算每个类别在训练样本中的出现频率及每个特征属性划分对每个类别的条件概率估计，并将结果记录。其输入是特征属性和训练样本，输出是分类器。这一阶段是机械性阶段，根据前面讨论的公式可以由程序自动计算完成。

第三阶段：应用阶段。这个阶段的任务是使用分类器对待分类项进行分类，其输入是分类器和待分类项，输出是待分类项与类别的映射关系。这一阶段也是机械性阶段，由程序完成。

4. 支持矢量机算法

(1) 支持矢量机两分类法

经典的SVM算法设计的初衷是解决如何寻找一个最优超平面进行两个类的区分。它的目的就是使得两类的间隔最大。距离最优超平面最近的样本矢量，称为支持矢量，如图3－1中的黑色方块和黑色圆。

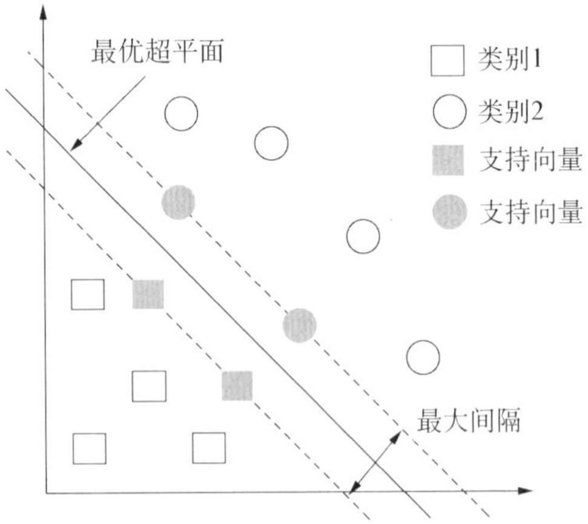

图3－1　典型的SVM的二分类问题

SVM 解决分类问题的方法是：如果在低维空间里难以找到一个线性分类面把两个样本有效划分，那么就将数据由不可分的低维空间，在经过某种映射后，转换为线性可分的高维空间。从低维到高维的过程，实际上就是将目标的特征提取出来进行划分，其区分度不够明显时（或者说无法线性划分时），在得到了更多的特征之后，其划分就会容易（可以进行线性划分）。这种划分的方法就是线性分类。所谓线性函数，就是满足 $f(a+b)=f(a)+f(b)$ 且 $f(ka)=kf(a)$ 这种映射关系的函数，可以简单地认为是一维中的点，二维中的直线，三维中的平面。对于所有维数，这种线性函数可称为超平面。最优超平面就是一个可将某种特征划分开来的函数。一般来说，如果数据是线性可分，那么就会存在一个线性函数能够将样本分成两类；如果没有这样一个线性函数，就称为非线性可分的。

目前为止的假设都默认有一个超平面可以把两类训练样本线性可分地划分开来。然而，这种理想的超平面在一般任务中几乎是不可能存在的，也就是说，这是一种理想的情况。很多实际问题在低维线性是不可分的。支持矢量机通过核技巧（kernel trick）来解决样本不是线性可分的情况，即之前所说的将一个低维的问题转换到高维，找到线性可分的解。

显而易见，在支持矢量机理论中，把特征矢量映射到高维后，其总是以成对内积的形式存在，以形成最优间隔。当特征被映射到非常高维的空间时会产生很大的存储和计算负担。核技巧的目的就是在将特征映射和内积这两步运算压缩为一步，即得到低维空间的特征值，就能推算出高维空间的内积值。

之后还需考虑这样一个问题，在现实中很难找到一个完全匹配的核函数。且由于环境噪声的存在，个别数据可能会导致整体似乎线性不可分。因此，需要对样本进行筛选，使其可以容许出现少量的错误样本，并且对间隔不会有过大的影响，即防止由于过拟合造成的所得模型适用性不广泛（或者根本无法得到模型）的问题。

支持向量机中常用的核函数如表 3-1 所示：

表 3-1　常用的支持矢量机核函数及其特点

名　称	优　点	缺　点
线性核函数	能高效实现目标，不易过拟合	只能解决线性问题

续 表

名 称	优 点	缺 点
多项式核函数	比线性核函数能处理的问题更多，n直接描述了被映射空间的复杂程度	参数较多，不易确定，当n很大时会导致计算结果不准确
RBF核函数	只需确定一个参数，不会导致计算不稳定	计算时间较长，且存在过拟合的风险

(2) 支持矢量机多分类法

以上方法都是二分类的方法，实际问题中会涉及多个待分类项，接下来介绍一下SVM的两种多分类的方法。

一对所有：如果设置有m类，那么就需要产生m个二类分类器。其中，某类分类器将该类设为正类，其他所有类都认为是负类。由于每一类都需要一个分类器来分类，最终能够得到m个分类器。之后使用计数的方式来确定x的类别。假设某一二分类器a对某一样本分类，若判定其是正类，则a类计数1，否则对其他所有类计数1，以此类推，对所有m个分类器都进行这样的计数后，计数最高的即认为是这一类。

一对一：给定m个类，m类中每两两之间都需要一个分类器，因此一共产生m(m−1)/2个二类分类器个数。比如a，b，c三个类，那么就需要a和b类，a和c类，b和c类，一共三个二分类器。对于一个需要分类的数据在经过所有分类器的分类并计数后，也可以实现分类(是一种更像谁的方法)。与一对多的方法相比，此方法产生的分类器更多，并且因为在某些极端情况，可能存在几个类计数相同的情况。不过，这种极端情况几乎不会出现，一对一的方法所得的结果会更加准确。

3.2 基于深度学习的文本分析技术

基于深度学习的文本分析技术依然需要将文档表示成矢量，但不需要手动提取特征，而是由卷积神经网络自动提取特征并分类。

3.2.1 文档表示模型

基于深度学习的文本分析技术通常使用Word2vec来表示文档。

Word2vec是一款由谷歌提出的将词表示为词矢量的高效开源工具，其中词矢量是分布式词矢量表示方式，它的实质是选择“CBOW模型和skip-gram模型”两种模型中的一种实现对词矢量的处理。它是三层（输入层-隐藏层-输出层）的神经网络但并不是深度学习算法，它的隐藏层数和词频有关，词频高对应的隐藏层少，训练速度也快，这和Huffman编码原理有关。Word2vec中涉及的两个模型CBOW和Skip-gram，前者借助前后文判定当前词，后者借助当前词判断前后文。

3.2.2　卷积神经网络

“卷积神经网络”属于前馈神经网络，输入到非连接层（进行卷积计算和非线性启动函数的映射），最后由全连接层输出，即将局部的输入特征连接到输出的神经元中。

以下是卷积神经网络实现的几个部分：

(1) 输入层（Input layer）：将单个句子的词语从上到下排列，并用对应的词矢量代替对应的词语，词矢量形成的句子矩阵作为输入给第一层，这一层叫做输入层也叫词嵌入层。如果固定词矢量的维度为k，单个句子有n个词，则形成的词矢量矩阵是n * k。这样就将文字转变成高度n，宽度k的同图像一样形式的矩阵输入。训练算法的复杂度决定了输入矩阵的动静态。动态的矩阵是将词矢量也当作为可优化的参数，这样随时对数据集进行调整，对应的词矢量也可以随之调整。

(2) 卷积层（Convolutional layer）：在图像识别的卷积层通常选取图像的一小块区域进行卷积计算，在文本分类中，卷积核维度通常要包括整个词矢量的维度，而且还要包括连续几个词。卷积核的窗口大小是fs * es，fs大小是纵向上包含的单词个数，即获取了连续几个词之间的特征；es是指词矢量的维数。对每个卷积核和文本词矢量进行卷积计算，计算完成会得到一个代表着该卷积核从文中提取的特征的列矢量。卷积核的个数就是列矢量的个数，也就是提取特征的个数，即channel（通道）的数量。卷积层之后需要用启动函数，常用relu函数。

(3) 池化层（Pooling layer）：池化方法有最大值池化，还有平均值池化。最大值池化就是将卷积层中得到的每个特征（即列矢量）选出最大的值，最大值通常代表最重要的信号。最终值只有一个最大值克服了句子可变长度的问题。此层输出是 N 维一列的行矢量，N 是卷积核的个数。

(4) 全连接层(Fully connected layer)：卷积层和池化层都是非全连接层，非全连接层的输出需要连接一个全连接 softmax 层，得到最终类别的概率分布实现分类。全连接 softmax 层前一层需要采用 dropout 这种常用的过拟合技术。在训练过程中先随机选中某些隐含层节点，指定它们的权重不起作用，被指定的节点会被暂时不在此次训练中发挥作用，但节点的权重需要被保留记录下来用于下次训练中(只是暂时不跟着此轮训练更新而已)，而下次样本输入会随机换成另一些节点的权重不被更新。如果过拟合严重，就需要考虑最大可能地隐藏单元自适应，这需要使用 L2 正则化技术改变全连接层上的节点权值参数，从而减轻过拟合的程度。

3.2.3 长短期记忆网络

1. 循环神经网络(RNN)

RNN 是一种随着时间递归神经网络，输出结果不仅需要学习当前时刻信息，还依赖于之前时刻的序列信息。因此，相比于一般的神经网络，它可以处理序列变化的数据或文本。

2. 长短期记忆网络(LSTM)

长短期记忆网络，因为“门”结构使它能在更长的序列中有更好的表现，是一种改进版的循环神经网络。

在 RNN 中，靠前的节点输入需要经过很多步才能到达最后的输出节点。同样，误差在反向传递的过程中，每一步传递都会使误差乘上参数 W。当 W 小于 1，误差不断地累乘 W，当步子传到初始时刻，得到的误差会接近于零，这个接近零的误差对训练过程起不到作用，这就是梯度弥散或梯度消失现象。反之，如果 W>1，误差不断累乘增长最终变成无穷大的数，这是梯度爆炸现象。这两种现象都将导致普通 RNN 无法回忆起远久记忆，前时刻的信息在训练过程中没有发挥出应有的作用。

而 LSTM 可以有效解决这个问题，它比普通 RNN 多出了三个控制器(输入控制，输出控制，忘记控制)。

LSTM 主要有三个阶段：

(1) 忘记阶段：用 z^f 作为忘记门控，对传来的上一个状态 c^{t-1} 进行选择性忘记。

(2) 选择记忆阶段：对由 z 表示的当前输入内容进行选择性记忆，用选择的门控信号 z^i 来实现，其中最主要是对 x^t 进行选择性记忆。选择性记忆与选择性忘记决定了当前 c^t 的输出。

(3) 输出阶段：z^o 门控信号决定了当前时刻下，被启动函数转化后的 c^t 将输出的内容。

总的来说，与普通的循环卷积网络仅有一种记忆叠加方式不同的是，LSTM 模型通过引入 z^i，z^f，z^o 门控状信号对传输来的信息进行选择性记忆和忘记。这样的传输控制方式也避免了梯度消失和梯度爆炸的情况出现，因此，LSTM 适用于很多需要长期记忆的任务，长序列数据文本。但是，引入很多控制信号也不可避免地导致训练的参数增多，大大增加了训练难度。

3.3　机器学习在年报行业分类里的示例

1. 数据集的收集

借助 tushare 财经数据界面包，获取了所有公司的股票代码以及对应的行业类别，即获得了行业类别标签。样式如表 3-2 数据样式所示：

表 3-2　数据样式

	code	name	C_name
0	600051	宁波联合	综合行业
1	600209	罗顿发展	综合行业

数据集是国内公司年报的集合。它主要包含最新两三年所有股票未停牌的公司的年报，这些年报可以从深圳证券交易所、上海证券交易所官网上爬取，也可以从某些财经网站上爬取。步骤如下：

(1) 正则匹配获取网页年报

由于深圳证券交易所、上海证券交易所官网上的年报都是以 PDF 附件格式发在网络上，而 PDF 格式的年报爬虫下载下来转成 TXT 档格式耗费时间极长，文本内容乱序，有的图表数据不可读，导致整个文档可读性极差，无法使用。于是，我们便在新浪财经网站股票界面上获取网页年报，获取方式是采用正则匹配爬虫获取的。

(2) 年报内容格式转换

爬取下来的年报内容是 GBK 编码，需要转化成 UTF－8 编码。

(3) 年报有效内容提取

爬取下来的年报内容提取与行业类别有关的文字部分。中国 A 股上市公司代码一般有 0、3、6 开头的，分别代表深交所、创业板(深)、上交所，而不同交易所公司年报的格式也有所不同。上交所的年报要提取“第三节公司业务概要….(.＊)二、….情况的说明”之间的内容，而深交所的年报要提取“第三节公司业务概要….情况”中的内容。

(4) 提取中文去标点

由于分词库的使用只能单一语言，并且无法处理标点符号。需要依据 UTF－8 编码范围只提取中文文本。

(5) 存储

最终将得到的每份年报的内容存成一行在 TXT 中。

2. 数据集的处理

首先，中文分词。对文本进行分析，先要对文本进行分词，分词的准确性对后面分类器的预测准确性有着直接影响。语法差异导致英文文本分词和中文分词的不同，因为英文文本的文档中词与词之间本来就有空格或标点符隔开，而中文文本是一句话才有标点，语义语法的连贯性都会影响分类结果。本书借助 jieba 分词开源库，这个库易于使用而且扩展性好，可以实现将年报内容正确分词的目的。

其次，文本内容处理。(a) 去停用词。停用词表是从网上获取，但是由于年报内容专业性较强，故根据爬取内容的固定格式增加了一些固定词，这样使最后结果预测更加准确。(b) 去无效文本，选取实验类别。在完成上面的工作后，很多文本已经变成空文本，需要判断文本是否为空文本，进行有效筛选删除。获得的行业类别中，有的行业有效公司年报太少，文本数量小于 70 个的都不采用，大于 70 个的行业有交通运输，化工行业等九个行业。最终进行训练和测试的文本就是这些行业的文本。数据集的大小为 1 133。

再次，构建 Bunch 数据结构。由于之后的分类器需要使用 Scikit-learn 库，使用 Scikit-learn 库中的 Bunch 数据结构来表示数据集使得数据集更加清晰，方便使用。Bunch 相当于 Python 中的字典，由四部分组成：(a) Target_name：所有文档的类别集合列表。(b) label：所有文档标签列表。(c) filenames：每个文档的名字列表。(d) contents：分词后文本档（一个文本档只有一行）列表。如表 3-3 所示：

表 3-3　Bunch 对象内容

Target_name	filenames	label	contents
电子信息	电子信息-000021-2016	电子信息	电子产品 研发 制造 服务
电子信息	电子信息-000032-2016	电子信息	数据 量子 通信
电子信息	电子信息-000035-2016	电子信息	电声 器材 科研
……			
房地产业	房地产业-000006-2017	房地产业	住房 商业 物业
房地产业	房地产业-000009-2016	房地产业	土地 建设 开发
房地产业	房地产业-000014-2017	房地产业	华联 城市 全景
……			

3. 传统特征工程分类模型

传统特征工程需要先进行特征选择，本书采用的是 TF-IDF。本书先给出分类结果的评估指标，然后给出各种传统特征工程模型的分类技术。

(1) 评估指标

针对分类问题，样例的真实类别和预测类别的情况有以下 4 种，这里正例是选中的类别，负例是去除正类其他的类别。如图 3-2 混淆矩阵所示：

真实类别	预测类别	
	正例	负例
正例	TP	FN
负例	FP	TN

图 3-2 混淆矩阵

其中,查准率、召回率以及 F1-score,都是要先设定某一类别为正样本,对具体某一类别计算得出的比率。

a) 查准率(Precision,P):预测为正样本中预测对了的比率(体现了对负样本的区分能力)。

b) 召回率,又称查全率(Recall,R):真实标签为正的样本被预测对了的比率(体现了对正样本的识别能力)。

c) F1-score:综合了查准率和召回率的评价指标,F1-score 越高,说明分类模型越稳健。通过在公式中引入一个系数变成复杂样式,按照不同的要求对以上两个评估值赋予不同的重要程度。

d) 准确率:样本预测对了的比率。

e) ROC 曲线:通过计算真阳性率和假阳性率来构造出的描述模型灵敏度的功能曲线,也叫作相关操作特征曲线。

真阳性率(TPR):实际上就是召回率。

假阳性率(FPR):实际上是 1-Precision。

ROC 曲线主要关注如图 3-3 中 Y=X 直线和四角点。

点(0,1),即假阳性率为 0,真阳性率为 1,这意味着负被判定为负的概率为 0,负被判定为正的概率为 0,并且正被判定正的概率为 1,这表明所有都是正且被正确归类。点(1,0),即假阳性率为 1,真阳性率为 0,这意味着正被判定为正的概率为 0,正被判定为负的概率为 0,并且负被判定正的概率为 1,这表明所有的都是负且被错误分类。点(0,0),即假阳性率为 0,真阳性率为 0,这意味着负被判定为正的概率为 0,正被判定为正的概率为 0,这表明全部的都被判定为负。点(1,1),全部的都被判定为正。

Y=X 在线每一点对应的模型准确度都是 50%,即表示模型是一个完全随机预测的模型,因此,评估选择分类器时应该选在 Y=X 上面的 ROC 曲线对应的分类器模型,越接近(0,1),即越接近理想分类。

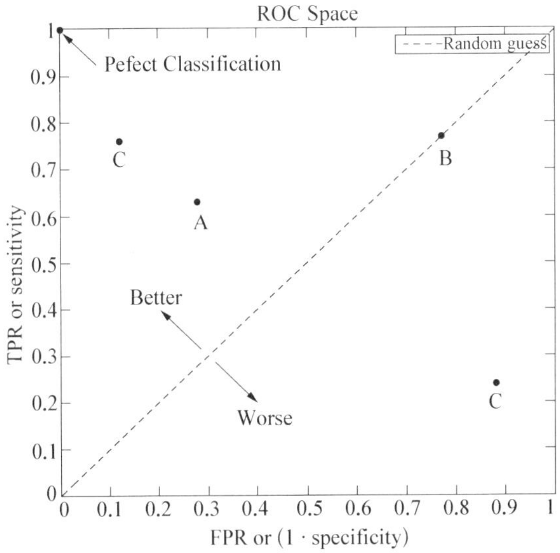

图 3-3　ROC 空间

在实际数据集中，一般都不是二分类，即负样本数量会远远大于正样本，并且也会存在正负样本在测试过程中随时间变化，这就是所谓的类别不平衡情况。当负样本数量远高于正样本时，这可能会使准确率-召回率曲线变化大，而 ROC 曲线能够保持稳定不变。

f) AUC

AUC：是和 ROC 有关的参数，它指的是 ROC 曲线和 X 轴之间的面积。因为合适的分类器对应的 ROC 曲线肯定都在 y=x 直线的上方，因此，面积必定在 0.5 和 1 之间，很多时候，曲线的变化程度都很接近，难以从曲线分辨，此时 AUC 便可以认定 AUC 值大的为较好的分类器。

g) 宏平均(Macro-averaging)和微平均(Micro-averaging)

“宏平均”，统计不同类的衡量值，最后求算术平均。“微平均”，是对所有样本进行统计得出全局混淆矩阵，然后计算相应指标值，其中，数据集是没有经过类别划分的。小样本类别对宏平均指标影响更大。

(2) 朴素贝叶斯技术在文本分析中的应用

首先将数据集按照训练集合测试集的比率为 0.75 : 0.25 划分，然后将训练集放入分类器进行训练，再用测试集带入分类器进行结果统计。以下结果都是分类器经过网格搜索后得出的，此时分类器的参数对于数据集分类结果是最优的。

得到混淆矩阵如图 3 - 4 所示：

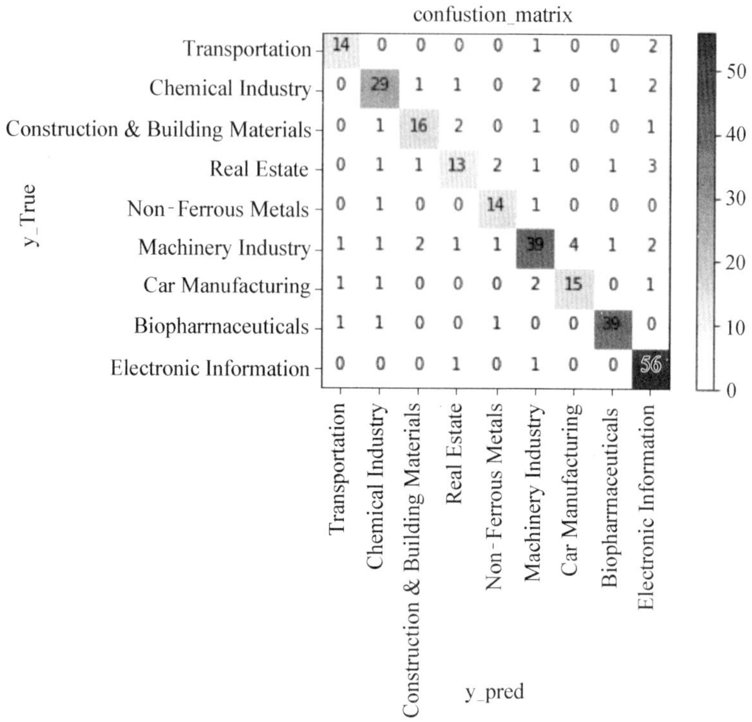

图 3 - 4　朴素贝叶斯混淆矩阵

根据混淆矩阵具体计算每个类别的查准率，召回率以及 F1 - score，最后得出总的查准率，召回率以及 F1-score，如表 3 - 4 朴素贝叶斯评估结果。

表 3 - 4　朴素贝叶斯评估结果

	precision	recall	F1 - score	Support
交通运输	0.82	0.82	0.82	17
化工行业	0.83	0.81	0.82	36
建筑建材	0.80	0.76	0.78	21
房地产业	0.72	0.59	0.65	22
有色金属	0.78	0.88	0.82	16
机械行业	0.81	0.75	0.78	52
汽车制造	0.79	0.75	0.77	20

续　表

	precision	recall	F1 - score	Support
生物制药	0.93	0.93	0.93	42
电子信息	0.84	0.97	0.90	58
Avg/total	0.83	0.83	0.82	284

可以看出，朴素贝叶斯分类器的准确率有 83%，召回率也有 83%，f1 - score 也达到 82%，说明模型稳健，贝叶斯分类器效果很好。

在监督学习过程中，模型越合适，则说明它在未知数据上泛化能力越强，而检测泛化能力需要对模型进行模型验证。模型验证需要用测试集的测试准确度作为衡量指数。虽然测试集是按比例划分，但是随机划分会导致最后的测试准确度的方差很高，跟测试集样本关联高，所以需要进行交叉验证。交叉验证通过对数据集按比例进行系列分割，得到几组测试训练集，并用模型对其分别进行训练测试，得到几个准确率结果并求平均。

得到十次交叉验证结果直方图如下图 3 - 5：

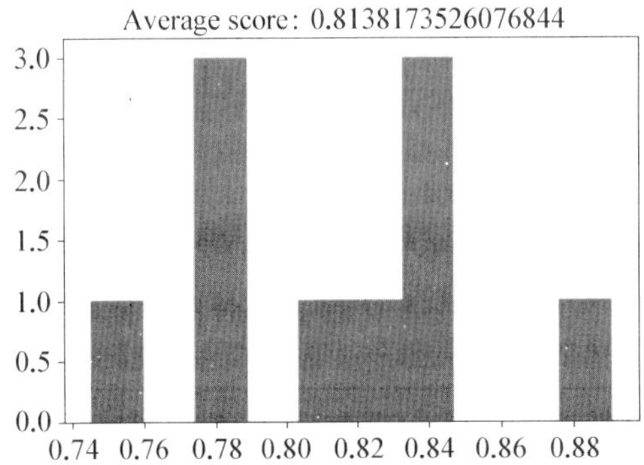

图 3 - 5　朴素贝叶斯交叉验证结果直方图

均值为 0.813 8。

(3) 支持矢量机技术在文本分析中的应用

数据集划分同上，得到混淆矩阵如图 3 - 6 所示：

本实验采用的是线性核函数。

支持矢量机具体计算每个类别的查准率，召回率以及 F1 - score，最后得出总的查准率，召回率以及 F1 - score，如下表 3 - 5 支持矢量机评估结果：

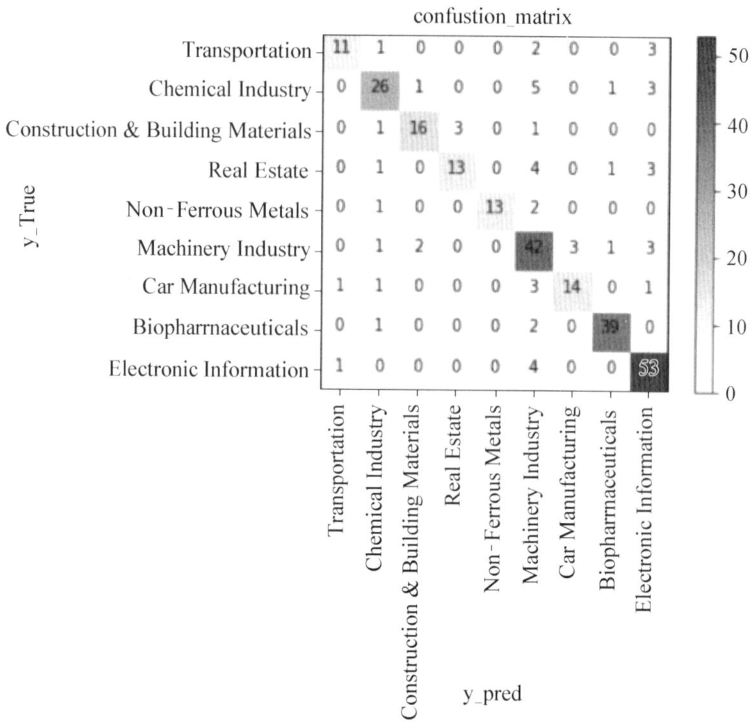

图 3－6 支持矢量机混淆矩阵

表 3－5 支持矢量机评估结果

	precision	recall	F1－score	Support
交通运输	0.85	0.65	0.73	17
化工行业	0.79	0.72	0.75	36
建筑建材	0.84	0.76	0.80	21
房地产业	0.81	0.59	0.68	22
有色金属	1.00	0.81	0.90	16
机械行业	0.65	0.81	0.72	52
汽车制造	0.82	0.70	0.76	20
生物制药	0.93	0.93	0.93	42
电子信息	0.80	0.91	0.85	58
Avg/total	0.81	0.80	0.80	284

可以看出支持矢量机分类器的准确率有 81%，召回率也有 80%，f1 - score 也达到 8%，说明模型稳健，支持矢量机分类器效果很好。

十次交叉验证如图 3 - 7 所示：

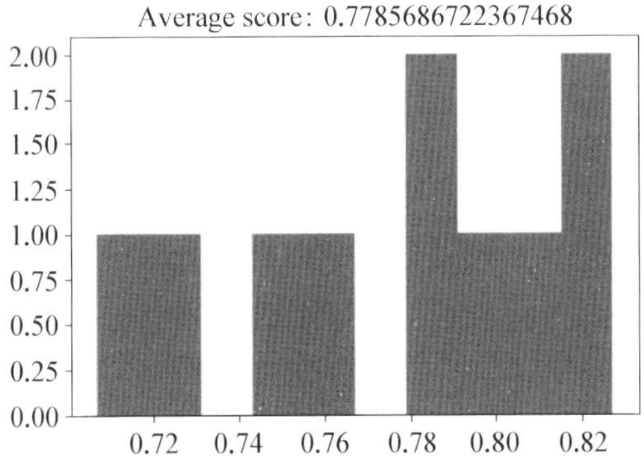

图 3 - 7 支持矢量机交叉验证结果直方图

ROC 曲线图和 AUC 值如图 3 - 8 所示：

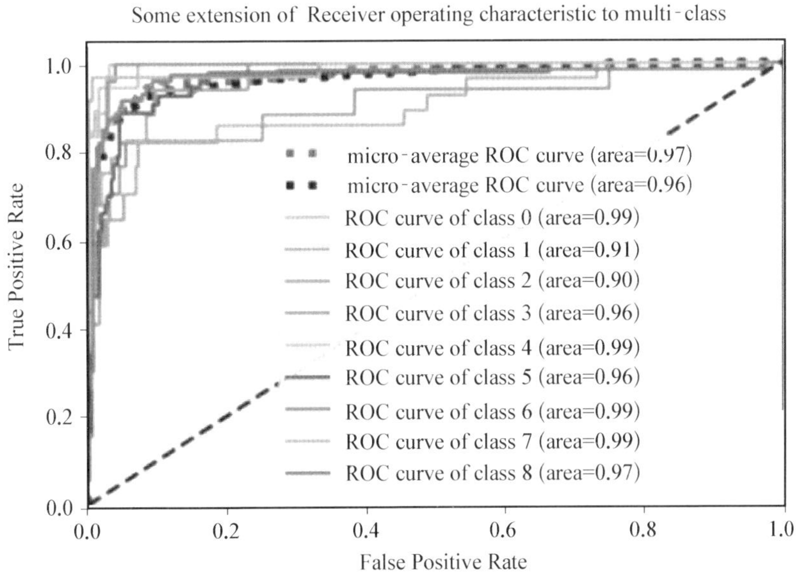

图 3 - 8 支持矢量机 ROC 曲线

可以看出，SVM 分类器效果很好，各个类别曲线远远高于 Y=X，而且很接近于(1,1)，同时对应的面积也很大。

(4) K 近邻技术在文本分析中的应用

数据集划分同上,得到混淆矩阵如图 3-9 所示:

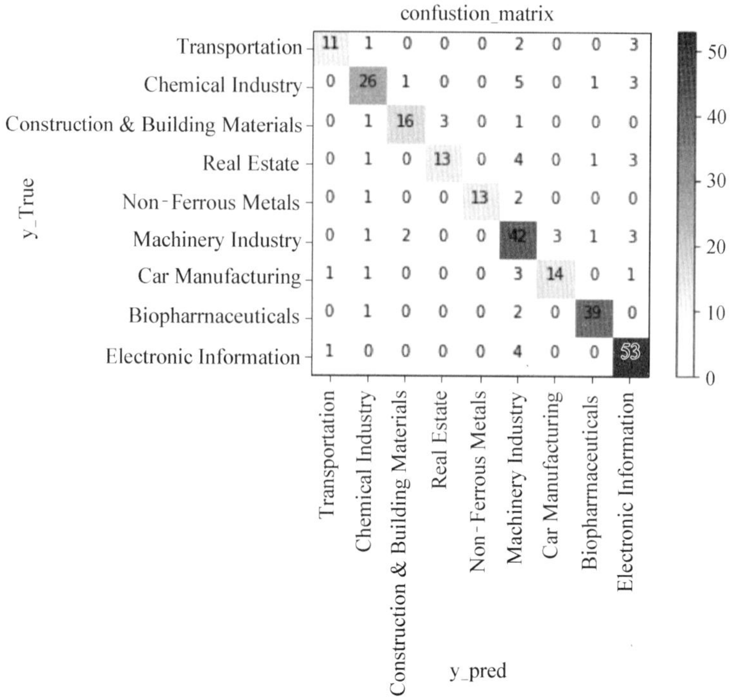

图 3-9 K 近邻混淆矩阵

K 近邻具体计算每个类别的查准率,召回率以及 F1-score,最后得出总的查准率,召回率以及 F1-score,如表 3-6 所示。

表 3-6 K 近邻评估结果

	precision	recall	F1-score	Support
交通运输	0.77	0.59	0.67	17
化工行业	0.88	0.64	0.74	36
建筑建材	0.62	0.76	0.68	21
房地产业	0.85	0.50	0.63	22
有色金属	0.72	0.81	0.76	16
机械行业	0.73	0.62	0.67	52
汽车制造	0.62	0.80	0.70	20
生物制药	0.89	0.93	0.91	42

续　表

	precision	recall	F1 - score	Support
电子信息	0.76	0.97	0.85	58
Avg/total	0.77	0.76	0.75	284

可以看出，K 近邻分类器的准确率有 77%，召回率也有 76%，f1 - score 也达到 75%，说明模型稳健，支持矢量机分类器效果也不错。

十次交叉验证如图 3 - 10 所示：

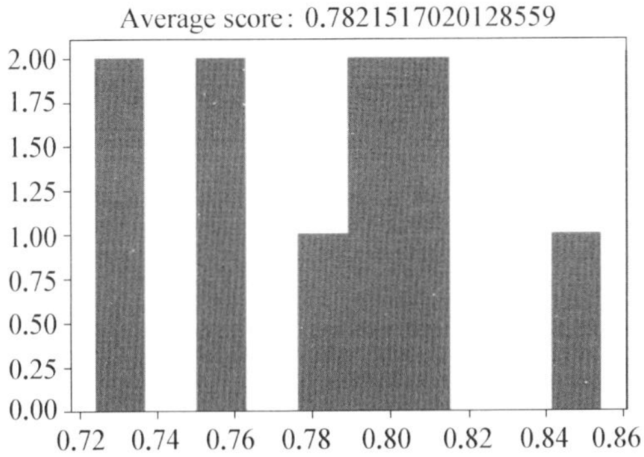

图 3 - 10　K 近邻交叉验证结果直方图

4. 深度学习文本分类模型

深度学习不需要特征选择，可以直接使用 word2vec 实现词嵌入。本书主要介绍 CNN、LSTM、SVM 及其与 word2vec 结合实现文本分类。

(1) CNN

CNN 首先是对整个数据集提取特征，将文档中的单词按照 word_index 索引表中的数值处理成索引序列，将长度不等的年报文档用 0 补充，最后将类别转化成 one-hot 矢量，再将数据集按比例划分验证集、训练集、测试集。在划分数据集时需要尽可能降低每次的拟合计算量和各批样本的联系，通过 minibatch 和 shuffle_batchshuffle_batchshuffle_batch 实现。

Embedding 层先将年报文本处理成 100 * 200 的二维矢量，其中固定 100 为年报的长度，200 为词矢量维度。

本实验仅仅使用一层卷积层和池化层就可以将矢量长度缩小到合适长度。

Flatten 层压缩二维矢量于一维上。

softmax 将矢量映射到 9 个类别上。

整体结构如图 3－11 所示：

Layer (type)	Output Shape	Param #
embedding_7 (Embedding)	(None, 100, 200)	2974400
dropout_7 (Dropout)	(None, 100, 200)	0
convld_7 (Conv1D)	(None, 98, 250)	150250
max_poolingld_5 (MaxPooling1)	(None, 32, 250)	0
flatten_5 (Flatten)	(None, 8000)	0
dense_9 (Dense)	(None, 200)	1600200
dense_10 (Dense)	(None, 9)	1809

Total params: 4,726,659
Trainable params: 4,726,659
Non-trainable params: 0

图 3－11 CNN 实验模型结构

训练结果为：

Test score：0.934621307934

Test accuracy：0.754385961775

准确率与损失函数曲线如图 3－12 所示：

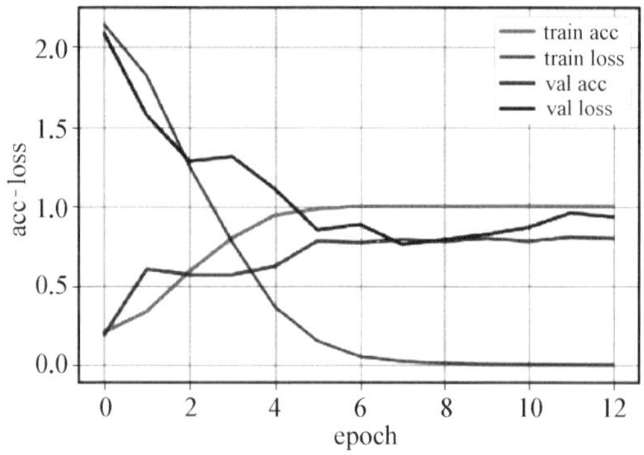

图 3－12 CNN 准确率与损失函数曲线

通过不断地调整 epoch、dropout、atchsize 等参数观察损失函数与准确率曲线，选择出参数值。从图中可以看出，此时的曲线都已稳定，训练产生的过拟合也不严重，交叉验证的准确率最后也趋于稳定。

（2）Word2vec+CNN

CNN 和 Word2vec+CNN 除 word embedding 层不一样，其他层结构参数都一样。整个模型训练的参数为 4726659，而有 2974400 都在 embedding 层，如果用 Word2vec 替换 embedding，减少了 3/5 的参数，必然会使训练效率得到很大的提升。

训练参数的减少提高了准确率，但是参数减少可能导致模型在最初几轮开始训练的时候损失函数过大等原因，使得模型的评分不如CNN本身。

训练结果：

Test score: 1.4151255227
Test accuracy: 0.798245610898

准确率与损失函数曲线如图3-13所示：

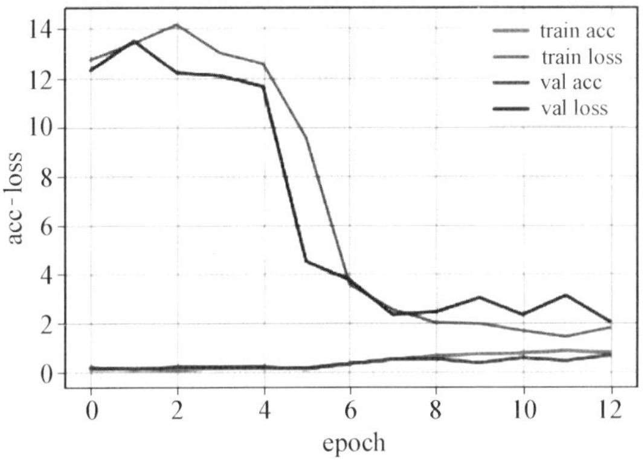

图3-13　Word2vec+CNN准确率与损失函数曲线

从图中可以看出，前几轮训练效果很差，但是4轮之后就会有明显好转，10轮之后准确率还有损失函数都趋于稳定，准确率稳定在0.8左右，损失函数值也在2左右浮动。

（3）LSTM

模型如图3-14所示：

Layer (type)	Output Shape	Param #
embedding_1 (Embedding)	(None, 100, 200)	2974400
lstm_1 (LSTM)	(None, 200)	320800
dropout_1 (Dropout)	(None, 200)	0
dense_1 (Dense)	(None, 9)	1809

Total params: 3,297,009
Trainable params: 322,609
Non-trainable params: 2,974,400

图3-14　LSTM实验模型结构

训练结果：

Test score: 1.13625545649

Test accuracy: 0.64317180643

准确率与损失函数曲线如图 3－15 所示：

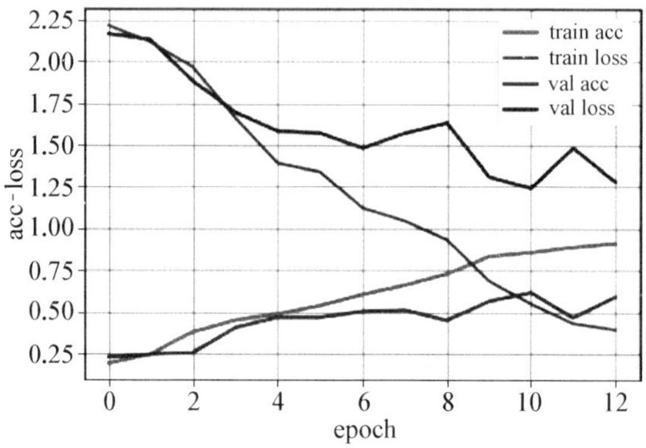

图 3－15 LSTM 准确率与损失函数曲线

交叉验证的准确率最后趋近于 0.65。

(4) Word2vec+LSTM

模型同上图 3－14。

训练结果：

Test score: 1.06042235276

Test accuracy: 0.696035242553

准确率与损失函数曲线如图 3－16 所示：

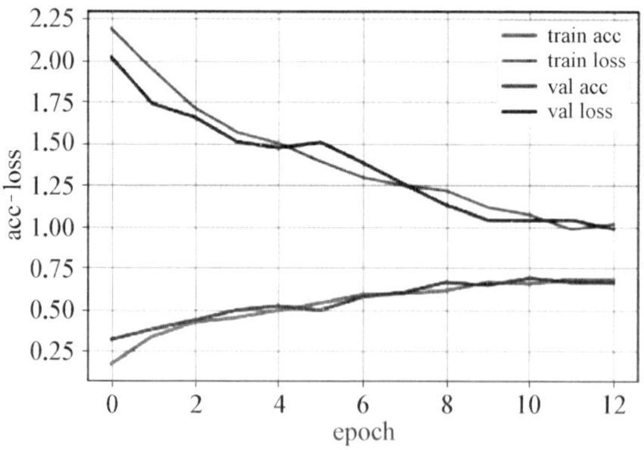

图 3－16 Word2vec+LSTM 准确率与损失函数曲线

交叉验证的准确率最后趋近于 0.7,相对于没有预训练的有提升,而且结果较稳定,损失函数值控制在 0 到 1 之间。

3.4 字典法在文本分析中的应用

计算语言学中最基本的工具之一是使用特定单词出现的相对频率计数来分析文档的内容。该方法将文档视为"单词包",即文档中出现的单词列表以及单词出现的次数。术语频率计数不仅用于分析文本通信的内容,还用于测量语气和很多其他属性。为了测量语气,该方法通常首先构建正面和负面单词的列表,然后计算这些单词在被分析的文本中出现的次数。例如,如果文档中来自正面词表的单词出现 10 次(例如,10 个不同的正面单词每个出现一次,一个正面单词出现 10 次,或者一些其他组合)和来自负面单词列表的单词出现 30 次,该文本被认为更负面。正如我们在此定义的那样,语调分数是(正一负)/(正+负),这里,[(10－30)/(10＋30)]＝－0.5。现在语气已经被量化,研究人员可以使用分数来检验语气和其他可见结果的关系,以及最终语气如何影响决策的假说。被广泛使用的单词列表来自专业字典。

3.4.1 DICTION 字典

DICTION 软件是一个计算机辅助文本分析程序,主要用于基于词典的文本情感分析。DICTION 通过 10 000 个单词的单词库和多达三十个用户创建的自定义词典进行搜索,可用来检测一段文字的 5 个主变量以及特征值。自定义词典由用户为特定研究目标定义的单词(例如主题或否定单词)构建。

1. 字典构成

DICTION 7.0 自带参照单词库,用户分析文本时,可与参照单词库的情感值进行对比,以考察研究文本的情感特征。该单词库由 22 027 篇文本组成,分为六类:商务、日常、娱乐、新闻出版、文学、政治和学术。用户可以选定研究文本所在类别,然后将分析数据与所在类别参照单词库的特征值进行对比,发掘研究文本的特殊之处。六大类语料又分成财务报告、法律档、政治报道、竞选演讲、小说等36小类。

2. 主变量与特征值

DICTION包含31个字典，字典有以下性质：

(1) 它们的大小差别很大，从10个单词到745个单词不等。

(2) 词典只包含单个或连字符的单词，不包含短语。

(3) 在这31本词典中没有任何单词是重复的。

(4) 同形异义词是拼写相同但含义不同的单词，通过统计加权程序处理(从而部分纠正上下文)。

(5) DICTION的报告档为每个标准词典生成标准化的分数。

DICTION通过统计输入文本所含的31个词表中的单词的频数，对所有数值进行标准化，综合计算了与词表对应的31个特征值。此外，软件还会计算四个其他文本特征值：一致性、修饰性、多样性和复杂性。

DICTION使用上述特征值可测量输入文本的以下5个主变量：

- 确定性—反映坚定不移、完美无缺的信念和表达权威倾向的语言。
- 乐观性—支持一些个人、组织、概念或事件，或强调其积极方面的语言。
- 主动性—表现运动、变化和思想活动，回避一成不变的语言。
- 现实性—描述影响人们日常生活的有形的、实时的、可识别的事物的语言。
- 共同性—强调群体一致认同的价值观，拒绝特殊的参与模式的语言。

DICTION将结果写入数字档，以供以后进行统计分析。输出选项包括原始总数，标准化分数，单词和字符数以及百分比，从而提供了多种理解文本的方式。

3.4.2 GI字典

GI包含General Inquirer System和General Inquirer Diction两部分。

它最初指的是一种IBM 7090程序系统，该系统于1961年春季在哈佛开发，用于行为科学中的内容分析研究。

在行为科学中，要分析的许多原始数据都由书面文本组成。例如，心理学家可能会给您一张有墨迹的纸并要求您描述所见；一位社会学家可能会记录会议的过程并制作会议记录；政治科学家可能会收集外交笔记。在这些情况下，数据都是文本的：诸如您现在正在阅读的书面材料。从行为科学家的角度来看，这是原始数据，由记录在页面上的单词和标点符号组成。

正如 Berelson 在 1952 年所定义的那样："内容分析是一种用于对交流内容进行客观、系统和定量描述的研究技术。"Berelson 使用"objective"一词来表示该过程应该是明确的，其他分析人员可以准确地重复该过程。"系统性"是指"将根据所有相关类别对所有相关内容进行分析"，以确保测试的公正。当然，"定量"是指对正性或负性实例进行计数的过程。最后，为了完成所有的这些步骤，该过程必须基于文本的"manifest"方面。然而，正如 Berelson 所指出的那样，"内容分析的结果常常是对潜在内容进行解释的基础"。

开发 General Inquirer 是为了帮助进一步严格执行这些内容。该程序是内容分析过程的客观描述，它必须对文本的"manifest"功能进行统计，并且可以产生"定量"的结果。一旦计算机处理完任务，程序就可以"系统地"执行所有分析细节。

分类词典是系统的另一部分，可以通过标签等方法来构建。词典可以包含少量或大量的标签，范围从一到几百个。例如，可以设计一个字典来根据书目中的项目是书籍、专题图、博士学位论文、期刊论文等对项目进行分类。这些标签中的每一个可以指定如何对单词进行分类以及是否要检查单词的某些组合以便进行分类。例如，可以将期刊名称放在"journals"标签下的字典中。在"学位论文"标题下可能包含诸如"博士学位论文""硕士学位论文"等之类的惯用词。

GI 词典是由 Philip Stone 和 Earl Hunt 开发和使用的，包含词汇、语法、语义、语用信息，在计算应用中常用的是其电子表单。General Inquirer 有 182 个标签类别，包括积极、消极、强壮、虚弱、活跃、愉快甚至疼痛类别。GI (General Inquirer)评价词典收集了 1 914 个褒义词和 2 293 个贬义词，并为每个词语按照极性、强度、词性等打上不同的标签，便于情感分析任务中的灵活应用。GI 的一个基本概念是使用类别和内容分析词典。GI 通过生成 KWIC 索引和其他辅助工具，使构建更加容易。然而，这些词典是基于开发人员的概念和偏见开发的。希望通用字典能够"一劳永逸"地构建并应用于各种数据，在我们看来是一种幻想。研究人员应致力于为特定目的而开发"特定词典"。到目前为止，这不仅在该领域而且在整个社会科学中都是主要的盲点。

3.4.3　Henry 字典

Henry 针对盈利新闻稿写作方式是否对投资者造成影响分为两部分进行

研究：首先对该类型新闻稿进行了修辞分析，然后使用资本市场数据定量分析来评估投资者受到语气和其他风格属性的影响。

Henry 采用短窗事件研究方法，具体考察了 1998 年至 2002 年期间来自电信和计算机服务行业及相关设备制造商的公司的盈利新闻稿对股票异常收入的影响。在研究中，Henry 将基调定义为内容和单词选择的函数。通过关注积极的结果和/或以积极的方式描述结果，可以实现更积极的基调。研究表明，战略性选择的基调确实能够影响投资者。

对于文章的基调和风格，同时使用 Diction 字典，获得“正词”与“负词”的频率计数，这些词汇的合集就是 Henry 字典（图 3－17）：

POSITIVITY word list
positive positives success successes successful succeed succeeds succeeding succeeded accomplish accomplishes accomplishing accomplished accomplishment accomplishments strong strength strengths certain certainty definite solid excellent good leading achieve achieves achieved achieving achievement achievements progress progressing deliver delivers delivered delivering leader leading pleased reward rewards rewarding rewarded opportunity opportunities enjoy enjoys enjoying enjoyed encouraged encouraging up increase increases increasing increased rise rises rising rose risen improve improves improving improved improvement improvements strengthen strengthens strengthening strengthened stronger strongest better best more most above record high higher highest greater greatest larger largest grow grows growing grew grown growth expand expands expanding expanded expansion exceed exceeds exceeded exceeding beat beats beating

NEGATIVITY word list
negative negatives fail fails failing failure weak weakness weaknesses difficult difficulty hurdle hurdles obstacle obstacles slump slumps slumping slumped uncertain uncertainty unsettled unfavorable downturn depressed disappoint disappoints disappointing disappointed disappointment risk risks risky threat threats penalty penalties down decrease decreases decreasing decreased decline declines declining declined fall falls falling fell fallen drop drops dropping dropped deteriorate deteriorates deteriorating deteriorated worsen worsens worsening weaken weakens weakening weakened worse worst low lower lowest less least smaller smallest shrink shrinks shrinking shrunk below under challenge challenges challenging challenged

图 3－17　Henry 字典单词表

此外 Henry 针对某些中性词语的基调倾向，开发并分析了每个方向词的上下文数据，因为它出现在 1 366 个新闻稿的语料库中。分析结果证实，中性的方向词，比如向上（向下），在大多数情况下与正（负）影响一致。

为了确定特定的方向词是否通常以正面或负面意义使用，Henry 基于其在收益新闻发布中出现的背景，获得了基调词中每个方向词的一段摘要信息。Henry 使用了词法分析软件 WordSmith Tools。根据这些摘要信息，Henry 计算了固有期望或不良金融项目背景下出现这些词语的百分比，其中理想（不良）项目被定义为与常用股票估值模型中公司估值增长呈正相关（负相关）的项目。

粗略地说，Henry 首先消除最有明显倾向的歧义，然后将模糊词的所有实例分配给文档中的多数意义。这种消除歧义的方法并不是基于某些其他方法所假设的单词出现的独立性，但是避免了对特定词汇相互依赖性进行建模的需要。单词的上下文通常根据并置来描述。在目标词附近出现的单词是并置的。并置的位置由方向指定，即指向目标单词的左(L)或右(R)，并且通过远离目标单词的单词指定。如果两个或多个单词形成搭配，则单词组的含义与任何单个单词的含义不同。相反，任何单词都可以是任何其他单词的搭配，只要它们在文本中彼此出现即可。

Henry 的研究使用了稍宽的 3 单词的搭配范围来捕捉更多的背景。使用的 1 366 份年度收入新闻稿形成了统计消歧的语料库。语料库中的令牌总数(单个出现的术语，包括数字或字母串)为 330 万，不同单词(也称为类型)的总数在排除停用词后为 26 109。停用词包括：a，an，and，as，by，for，in，of，on，或者 this，to，$ 。

正如 NLP 中的情况一样，单词出现的分布是高度偏斜的(即，大多数单词很少见)。在整个语料库中，2 158 个单词(8%)占所有出现次数的 90%，其余 23 951 个单词(92%)仅占出现次数的 10%。有 58 个不同的单词出现超过 5 000 次，占所有出现次数的 30.0%以上，19 307 个单词出现 10 次或更少次数，约占所有出现次数的 2.7%。

对于在正和负词汇基调中包含的方向词，最常出现的五个方向词以及每个词的总频率计数在图 3－18 中显示。如图所示，总体而言，盈利新闻稿包括更多的向上方向词而不是向下词。这表明语言偏向于正面，这种现象被称为“Pollyanna 效应”。

Positive Upward Directional Words ↑	*Overall Frequency Count*	*Negative: Downward Directional Words* ↓	*Overall Frequency Count*
Increased	6 173	Decrease	1 531
Increase	5 936	Decreased	1 238
Growth	5 035	Down	1 089
More	3 290	Less	1 042
Up	2 517	Lower	1 034

图 3－18　最常出现的词统计

对于基调词典中的每个方向词，Henry 按照出现频率将 L3 到 R3 搭配进行排序。对于向上的方向词，与正面影响一致的非中性搭配在小组 B 中报告(图 3－19)。对于向下的方向词，在小组 C(图 3－20)中报告与负面影响一致的非中性搭配。举个例子，在检查包含 increased(增加)单词的 9 682 个 L1 到 L3 搭配中，3 118 个搭配是非中性的(即，它们指的是理想的或不理想的项目)，而剩余的6 564个搭配是中性的(即，它们没有明显的指向理想的或不理想的项目)。在非中性搭配中，2 602(83%)与理想项目相关，最常见的是 revenues(695 次)或 revenue(479 次)。其他非中性搭配(17%)指的是一般不受欢迎的项目，通常是 expenses(266 次)。同样，在检查增加的 5 457 个 R1 到 R3 搭配中，909 个是非中性的，其中 606 个(66%)与理想项目相关，最常见的是收入(143 次)和销售(98 次)。总而言之，在 L3 到 L1 的非中性搭配中，83% 的出现(并且对于 R1 到 R3 的搭配，66%)表明一些正面项目，表明词语"increased"被适当地包括在正向词汇词库中。

总之，对最常出现的向上(向下)方向词的搭配检查表明非中性搭配在大多数情况下与积极(消极)影响一致。结果同样适用于出现不频繁的方向词。

Positive Upward Directional Words ↑	L3 to L1 Collocates				R1 to R3 Collocates			
			Non—Neutral Collocates				Non—Neutral Collocates	
	Total Examined	Non-Neutral	Consistent With Positive Affect		Total Examined	Non-Neutral	Consistent With Positive Affect	
			n	%			n	%
Increased	9 682	3 118	2 602	83	5 457	909	606	66
Increase	4 965	612	472	77	6 703	1 503	1 121	75
Growth	7 848	2 073	2 029	98	5 414	836	777	93
More	3 634	544	517	95	4 845	392	339	86
Up	3 168	530	530	100	2 577	161	110	68

图 3－19　小组 B 统计

Negative: Downward Directional Words ↓	L3 to L1 Collocates				R1 to R3 Collocates			
			Non-Neutral Collocates				Non-Neutral Collocates	
	Total Examined	Non-Neutral	Consistent With Positive Affect		Total Examined	Non-Neutral	Consistent With Positive Affect	
			n	%			n	%
Decrease	1 120	82	73	89	1 761	378	309	82
Decreased	1 831	798	547	68	922	71	32	[illegible]
Down	1 338	166	145	87	1 021	183	173	94
Less	1 117	411	278	67	1 478	217	99	46
Lower	1 121	136	102	75	1 395	600	375	63

Note: Context of words is typically deseribed in terms of collocates. Words occurring near the target word are collocates. The position of a collocate is designated by direction. that is, to the left(L) or right (R) of a target word, and by words away from the target word. As examples. L1 refers the word occurring immediately to the left of the target word, and R2 refers to the word occurring two words to the right of the target word.

图 3－20　小组 C 统计

3.4.4　L&M 字典

L&M 字典是 Loughran 和 McDonald 在 2011 年专门为财务文档分析制定的，它包括六个情绪词列表(不确定、弱模态、否定、积极、合法和强模态)。

不确定词的例子包括假设、近似、风险和相信。其他列表包括 27 个弱情态词(例如，may、can 和 possible)、2 349 个否定词(例如，loss、failure、decline、brown 和 hard)、354 个肯定词(例如，benefit、successful 和 strong)、871 个法律词(例如，contract、lawsuits 和 plaintiff)、19 个强情态词(例如，always、must 和 will)。需要注意的是，不同的单词有时会出现在一个以上的列表中。例如，27 个弱模态词是不确定词列表的子集。此外，不确定和消极两个词上都有波动性、风险性、意外性和不可预测性等词列表。尽管 Loughran 和 McDonald 的词表是基于 10－K 的样本，它们应该同样适用于招股说明书和其他公司证券发行文档。由于 L&M 字典的使用比较直接，这里不再详细介绍。

3.5 本章小结

本章整理归纳了会计文本分析中常用的文本数据分析技术。这些技术主要分为两大类，即基于机器学习的会计文本分类技术和基于字典的会计文本分类技术。其中，基于机器学习的会计文本分类技术又分为两种，即基于传统特征工程的会计文本分析技术和基于深度学习的会计文本分析技术。基于传统特征工程的文本分析技术首先把文档表示成矢量，然后从中提取文档特征，最后使用传统的分类算法如贝叶斯算法等对文本进行分类。基于深度学习的文本分析技术依然需要将文档表示成矢量，但不需要手动提取特征，而是由卷积神经网络自动提取特征并分类。字典法则对会计领域常用的词语进行归纳并形成字典，然后根据字典来统计文本内容中的各类词语，从而对文本进行分类。在归纳了上述会计文本分析技术的基础上，本章还以行业分类为例，讨论了这些计算机技术在会计文本分析领域的具体应用，并实验测试了这些技术的性能指标。结果表明，现有计算机文本分析技术可以有效地应用于会计领域，并能取得良好的分析效果。

在应用这些技术进行年报文本信息特征提取时，需要注意两点问题。

一是字典法和机器学习算法的主要差异。根据 Li(2010)和肖浩等[illegible]2016)，两者的差异主要体现在：① 大部分字典法忽略单词或句子所处的语[illegible]同一单词在不同的上下文中可能表达不同甚至相反的含义。例如，“增加[illegible]与成本相关，为负面含义；若与销售相关，则应是正面含义。② 字典法不考[illegible]有的先验信息，而朴素贝叶斯等算法则吸收样本信息，将先验概率转化为后[illegible]率，因而判断更准确。③ 字典法对语言有极强的依赖性，而机器学习方法[illegible]言的依赖较小，往往只与语法规则相关，更容易移植到其他语言。④ 字典[illegible]是对局部的特征进行累加，当词典设定后便不能自动进化；而机器[illegible]方法[illegible]自我学习和演化能力，可以提取文档全局性、非线性的结构特征[illegible]文[illegible]征应选择与之相匹配的文本分析方法。对未来的研究者而言，定制[illegible]习方法将更具有实用性。

二是中英文的[illegible]文本特征测量技术要求。就字典法而言，由于汉语和英语在词[illegible]接翻译英文词典来创建中文词汇分类字典的方法并不合适，而文本分类的偏差则将直接影响文本特征指标的可靠性。目前，我国会计或财务领域专用的中文字典尚未得到系统讨论，人工建立字典的困难较大。与字典法比较，机器学习方法对语言的依赖度较低，但依然需要遵循某些语法规则，并且也需要文档分类样本以及词汇分类表来完成文本分析的任务。在使用中，海量上市公司年报文档数据的网络抓取、年报文档的结构解析和文本模块位置，以及机器学习模型的构建，均需要会计研究者和计算机专家们沟通协调，对原有的机器学习方法进行修正以适应中文年报文本信息的分析。

第四章 上市公司年报文本信息披露的影响因素

上市公司管理者有在年报中进行信息披露的权利和义务，可能主动或被动地披露文本信息，由此对财务信息形成有益的补充。但是，根据组织话语和信息不对称理论，管理者基于自利动因在文本信息披露中可能存在机会主义行为，操纵文信息内容或质量。现有理论提出，公司外部制度层面、行业层面和公司内部层面的因素都可能影响到管理者的文本信息供给，促进或抑制信息供给质量。目前，国内已有学者围绕我国上市公司非财务信息，就披露的情感特征修饰、归因行为、语态选择等方面展开研究，但影响这些文本信息特征的因素尚未能得到系统讨论(谢德仁和林乐，2015；孟庆斌等，2017)。

本章利用计算机文本分析技术，提取年报中 MD&A 和研发信息模块的文本信息内容，分析文本的“可读性”、“相似性”和“篇幅”特征指标，分别从公司财务业绩、管理者权力和公司治理角度讨论公司内部因素的影响；从创新战略、专利保护和市场竞争角度讨论外部制度和行业竞争因素的影响，以期为我国年报文本信息影响因素提供实证依据。

4.1 公司业绩和信息披露的机会主义行为

信息披露的机会主义行为是指管理者根据自利动机操纵公司信息披露的行为，常见的自利动机包括维持或促进公司股票的市场交易、维护公司专有权与竞争能力、降低诉讼成本、保持公司控制权、提高自身报酬等(Healy 和 Palepu，2001；Beyer et al.，2010)。近年来，公司业绩对信息披露机会主义行为的影响受到关注。大量研究发现“好消息早，坏消息晚”的信息披露规律，例如，公司倾向于及时披露盈利、标准审计意见等好消息，而会尽可能推迟披露亏损信息(Kothari et al.，2009；程小可等，2004)。但是，这些研究的主要对象是财务信息披露。由于文本叙述的主要是非财务信息，受到的监管和审计有限，且文本表达方式难以标准化，那么，业绩对文本信息披露的影响是否存在差异？其作用机制是否有所不同呢？为解答这些问题，本节将考察上市公司年报中 MD&A 模块的文本信息和公司业绩的关系。

4.1.1　理论分析和研究假设

MD&A 模块是上市公司年报中十分重要的内容，它包括公司管理层对过去业绩的评价和讨论以及对影响公司未来的重要事件、趋势和不确定性的讨论与分析。MD&A 不仅是对财务会计报表的重要补充，也提供公司未来发展所面临的机遇和挑战的信息。解读 MD&A 的信息有助于投资者进一步理解公司运营现状和预测公司未来的发展情况，提高投资决策的有效性。

从基础的代理理论和信息不对称理论出发，以 Grossman(1981)和 Milgrom(1981)为代表的学者提出，管理者为了缓解逆向选择和避免"次品车"市场中的柠檬问题，有动机在年报 MD&A 部分披露高质量的信息，以减小信息不对称，进而降低外部融资成本。这被称为 MD&A 的自愿披露假说(Voluntary Disclosure Hypothesis)。但 MD&A 的市场价值相关性长期以来被认为不高，Epstein 和 Pava(1993)直接将 MD&A 等财务报告模块无用性归因于可读性差。Gibson 和 Schroeder(1990)采用基于被动语态、句子的长度和词汇的音节数量等三个变量的 Flesch 模型比较了 MD&A 和董事长致辞的"可读性"特征，结果发现 MD&A 比董事长致辞更难理解，属于"极难"阅读水平。年报阅读者甚至需要硕士研究生以上学历才能较好地理解 MD&A 内容，因此，很多公司并未能通过 MD&A 披露方式改进财务报告并与投资者进行有效交流。在此之后，资本市场监管层开始致力于提高年报的可读性，美、英、德、加拿大、新西兰等国家的会计准则委员会或证监会，以及 IASB 等重要国际组织都对 MD&A 的质量原则进行了清晰界定。其中，全面、清晰和可理解性成为 MD&A 可读性指标的重要维度。这些措施有力地推进 MD&A 可读性的提升，促进年报阅读者对年报中所记载的文本信息的接收程度。Loughran 和 McDonald(2014)的研究发现，近年来上市公司年报可读性整体上已经得到显著改善。

然而，实际中的上市公司仍然不会在 MD&A 中披露全部的信息、公司之间的MD&A信息质量参差不齐,监管层不得不陆续出台更详细的MD&A信息披露制度要求。显然,这对信息披露的自愿假说提出挑战,进一步研究MD&A披露质量影响因素十分必要。后来的学者分别从不同角度进行了解释,其中,最受关注的是模糊动机假说(Management Obfuscation Hypothesis)。该假说从管理者信息披露的机会主义行为出发,指出管理者为了隐瞒公司的“坏消息”,具有强烈动机发布模糊的文本信息。

公司业绩是衡量公司“好消息”和“坏消息”的重要标准。管理者将根据公司业绩状况操纵MD&A信息披露的内容以控制公司业绩对股价的影响(Bloomfield,2002;Lansford,2006;Li,2008)。当公司业绩不利时,管理层为分散投资者对不利业绩的关注,会降低MD&A的可读性。由于处理成本更高的文本信息需要投资者更高的认知努力,这妨碍了信息使用者以有效的方式搜索和提取有用信息的能力,导致信息可能不太完全反映或被延迟反映在市场价格上(Bloomfield,2002)。所以,管理者策略性地披露不太易读的文本有可能隐藏不利信息,使投资者难以观察绩效衡量标准(Schrand和Walther,2000)。而且,业绩越差的公司,管理者可能越缺乏经营活动的私有信息,或者倾向隐瞒较差的经营管理水平和资金侵占行为,进而更可能避免披露过多的经营活动信息或提供更难理解的信息。

综上,公司业绩和MD&A质量密切相关,管理者会通过机会主义的MD&A信息披露来增强或减弱财务业绩的影响。基于此,提出如下假设1:

H_1:在其他条件不变的情况下,MD&A的质量与公司业绩正相关。具体表现为,公司业绩越好,MD&A的文本信息质量越高。

尽管模糊假说为公司业绩和MD&A质量之间的正相关提供了理论基础,但Li(2008)在考察美国10-K可读性与财务业绩之间的关系时指出,这种同向关系也可能并非是信息披露的机会主义行为所致,而只是因为坏消息更难被传达。为了探讨这一替代解释是否成立,需要进一步来考察公司业绩的财务数据存在应计盈余管理的情况下,MD&A和公司业绩的关系。① 具体来

① 从基本概念上来讲,盈余管理分为两种:一是操纵性应计盈余管理,它是借助会计政策和会计估计的可选择性,改变公司总盈余在不同会计期间的分布情况;二是真实性盈余管理,它是对公司实际经营决策的改变,包括销售、生产、费用管控方面。真实性盈余管理具有更低的审计风险和法律风险,而操纵性应计是调整或隐瞒公司对外报告的真实业绩,因此管理者更不希望外界发现,进而更有可能通过操纵文本复杂性来向外界隐瞒。所以,这里我们讨论操纵性应计盈余管理和文本信息质量的关系。

说，如果应计盈余管理影响了 MD&A 和业绩的关系，则模糊假说的机会主义行为解释将得到进一步支持。因为，盈余管理作为管理者混淆财务信息的重要手段，其产生的本质原因就是理性经济人的机会主义行为。管理层可能通过正向操纵性应计盈余管理来调高业绩，隐藏公司当年实际业绩不利的事实，也可能通过负向操纵性应计盈余管理平滑收益。对于正向盈余管理行为，管理层不希望外部利益相关者看出业绩是操纵出来的。而 MD&A 作为年度报告中的重要内容，受到报表使用者的极大关注，高质量的 MD&A 披露会增加年报的信息含量，使得投资者了解更多的公司内部信息，并将文本信息和财务信息进行比对和验证。因此，在盈余管理为正和管理层做高财务盈余的同时，也会注意对 MD&A 文本的模糊化，进而减弱文本信息质量和财务业绩之间的正相关关系。而在负向盈余管理时，管理者主要目的是为了平滑财务收益，公司内部并不存在经营不善或者管理落后的情况，管理者在 MD&A 中的文本信息并不需要刻意模糊化。而且，越是负向盈余管理之后业绩还处于较高水平的公司，管理者模糊化文本信息的动机越差。这就导致应计盈余管理不同，公司业绩和文本信息质量正相关关系会受到影响。基于此，提出假设如下 2：

H_2：在其他条件不变的情况下，正向应计盈余管理减弱了公司业绩和 MD&A 信息文本质量的正相关关系。

4.1.2　研究设计

1. 模型建立

为了验证假设 1，本文建立了模型(4－1－1)：

$$QUALITY = \alpha_0 + \alpha_1 EARNING + \alpha_2 Lnsize + \alpha_3 Lev + \alpha_4 Capinv + \alpha_5 Age + \alpha_6 Inst + \alpha_7 Top10 + \alpha_8 MB + \alpha_9 State + \varepsilon$$

模型(4－1－1)

其中，*QUAILITY* 是 MD&A 信息质量指标，包括 MD&A 可读性指数(Fog)和异质性(Dif)；*EARNING* 是公司业绩指标，包括净资产收益率(*Roe*)和未预期盈余(*Ue*)。将这两个信息质量指标与两个盈余指标分别组合，运用于模型(4－1－1)，对比结果，分析得出总体结论。在此基础上，将进一步根据

应计盈余管理水平 DA 进行分组检验，观察在正向 DA 和负向 DA 的情况下，上述文本信息质量与公司业绩之间的关系是否发生变化。

2. 变量定义

(1) 被解释变量：MD&A 信息披露质量

在明确 MD&A 定位的基础上，我们利用计算机技术设置起点与终点抓取相关信息，并根据现有文献中已取得广泛认可的量化方法构建以下两个文本信息质量指标①：

首先，MD&A 信息的可读性（Fog）。文本可读性影响读者理解文本信息的难易程度，一些经典的计量公式已被普遍使用。常见的可读性公式有 Flesch 指数、Fog 指数、Dale-Chall 指数等。各公式涉及的指标主要包括平均句长、长音节词比例和难词比例。考虑到汉语的复杂性和特殊性，音节对中文可读性影响甚微，故这里基于 Fog 指数来测度研发信息的可读性。该指数也是 Li(2008)在研究美国 10－k 文件时采用的可读性指标。Fog 指数的一般公式为：$FogIndex=0.4*[总词数/总句子+100*(难词数/总词数)]$，该指数越大，文本信息越难以让读者理解。

其次，MD&A 信息的异质性（Dif）。现如今的公司竞争优势建立在差异性战略基础上，投资者可能对公司特有的或能体现出与其他公司差异的经营活动更感兴趣。如果公司套用基本 MD&A 文本信息披露模块简要阐述经营，并不能真正体现公司特有竞争优势获得的盈利空间。所以，公司越能清晰表达其与其他公司经营活动之间的差异性，投资者越能理解公司经营的专有性，进而 MD&A 质量越高。这里，MD&A 文本信息的差异性采用的是长文本相似度计算方法。长文本之间的相似度计算主要依赖于文本中共同出现的词语，较常用的方法是 $TFIDF$ 词频统计方法。通过 $TFIDF$ 的方法，可以得出文档中词语的重要性，从而对文本词语进行过滤筛选，选择出适合的文本特征项，再通过计算词频，建立权重向量空间，最终计算余弦值判断文本相似度。具体计算方法如下：

第一，就每个文档计算出公司 MD&A 文本信息中关键词语的 $TFIDF=TF*IDF$，其中：$TF(Term\ Frequncy)$=某词语在文本中出现的次数／文本

① 通过阅读样本上市公司研发文本信息，我们发现语调和管理层自我意识并不突出或各公司之间的差异较小，故本书重点度量文本的篇幅、可读性和相似度。

的总词数，$IDF(Inverse\ Document\ Frequency)=log$[文本总数/(含有某词语的文本数+1)]。

第二，对每个文本生成词频向量空间，计算文本向量之间的余弦相似度 $\cos\theta_{i,j}$。取值在[0,1]之间，表示两个文本之间的相似性。那么，每两个公司 MD&A 信息披露之间的差异性 Dif=1－ $\cos\theta_{i,j}$。

第三，对于公司 i，计算该公司与其他所有公司差异性的平均数，作为其在市场中经营活动的平均异质性，以此反映该公司年报中 MD&A 信息的异质性。

（2）解释变量：公司业绩

大多数研究表明，公司业绩可以用当前的盈余以及投资者未预期的盈余体现，为充分反映公司的盈余表现，本节也从这两方面来选取衡量指标：

第一，净资产收益率(*Roe*)。净资产收益率涵盖了公司的生产和销售效率，盈利能力和财务杠杆效率等，内容较为全面。一般而言，指标值越高，说明公司收益越高，业绩越好。

第二，未预期盈余(*Ue*)。未预期盈余表示公司预期盈余与实际盈余之差。目前文献中运用多种方法估算预期盈余，包括时间序列模型、指数模型、随机游走模型和分析师预测模型等。但 Watts 和 Leftwich(1977)指出，盈余变化仍然是对一般公司年度收益过程的很好描述。同时，分析师预测数据的分歧度将影响未预期盈余的可靠性。而且，年度报告中披露的盈余主要是对比本财年与上一年度的表现。因此，我们沿用于李胜和王艳艳(2006)的方法使用幼稚模型(naïve model)，用前一年的收益作为盈余基准。考虑到每股盈余是衡量公司经营情况的最常用指标，本节的未预期盈余计算公式为：

$$Ue=EPS_{i,t}-EPS_{i,t-1}$$

其中，$EPS_{i,t}$ 为公司 i 在 t 年的每股收益，$EPS_{i,t-1}$ 为公司 i 在 $t-1$ 年的每股收益。

（3）调节变量：应计盈余管理

根据夏立军(2003)，调整后截面 Jones 模型能有效地揭示出我国上市公司的盈余管理水平。参照 Dechow 和 Dichev(2002)的方法，我们建立如下模型：

$$TA_{i,t}=\alpha_0+\alpha_1 1/Asset_{i,t-1}+\alpha_2\Delta REV_{i,t}+\alpha_3 PPE_{i,t}+\varepsilon_{i,t} \tag{1}$$

其中，$TA_{i,t}$ 是总应计利润，取值等于净利润减去经营现金流量后除以 $t-1$ 期总资产；$Asset_{i,t-1}$ 是第 $t-1$ 期的总资产；$\Delta REV_{i,t}$ 是 t 年的营业收入增加值除以 $t-1$ 期总资产；$PPE_{i,t}$ 是 t 年的固定资产原值除以 $t-1$ 期总资产。残差项 $\varepsilon_{i,t}$ 就是可操纵应计盈余，用来度量公司 i 在 t 期的盈余管理水平 DA。

（4）控制变量

控制变量主要考虑了与年报信息披露和盈余表现有关的一些因素，包括公司信息披露环境、投融资结构、信息不确定性、公司财务特征以及治理结构五个方面。已有的研究表明，公司的信息和披露环境与公司规模、外部监督的影响以及公司所处阶段等有关（Lang 和 Lundholm，1993；Healy 和 Palepu，2001）。在这里，公司规模 *Lnsize* 用期末总资产的对数来衡量。投融资结构会影响公司对资本市场和产品市场的考虑，用资产负债率 *lev* 表示公司融资风险。信息不确定用资本集约度 *Capinv* 表示，有形投资较多的公司其价值不确定性相对更低，所以披露动机相对更少，用有形资产（固定资产和存货）占总资产的比例来衡量资本集约度。公司所处的阶段 *Age* 用公司上市年数来表示。外部监督主要考虑机构投资者 *Inst*，用机构投资者持股百分比表示。公司财务特征用账面市值比 *MB* 来衡量，表示公司财务上的预期成长性。最后一个是公司治理因素，由于我国股权结构具有国有股一股独大以及大股东持股比例高的特点，这里引入实质控制人类型 *State* 以及股权集中度 *Top*10 这两个控制因素。若上市公司为国有控股公司，则 *State* 等于 1，反之为 0。股权集中度 *Top*10 是前十大股东持股比例，是对公司股权结构的反映，当股权相对集中时，大股东有可能侵害小股东的利益。

除了以上控制变量，本节在各分析中还控制了公司与年度的固定效应。所有变量定义如下表 4-1-1 所示：

表 4-1-1　变量定义表

变量名称	变量含义
Fog	MD&A 的可读性，可读性指数 Fog Index＝0.4 *［（总词数/总句子）＋100 *（难词数/总词数）］
Dif	公司间 MD&A 披露的异质性，基于余弦判断法构建
Roe	净资产收益率
Ue	未预期盈余 $Ue = EPS_{i,t} - EPS_{t-1}$

续　表

变量名称	变量含义
DA	应计盈余管理,根据 Jones 修正模型分年度和分行业计算
Lnsize	期末总资产的对数
Lev	财务杠杆,资产负债率=负债总额/总资产
Capinv	资本集约度=有形资产(固定资产+存货)/总资产
Age	公司上市至今的年数取对数
Inst	机构投资者的持股百分比
*Top*10	前十大股东的持股百分比
MB	账面市值比=股东权益/市场价值
State	若公司为国有控股,则赋值为 1,民营企业赋值为 0

3. 样本选择和数据来源

本节以 2010—2018 年 A 股制造业上市公司为研究对象,选取制造业是为了避免行业差异过大造成文本信息特征处理上的偏差。年报数据在巨潮资讯网中下载,使用迅捷 PDF 转换器将年报从 PDF 格式转化为 TXT 格式。然后使用 Python 程序读取年报中的管理层讨论与分析部分,并进行了人工校正,使所有的摘取文本通过定位董事会报告、管理层讨论与分析、经营情况讨论与分析,获得 MD&A 的文本来源。统计句数时,主要统计句号、感叹号、问号的数量;统计难词比例时,使用了商务印书馆出版的《现代汉语常用词表》,不在常用词词典里的词被界定为对年报使用者造成理解难度的词。其他财务数据和公司治理数据来自 CSMAR 和 WIND 数据库。在选择样本的过程中,剔除 ST 和 PT 公司,剔除本年度新上市的公司,剔除产权性质为国有企业和民营企业之外的公司,以及数据不全的公司。为了排除极端值的影响,本文对连续型变量分别在 1%和 99%的位置上进行了缩尾处理,最后得到 13415 个样本。我们使用 stata12.0 进行数据处理和分析。

4.1.3　实证结果

1. 描述性统计

本节所涉及变量的描述性统计结果如表 4－1－2 所示。总体而言,样本公司的MD&A文本信息质量差异较大。从可读性指标来看，样本均值为14.825，标准差为4.952，最小值为8.887，中位数为13.609，最大值为38.344，由此可见，MD&A的可读性两极分化较为明显。从异质性指标来看，样本均值为0.831，标准差为0.054，可以看出，公司间MD&A信息的差异性也较大，异质性最小值为0.714，说明在MD&A信息披露方面，基本所有公司都披露至少与其他公司70%不一样的信息，而有的公司的异质性接近96%。对于样本公司的当前盈余表现，统计结果显示2010—2018年制造业企业的Roe均值为5.53%，中位数为6.10%，最高值为36.5%，而75%分位数是11.10%，最低值为−69.80%，标准差为13.30%，说明样本公司的业绩差异也很大。从未预期盈余看，2010年至2018年制造业企业未预期盈余均值为−0.031，中位数为−0.013 6，均小于0，说明超过50%的样本公司发布了低于投资者预期的盈余信息。

表4-1-2 全样本描述性统计结果

变量名称	均值	标准差	最小值	最大值	p25	p50	p75
Fog	14.825	4.952	8.887	38.344	11.801	13.609	16.141
Dif	0.831	0.054	0.714	0.959	0.793	0.829	0.869
Roe	0.055	0.133	−0.698	0.365	0.022	0.061	0.111
Ue	−0.031	0.366	−1.268	1.248	−0.163	−0.014	0.099
DA	−0.002	0.072	−0.228	0.229	−0.039	−0.001	0.036
Lnsize	22.110	1.148	19.908	25.518	21.303	21.968	22.765
Lev	0.418	0.202	0.056	0.945	0.257	0.407	0.566
Capinv	0.384	0.154	0.082	0.763	0.269	0.372	0.488
Age	2.064	0.751	0.693	3.178	1.386	2.079	2.773
Inst	0.386	0.229	0.003	0.858	0.193	0.399	0.564
Top10	0.563	0.144	0.227	0.874	0.462	0.568	0.672
MB	0.587	0.239	0.120	1.104	0.403	0.584	0.768
State	0.356	0.479	0	1	0	0	1

资料来源：本书整理

2. 相关性检验

表4-1-3是检验主要变量的相关性，为进一步的回归分析提供基础。观察信息质量*Fog*和*Dif*两个指标和公司盈余表现*Roe*和*Ue*两个指标之间的

相关系数以及显著性，可以看出：可读性指数与公司盈余指标有显著的负相关关系，初步看来，公司盈余 *Roe* 越高，未预期盈余 *Ue* 越大，MD&A 披露的信息可读性越高，相关系数的结果初步支持了假设 H_1；另一方面，信息的异质性 *Dif* 与 *Roe* 和 *Ue* 的相关系数都不显著，具体关系如何有待进一步的回归检验。除此之外，对模型变量整体的 VIF 检验结果为 2.48，远小于 10，说明回归分析时共线性问题较小。出于篇幅有限的考虑，这里略去对全部变量间两两相关系数的展示。

表 4-1-3　主要检验变量相关性分析

	Fog	*Dif*	*Roe*	*Ue*
Fog		0.247 7***	−0.033 3	−0.060 6***
Dif	0.359 6		0.011 8	−0.006 4
Roe	−0.010 9	0.010 8		0.175 4***
Ue	−0.038 7*	−0.010 4	0.299 7	

注：左下角为 Pearson 相关系数，右上角为 spearman 相关系数。"*"表示显著性水平，* 表示在 10%的水平显著，** 在 5%的水平显著，*** 表示在 1%的水平显著。

3. 回归分析

(1) 公司业绩与 MD&A 信息披露质量

对于公司业绩和 MD&A 信息披露的关系，表 4-1-4 展示了回归结果。首先，对于可读性指标 *Fog* 指数，无论是 *Roe* 还是 *Ue*，公司业绩和 Fog 指数在 10%的水平上呈现负相关。由于 *Fog* 指数越大，可读性越差，MD&A 的质量越差，因此，回归结果表明公司业绩越好则 MD&A 的质量越好。其次，对于异质性指标 *Dif*，无论是 *Roe* 还是 *Ue*，相关性系数虽不显著但符号都为正。由于 *Dif* 指数越大，异质性越大，MD&A 的质量越好，故回归结果表明公司业绩越好则 MD&A 的质量有好的趋势，但不显著。因此，假设 1 得到部分论证，即在 MD&A 的可读性质量方面得到实证支持，而在异质性质量上并未得到显著支持。

表 4-1-4　公司业绩与 MD&A 信息披露质量的回归结果

变量	*Fog*	*Dif*	*Fog*	*Dif*
Roe	−3.109*	0.001		

续 表

变量	*Fog*	*Dif*	*Fog*	*Dif*
	(0.079)	(0.966)		
Ue			−0.896*	0.002
			(0.091)	(0.783)
Lnsize	1.157***	0.010***	1.010***	0.011***
	(0.000)	(0.000)	(0.000)	(0.000)
Lev	−1.986***	−0.035 6***	−2.160**	−0.036***
	(0.000)	(0.000)	(0.012)	(0.000)
Capinv	0.959***	0.040***	1.021	0.040***
	(0.002)	(0.000)	(0.243)	(0.000)
Age	0.061***	0.004***	0.020***	0.003***
	(0.009)	(0.00)	(0.003)	(0.001)
Inst	−0.051**	−0.032*	−0.074	−0.026
	(0.021)	(0.085)	(0.168)	(0.966)
*Top*10	0.038**	0.007**	1.91**	7.05e−03
	(0.039)	(0.045)	(0.037)	(0.449)
MB	−0.630**	−0.011*	−0.140	−0.011
	(0.033)	(0.096)	(0.813)	(0.106)
State	−0.003***	−0.003	−0.005***	−0.003
	(0.001)	(0.606)	(0.021 8)	(0.617)
Constant	−11.23***	0.592***	−8.670**	0.590***
	(0.009)	(0.000)	(0.043)	(0.000)
Industry FE	YES	YES	YES	YES
Year FE	YES	YES	YES	YES
Observations	13 415	13 415	13 415	13 415
Adj-R squared	0.092	0.051	0.062	0.046

注：括号中为相应系数的 *P* 值，*** $p<0.01$，** $p<0.05$，* $p<0.1$。

(2) 进一步的检验

在区分应计盈余管理的方向进行分组检验后，我们发现，对于正向盈余管理,公司业绩与 MD&A 文本信息可读性指标 Fog 的相关性减弱。在表 4-1-5 中,对于 DA 大于零的组,两个信息质量指标与两个盈余指标的相关系数中,仅有 *Ue* 和 *Fog* 指数的相关性在 10%的水平上呈现显著性,同时 Roe 和 Fog 的相关性变得不再显著。而对于 DA 小于零的组,*Fog* 指数与 *Roe* 或 *Ue* 的相关系数均保持显著,同时与表 4-1-4 相比较,*Fog* 指数与 *Roe* 的系数显著性从原来的 10%上升到 5%的显著性水平。由此,假设 2 得到论证。

表 4-1-5　区分应计盈余管理的回归结果

变量		*Fog*	*Dif*	*Fog*	*Dif*
DA<0	*Roe*	−3.574**	0.002		
		(0.044)	(0.982)		
	Ue			−0.952*	0.002
				(0.072)	(0.816)
	Observations	4 234	4 234	4 234	4 234
	Adj-R squared	0.098	0.049	0.055	0.043
DA>0	*Roe*	−1.936	0.004		
		(0.459)	(0.996)		
	Ue			−0.960*	0.003
				(0.098)	(0.964)
	Observations	4 413	4 413	4 413	4 413
	Adj-R squared	0.105	0.078	0.070	0.052

注:限于篇幅,表中仅展示了主要观测变量的回归结果。括号中为相应系数的 *P* 值,*** $p<0.01$,** $p<0.05$,* $p<0.1$。

(3) 稳健性测试

在稳健性测试中主要采用三种方法。首先,考虑到中文和英文存在一定的差异,用英文的权威公式衡量中文文本的可读性,可能会受到一定的质疑。为此,我们通过 stata 随机抽取样本,选择了 30 份年报管理层讨论与分析的样本,找了八位会计专业硕士生进行打分,主观感受文本的难易程度,以 15 分作为平均水平,觉得相对较容易的文本打分低于 15 分,相对较难的文本打分高于 15 分,分值区间为 0—30 分。在得到打分结果后,对 30 份文本的打分取平均值,并和可读性公式计算的分值进行比较,得到人工判断和机器判断可读性之间的差异。经过 ttest 的结果如下表 4-1-6 所示，表中 P 值均大于 10%，这表明公式得到的可读性结果和主观评价的结果不存在显著差异。由此说明，文中使用公式法衡量中文的可读性是合理的。

表 4-1-6　人工打分和 Fog 指数的 ttest 检验结果

Ha：diff<0	Ha：diff! =0	Ha：diff>0
Pr(T<t)=0.539 7	Pr(|T|>|t|)=0.920 6	Pr(T>t)=0.460 3

其次，使用 Bootstrap 进行稳健性测试，从样本中重抽样 500 次，结果仍然与上述主体回归结果一致。

再次，考虑到用英文可读性公式衡量中文可读性有一定的瑕疵，根据中文的特性，用陈世敏对英文公式的改进方式计算了可读性：可读性分数=0.8 * 平均句子字数+难词比例，回归结果也与主体回归一致。限于篇幅，这里不再一一展示，这些测试说明结论的稳健性。

4.1.4　结论和启示

1. 研究结论

已有的信息披露研究大多关注影响财务数据信息披露的因素，以此为增强信息透明和减缓信息不对称提供参考依据。然而，目前在一个典型的上市公司年报中，文本叙述代表绝大多数的披露——平均占每年报告的 80%。而且，由于理解文本信息不像财务信息需要高度的专业性，文本信息更可能被市场中非专业的广大投资者阅读，以此理解和验证公司盈利能力和成长状况。基于这一研究背景，通过提取和计算样本公司年报 MD&A 部分的可读性和异质性，本节考察了公司业绩和管理者 MD&A 信息披露的机会主义行为的关系，得出公司业绩和应计盈余管理对年报 MD&A 文本信息披露质量的影响。

本节的具体研究结论如下：一是无论是公司的未预期盈余还是直接会计盈余数据，都会正向影响 MD&A 文本信息披露质量。但是，年报文本披露的可读性和盈余的正相关关系显著，异质性和盈余的正相关关系还不显著。这说明，目前我国上市公司管理者在编制年报和选择年报话语时，更关注可读性指标。当公司有不利消息时，管理者更可能运用模糊化语言来进行 MD&A

披露，以增加阅读者解读难度，转移投资者对不利业绩的关注。而对于管理者是否会考虑披露和同行业其他公司不同的信息以显示自身运营的特殊性方面，目前还未有明显证据。二是公司业绩和文本质量的正相关关系受到应计盈余管理的影响。在公司通过正向盈余管理提高财务业绩水平的情况下，公司业绩和文本质量的正相关关系减弱。这表现为DA大于零时，*Roe* 和 *Ue* 对可读性指标的影响系数及其显著性的下降；而当DA小于零时，*Roe* 和 *Ue* 对可读性指标的影响系数显著性有所增强。这说明，当管理者通过应计盈余管理粉饰业绩不佳的财务数据时，为了隐藏其财务粉饰行为可能在MD&A中使用模糊化语言，进而减弱公司业绩表现和文本质量的正相关关系。

2. 研究局限与展望

本节通过引入年报MD&A文本信息特征的指标，拓展了信息披露研究中以财务数据为主的研究框架，但在研究过程中仍存在以下不足：

(1) 在研究公司盈余表现与MD&A披露质量时，是以 *Fog* 指数和异质性 *Dif* 为因变量的。由于现有关于影响这两个指标的文献不多，尚未能准确判断控制变量。目前的控制变量还建立在影响财务信息质量的指标基础上，这导致模型拟合度偏低。未来随着计算机文本研究的快速发展，更多影响文本信息披露质量的因素将得到探讨，控制变量的选取将更能直接对应文本信息质量，模型的拟合优度将有望提升。

(2) 在选取MD&A文本信息质量的指标时，文中暂时只展示了可读性和异质性。这主要是因为其他文本特征指标的回归结果并不理想。这一方面可能与中文文本质量的度量方式还有待改进有关，另一方面可能是实践中管理者编制年报文本信息时只重点关注可读性指标。当然，这种现象也可能是与上述控制变量的选取有关。待后续采用计算机技术计算我国中文文本指标的方法更为成熟时，具体原因将有望更加清晰，更多的文本研究指标还可以得到补充研究。

4.2　专有成本和选择性信息披露

基于文本信息的模糊动机，管理者从市场层面考虑将选择隐藏“坏消息”，提供理解难度较大的文本信息。进一步从行业层面考虑，管理者还可能出于“专有成本”的考虑，提供模糊的文本信息。这里的专有成本是指自愿性信息披露产生的信息外溢成本。根据 Wagenhofer(1990)的解释，在一个竞争行业中，公司披露信息一方面有利于市场对其价值进行准确评估，但另一方面也有利于竞争者掌握公司的信息从而采取不利于本公司的行为。因此，专有成本又被称为“竞争劣势成本”。为了降低专有成本对公司价值的损害，管理者将会对信息进行选择性披露(selective disclosure)。这种关于自愿性信息披露和专有成本关系的观点形成了专有成本假说。然而，目前尚缺乏直接和一致的经验证据来支持这种假说(Beyer et al.,2010)。由于研发信息的专有成本突出，本节将通过讨论我国创业板公司研发信息文本披露的动因，考察相关影响因素。这将从文本研究的角度为专有成本对选择性信息披露行为的影响提供新证据。

4.2.1 理论分析和研究假设

(1) 信号传递和研发信息披露

随着创新战略上升到国家层面，我国万众创新的新态势逐渐形成，创业板市场上出现众多以高科技研发为发展方向的公司。这些公司主要依靠研发创新为核心竞争力，经营中投入了大量的资本性支出、研发费用和技术人员来从事研发活动。

然而，研发投资具有周期长、风险大、转换成本高的特征，需要公司资源的持续投入，以及人力资本与创新经验的长期积淀。同时，研发创新具有高度不确定性，一项研发投入到专利产出平均有约四年的时滞，而从专利到商业化开发还需要约三年的时间，最后是否能商业化成功还有很大的风险(周国红和陆立军,2009)。任何一个环节的中断都会导致研发投资的巨额沉没成本。根据委托代理和信号传递理论，公司内部管理层掌握着公司目前经营情况、创新能力、未来发展前景等重要信息。外部利益相关者相对处于信息的劣势地位，主要通过公司定期或者不定期发布的报告了解公司情况，从而做出判断决策。研发创新对创业板公司核心竞争优势的形成意义重大，因此，研发创新信息是创业板公司年报中十分受关注的信息。

由于研发创新活动具有较高的沉没成本和较低的抵押价值，创业板公司通常面临着融资约束。如果投资者拥有较少的研发创新信息，那么他们将无法了解公司目前的真实情况以及公司未来的发展前景，为了保护自身的利益，投资者会采取平均定价的方式来应对，这样就会产生市场“柠檬问题”，造成创新能力强的优质公司得不到投资者的准确估价。信号理论认为，盈利能力不好的公司为了掩饰目前不利的真实情况，倾向于减少信息披露，而盈利能力较好的公司为了让投资者将自己与那些不好的公司区别开来，会愿意披露更多的信息（Singhvi 和 Desai，1971；范晓雯，2006；李艳，2007；侯丽新等，2010）。在这种情况下，积极地进行研发信息披露，向外界传递研发活动的进程与前景似乎是创业板公司缓解融资困境、提振股价和吸引投资者的最佳方案。

公司的研发绩效是影响研发信息自愿披露的重要因素。研发绩效较好的公司具有较强的竞争优势，为了缓解和外部信息使用者的信息不对称，让投资者对公司状况做出更加准确的评价，这些绩效好的公司会自愿披露更多的研发信息，以彰显自己的优势和价值。考虑到外部信息使用者中存在着大量的中小型投资者，公司在进行信息披露时会尽可能地使用一些直白且易于理解的信息来达到信号传递目的。反之，当公司研发绩效不好时，管理层会减少相关信息披露，降低文本的可读性，提高其阅读难度，以掩饰研发绩效不好的事实和原因，以及公司在创新能力上的缺陷，使投资者无法分辨公司真实的研发情况，减少不利绩效对投资定价的负面影响。基于此，我们提出如下假设 1：

H_1：在其他条件不变的情况下，公司研发绩效与公司研发信息披露质量呈正相关关系。

（2）专有成本的调节作用

根据专有成本理论，公司在进行信息披露以向投资者传递信号的同时，这些信息也会被行业内的竞争对手获取。竞争对手获取信息后，可能会对这些信息加以利用，进而对披露公司的竞争地位与优势造成掠夺性的威胁。研发活动是创业板公司获取竞争优势的关键，公司研发活动信息无疑会受到竞争对手的关注。尽管研发到商品化的过程具有复杂性和因果模糊性特点，但难以模仿是相对而言的，随着时间的推移，竞争对手可以根据披露公司公开的专利、专有技术、研发目标、研发市场需求等相关信息，培育开发出具有相似甚至替代功能的产品，进而对披露公司的既有优势产生负面冲击。因此，对于研发信息披露带来的信息外溢风险进而形成的专有成本，以及披露带来的信号传递效益进而形成的市场收益，公司管理者将进行权衡，如果成本远大于收益，那么公司就会选择减少研发信息披露或者不披露（Verrecchia，1983）。在竞争激烈的行业中，众多的竞争者模仿将极大提高研发信息披露的专有性成本（Grossman 和 Helpman，1991）。Dedman 和 Lennox（2009）通过实证研究发现，当公司预测到未来市场竞争较为激烈时，将会减少对内部研发信息的披露。创业板上市公司具有“两高五新”的特点，且近九成都是高新技术公司。高技术行业公司在创业和成长初期，面临较大的创新压力并且承受创新失败风险的能力也相对较弱。当管理者预期到自愿性披露的创新信息可能会被竞争对手利用和模仿，此时造成的专有性成本可能会远大于增加信息披露而减少的融资成本。

与此同时，激烈的产品市场竞争会减少公司的当期利润，导致公司在近期面临较大的流动性风险。这无疑加大了上市公司管理者在任期内的经营业绩压力。为了维持任期内公司业绩的稳定性，管理者有较强的动机来减少或放弃投入产出不确定程度高、回报周期长的研发投入。但对于创业板公司而言，研发投入的减少显然损害了公司的长期价值。为了掩饰管理者在经营活动中轻研发的机会主义行为，拥有信息披露选择权的管理者倾向于减少对研发信息的披露。

综上所述，作为外部治理机制，激烈的产品市场竞争会提高管理者信息披露的专有性成本，同时增加研发投入的代理成本，进而影响到公司研发信息披露行为。基于此，我们提出进一步的假设 2：

H_2：在其他条件不变的情况下，竞争激烈的产品市场将削弱研发绩效与研发信息披露质量的正相关关系。

4.2.2 研究设计

1. 模型建立

为了检验上述假设，我们构建如下实证模型：

$$Disc = \alpha_0 + \alpha_1 IP + \alpha_2 Lnsize + \alpha_3 Lev + \alpha_4 Roe + \alpha_5 Growth + \alpha_6 Top10 + \alpha_7 Dn + \alpha_8 Indep + \varepsilon \quad \text{模型}(4-2-1)$$

用模型（4－2－1）检验假设 1，其中 Disc 为研发文本信息质量，具体包括披露程度得分，披露的篇幅和可读性；IP 为对公司创新绩效的衡量指标，为每年新增专利数的自然对数；其余为控制变量，该模型还控制了年份和行业。

为检验假设 2，我们在模型(4-2-1)中引入产品市场竞争程度 Pmc 及其和 IP 的交互项。通过观察交互项 IP * Pmc 的系数及其显著性，来判断专有成本的调节作用。

2. 变量定义

(1) 因变量：研发文本信息质量

公司年报中有关研发信息的强制性披露主要集中于第十一节财务报告。这部分披露的主要是定量的研发财务信息，文字部分大多为遵循会计政策情况的解释，无法体现公司真正的研发情况。公司研发信息的自愿披露部分大多分布于“公司业务概要”“经营情况讨论与分析”“公司发展战略”等章节内容中。这些文本信息披露质量是本节需要考察的变量。在抓取研发信息的过程中，我们采取了以下步骤：

第一，明确研发信息定位。我们利用计算机技术设置起点与终点抓取相关信息，这包括 2009 年至 2011 年年报中的董事会报告：报告期内公司经营情况的回顾、对公司未来发展的展望；2012 年年报中的董事会报告：管理层讨论与分析、报告期内主要经营情况、公司未来发展的展望；2013 年至 2014 年年报中的董事会报告：管理层讨论与分析、公司未来发展的展望；2015 年至 2017 年年报中的公司业务概要：报告期内公司从事的主要业务、核心竞争力分析，以及管理层讨论与分析：概述、公司未来发展的展望等模块。

第二，构建公司研发信息词典。根据词典中的关键词，用计算机语言技术从上述文本中提取含有字典中关键词的段落作为研发信息的文本披露部分。

第三，研发文本信息披露质量的度量。本节主要采取以下的两种方式进行衡量：

一是打分法。这种方法结合了文本信息披露传统评分法和计算机语言抓取技术，将公司进行的自愿性研发信息披露内容分为下表 4-2-2 的 13 个项目，用计算机语言提取年报中的相关部分，并进行打分和计算。如果提取的部分有对相关信息的说明则赋值为 1，否则为 0。为了保证评分的质量，这里采用变异系数法对指标进行综合处理。变异系数法根据各指标的变异程度来确定权数比重。如果一个指标的变异系数较大，则说明要达到该指标平均水平的难度较大，在计算最终得分时，该指标所占比重也应增大。具体在计算时有如下几个步骤：首先，计算各项指标的平均值 $\bar{X}K$ 和标准差 SK；然后，计算各指标的变异系数 VK＝SK/$\bar{X}K$；再次，计算各项指标的权数 WK＝VK/ΣVK；最后，计算各公司研发信息自愿披露的总分 Score＝ΣWK ∗XK。

表 4-2-1　企业创新信息披露项目及说明

企业创新信息披露指标定义		代码
自愿性信息披露	企业创新文化理念	V1
	技术、产品及工艺创新	V2
	专有技术泄露与人才流失风险	V3
	创新合作伙伴	V4
	企业创新目标	V5
	创新项目发展规划	V6
	创新人才培养计划	V7
	创新团队及成员介绍	V8
	员工创新奖励措施	V9
	创新业绩回顾	V10
	创新项目核心技术等细节描述	V11
	在创新项目进度	V12
	已获专利项目名称等详情	V13

二是文本特征提取法。这是指从研发信息文本披露的篇幅和可读性衡量信息披露质量。首先是篇幅(Length)：市场中的信息使用者通过年报中有关研发信息披露的多少直观感受其质量。这里采用研发文本句子数的自然对数作为衡量披露篇幅的指标，并将总字数的自然对数作为稳健性检验。其次是可读性(Fog)：如前所示，考虑到汉语的复杂性，文中采用涉及平均句长与难词比例的可读性公式，亦即 Fog 指数，作为研发披露可读性的衡量标准之一。Fog 指数的公式为：Fog Index＝0.4 ∗［(总词数/总句子)＋100 ∗ (难词数/总词数)］。该指数越大，研发文本信息可读性越低。这里通过对提取文本的词频统计，从中选取前30％的词频作为常用词，剩下的部分作为难词，用来计算 Fog 指数。

(2) 解释变量：研发绩效

研发绩效是指公司研发行为的结果。但作为学术界讨论的热点话题，关于如何进行测度和衡量还未形成统一的方法。国外学者 Hagedoorn 和 Cloodt (2003)认为应该从公司研发投入、专利数以及新产品数量等方面对研发绩效进行综合衡量。在国内，众多学者也提出了适合研究我国公司研发绩效的指标，包括专利数、新产品数量、新产品销售收入、创新效率、开发速度、资源转化率等（吴晓波和韦影，2005；陈劲等，2007；周国红和陆立军，2009）。高建(2004)通过对大量学者的相关研究总结，指出产出效率是在研究公司研发绩效时最常见的方法，包括代表科技产出的专利数和新产品销售。由于新产品销售数据一般不会在年报中单独披露，属于公司内部数据，考虑到数据获取的可行性，本节采用每年申请专利数的自然对数作为公司研发绩效的衡量指标。同时，考虑到不同行业的研发绩效具有较大差异，因此，在稳健性检验中，采用经过行业调整后的研发绩效以消除不同行业的差异性。

(3) 调节变量：专有成本

如前所述，产品市场竞争是衡量专有成本的关键指标。根据现有文献研究结果，对产品市场的竞争程度进行度量主要采用财务性指标和市场集中度指标两种方式。

一是财务性指标。它是指从公司业绩的角度对产品市场竞争进行衡量，主要包括一些常见的财务比率，如公司的营业利润率、净资产收益率等指标。

二是市场集中度指标。赫芬达尔指数是用来衡量行业竞争程度的常见方法之一（黄蕾，2013；赵纯祥和张敦力，2013）。赫芬达尔指数是指在某行业内，某公司的收入占该行业总收入的比重的平方和。赫芬达尔指数越大则表明各公司的市场份额越大，则行业趋于垄断行业竞争越不激烈。陈震和汪静(2014)在衡量产品市场竞争时采用了赫芬达尔指数的倒数进行度量，该指数越大则产品市场的竞争程度越大。国内外也有较多学者采用行业内公司的数目来衡量产品市场竞争（Lyandres，2006；姜付秀，2005；张永冀，2014）。如果一个行业的公司数量越多，该行业的竞争程度则势必十分剧烈。这里借鉴国内外学者的研究，在主体回归中采用赫芬达尔指数（HHI）的倒数衡量产品市场竞争，在稳健性检验中采用行业内公司的数目（N）作为产品市场竞争程度(Pmc)的度量指标。

(4) 控制变量

根据国内学者陆正华(2014)、于团叶(2013)等关于创业板上市公司信息披露影响因素研究，本节选取以下控制变量。

公司规模（lnsize）：大公司股权结构相对复杂，来自公司外部的资本占比较高，容易受到各方的关注和监督。并且，大公司追求长久的战略投资，需要大量的资金支持。因此，公司规模越大，披露程度越高。

财务杠杆（Lev）：资产负债率低的公司具有相对较强的偿债能力，他们倾向于积极披露研发信息，以向外界传递信号展示公司良好的发展前景。而资产负债率高的公司为了掩盖坏消息，倾向于降低信息披露程度。因此，公司的财务杠杆越高，披露程度越低。

盈利能力（Roe）：根据信号传递理论，业绩好的公司为了将自己与那些业绩不好的公司区分开来，倾向于披露更多的信息。而业绩不好的公司通常为了掩盖业绩缺陷，选择较少披露或者不披露信息。因此，盈利能力越强，信息披露程度越高。

成长性（Growth）：一般来说，成长性较高的公司具有更大的资金需求，这些公司为了获得外部资金的支持，需要降低信息不对称，从而增加对内部信息的披露。因此，公司成长性越好，信息披露程度越高。

股权集中度（Top10）：股权集中度是对公司股权集中程度的反映，当公司的股权集中度较高时，大股东很有可能与管理层当局合伙共同侵蚀中小股东的利益。因此，股权集中度越高，信息披露程度越低。

董事会规模（Dn）：小规模的董事会能够提高董事会的效率，而大规模的董事会则往往容易受到管理层的控制。因此，董事会规模越大披露程度越低。

独立董事比例（Indep）：独立董事机制有利于提高公司的内部治理水平。独立董事能够从客观的角度对管理层进行评价和监督，减少管理层的自利行为。因此，独立董事比例越高，披露程度越高。

表 4-2-2　变量及其含义

变量类型	变量名称	定义
因变量	*Disc*	公司研发文本信息质量，包括得分（Score）、可读性（Fog）和篇幅（Length）三个指标
自变量	*IP*	公司研发绩效，每年申请专利数的自然对数
调节变量	*Pmc*	市场竞争程度，赫芬达尔指数的倒数

续　表

变量类型	变量名称	定义
控制变量	*Lnsize*	公司规模,年末总资产的自然对数
	Lev	偿债能力,年末总负债/总资产
	Roe	盈利能力,净资产收益率
	Growth	公司成长性,主要业务收入增长率
	*Top*10	股权集中度,前十大股东持股比例
	Dn	董事会规模,董事会人数
	Indep	独立董事比例,独立董事人数/董事会人数

3. 样本选择和数据来源

本节选取我国创业板市场 2009 年至 2017 年共 740 家上市公司为研究对象,选用年度报告披露的信息为来源。剔除全部金融类公司、当年 IPO 公司、相关数据缺失或无效以及在当年年报中未披露研发信息的公司。最后为剔除极值的影响,对样本进行了头尾 1%的截尾处理。经过上述步骤,最终共得到 2261 个样本观测值。相关财务数据和公司治理数据来自 CSMAR 数据库。文本分析数据采用 python 语言从年报中的相关模块提取信息,并应用计算机技术进行文本特征指标的计算。在数据处理上选用了 STATA 12.0 软件。

表 4－2－3　样本选择　(单位:个)

原始样本	3 505
剔除:	
金融类公司样本	5
当年 IPO 样本	712
数据缺失样本	527
最终样本	2 261

4.2.3　实证结果

1. 描述性统计

表 4－2－4 是相关变量的描述性分析,研发信息自愿披露得分的均值为 0.490分,标准差为 0.220,最小值为 0,最大值 0.900,四分之一位数、中位数和

四分之三位数分别为0.330、0.500和0.660，该变量的取值分布较为合理，可以看出不同的公司在进行研发信息披露时披露的内容得分具有较大的差异。年报中提取的有关自愿披露的文本可读性均值为10.250，标准差为2.170，最大值为18.420，最小值为5.980，说明可读性在不同公司之间的差异性也较大。平均披露长度对数值为3.220，标准差为0.790，说明公司在年报中对公司研发信息进行了较大篇幅的披露，并且披露篇幅也不尽相同。公司研发绩效平均值为2.490，标准差为1.510，最大值为5.570，四分之一位数、中位数和四分之三位数分别为1.390、2.640、3.610，可以看出不同公司在研发绩效上也具有较大差异。另外，控制变量中关于公司财务状况和公司治理状况的描述性统计结果，与大多数研究所报告的结果较为一致。例如，公司资产规模取对数的均值为21.210，公司资产负债率的均值为0.280，公司股权集中度的均值为0.620，公司资产回报率的均值为0.070，收入增长率均值为0.400，董事会规模平均人数为8.050，独董比例均值为0.380。

表4-2-4　各变量的描述性统计

变量	均值	标准差	最小值	p25	p50	p75	最大值
Score	0.490	0.220	0.000	0.330	0.500	0.660	0.900
Fog	10.250	2.170	5.980	8.780	10.030	11.320	18.420
Length	3.220	0.790	0.690	2.770	3.370	3.780	4.650
IP	2.490	1.510	0.000	1.390	2.640	3.610	5.570
Lnsize	21.210	0.780	19.650	20.630	21.110	21.710	23.330
Lev	0.280	0.160	0.030	0.150	0.260	0.400	0.700
Roe	0.070	0.070	−0.180	0.040	0.070	0.110	0.290
Growth	0.400	0.680	−0.600	0.030 0	0.210	0.550	3.950
Top10	0.620	0.120	0.310	0.530	0.630	0.710	0.980
Dn	8.050	1.420	5.000	7.000	9.000	9.000	12.000
Indep	0.380	0.060	0.330	0.330	0.380	0.430	0.570

资料来源：本书整理。

2. 相关性分析

表4-2-5是对全样本进行的Pearson相关性检验。从表中结果可以看

表 4-2-5　各变量的相关性分析

	Score	*Fog*	*Length*	*IP*	*Lnsize*	*Lev*	*Roe*	*Growth*	*Top*10	*Dn*	*Indep*
Score	1.000										
Fog	−0.034	1.000									
Length	0.729***	−0.213***	1.000								
IP	0.099***	−0.038*	0.128***	1.000							
Lnsize	0.029	−0.139***	−0.039*	0.092***	1.000						
Lev	−0.039*	−0.106***	−0.126***	0.019	0.451***	1.000					
Roe	0.060***	−0.031	0.055***	−0.069***	0.039*	0.007	1.000				
Growth	0.007	0.040*	0.001	−0.020	0.102***	0.075***	0.031	1.000			
*Top*10	0.061***	0.036*	0.079***	−0.107***	−0.319***	−0.134***	0.232***	−0.109***	1.000		
Dn	0.047**	0.016	0.063***	0.039*	0.127***	0.032	0.083***	0.027	−0.006	1.000	
Indep	−0.043**	−0.001	−0.048**	−0.056***	−0.081***	−0.025	−0.044**	−0.003	−0.011	−0.670***	1.000

注：*** $p<0.01$，** $p<0.05$，* $p<0.1$

出，公司研发信息披露得分与研发绩效的相关系数为 0.099，在 1%水平显著，说明随着公司研发绩效的增长，公司研发信息披露得分显著增加。披露文本的可读性与公司研发绩效的相关系数为−0.038，在 10%水平显著，表明随着公司研发绩效的增长，公司研发信息自愿披露的可读性增加。自愿性研发信息披露篇幅与研发绩效的系数为 0.128，在 1%水平显著，表明研发信息自愿披露的篇幅与研发绩效显著正相关。总体上看，各解释变量间相关系数绝对值大多数低于 0.4，同时模型通过了多重共线性检验，平均 VIF 为 1.34，表明变量间不存在明显的多重共线性。

3. 回归分析

(1) 研发绩效与研发信息披露

为了对假设 1 进行检验，本文采取模型(4-2-1)进行多元线性分析，回归结果见表 4-2-6，分别以内容评分、文本可读性和篇幅衡量公司研发文本信息披露质量并作为因变量，观察研发绩效对研发文本信息披露质量的影响。

表 4-2-6 研发绩效与研发信息自愿披露

变量	*Score*	*Fog*	*Length*
IP	0.017 8***	−0.055 6*	0.071 6***
	(0.001)	(0.078)	(0.000)
Lnsize	0.001 6	0.218 0***	−0.000 8
	(0.815)	(0.005)	(0.973)
Lev	−0.092 6***	0.191 0	−0.612 0***
	(0.002)	(0.585)	(0.001)
Roe	0.102 0	−0.907 0**	0.330 0
	(0.142)	(0.034)	(0.182)
Growth	0.010 4	0.062 1	0.044 9*
	(0.116)	(0.163)	(0.057)
Top10	0.142 0***	0.564 0	0.468 0***
	(0.000)	(0.219)	(0.001)
Dn	0.006 5	−0.041 9	0.030 1**
	(0.127)	(0.364)	(0.049)

续　表

变量	*Score*	*Fog*	*Length*
Indep	0.012 3	−0.605 0	0.116 0
	(0.909)	(0.612)	(0.764)
年份	控制	控制	控制
行业	控制	控制	控制
Constant	0.292 0*	6.063 0***	2.746 0***
	(0.087)	(0.001)	(0.001)
N	2,261	2,261	2,261
Adj-R squared	0.117	0.045	0.120

注：括号中为 *P* 值，*** $p<0.01$，** $p<0.05$，* $p<0.1$。

由表 4－2－6 可以看出，对于公司研发信息披露得分 *Score*，*IP* 的系数为 0.017 8，在 1%水平上显著(*P* 值=0.001)。这表明研发绩效指标值越大，公司披露的项目得分越多，即公司会披露更多项目的信息。对于可读性 *Fog*，*IP* 的系数为−0.055 6，在 10%水平显著(*P* 值=0.078)。由于 Fog 指数越大，文本越复杂，因此公司研发绩效越好，研发文本信息越简易可读。对于研发文本信息的篇幅 *Length*，*IP* 系数为 0.071 6，在 1%水平上显著(*P* 值=0.000)，进一步说明公司研发绩效越好，公司越愿意披露更多的研发信息。从上述三项研发文本信息质量指标和研发绩效的相关性来看，假设 1 得到验证，即公司研发文本信息质量与公司研发绩效呈正相关关系。

从表 4－2－6 的 *Roe* 与三项研发文本信息质量指标的关系来看，4.1 节中讨论的制造业上市公司信息披露与公司财务业绩正相关的假设也得到初步论证。但由于创业板公司的盈余具有不稳定性，因此，表 4－2－6 的 *Roe* 只是作为控制变量。除债务比率外，公司研发文本信息质量指标尤其是可读性 *Fog* 指数与其他控制变量包括 *Lnsize*、*Top*10 的相关系数，与 4.1 节对制造业 MD&A 进行的实证分析结果类似。表 4－2－6 中债务比率的系数虽然并不显著，但与表 4－1－4 中 *Lev* 的系数符号不同，可能源自制造业的债务率高带来融资压力，进而迫使管理层提高文本可读性披露来缓解信息不对称和融资压力；而创业板公司的高负债由于不利于公司智力资本的发展，进而被视为经营不利的表现，这迫使管理层降低文本的可读性来隐藏不利消息。

（2）专业成本调节作用

假设 2 的回归结果见表 4-2-7。这里采用产品市场竞争赫芬达尔指数的倒数来指代专有成本。限于篇幅，表中只报告了主要观测变量的系数及其 P 值。在回归模型 4-2-1 中纳入了反应调节效应的指标后，对公司研发信息披露得分 *Score*、可读性 *Fog*、篇幅 *Length* 而言，*IP* * *Pmc* 的系数分别为 −0.000 1（*P* 值=0.042）、0.002（*P* 值=0.001）、−0.000 6（*P* 值=0.005），且均显著。由此，假设 2 得到验证，即市场竞争越激烈，专有成本越高，这会使得研发绩效好的公司减少披露的内容与披露的篇幅，并且降低文本的可读性。

表 4-2-7　专有成本的调节作用

变量	*Score*	*Fog*	*Length*
IP * *Pmc*	−0.000 1**	0.002 1***	−0.000 6***
	(0.042)	(0.001)	(0.005)
IP	0.026 2***	−0.200 0***	0.113 0***
	(0.001)	(0.000)	(0.000)
Pmc	0.000 8	−0.007 9	0.002 5
	(0.437)	(0.498)	(0.486)
N	2 261	2 261	2 261
Adj-R squared	0.118	0.048	0.122

注：同表 4-2-6。

（3）进一步的检验

我们按照各个行业专利保护程度的高低进行分组，对上述专有成本的调节效应做进一步检验，结果如表 4-2-8 所示。根据沈国兵和张学建（2018）对行业层面专利权保护程度的衡量方法，使用行业专利授权量占申请量之比衡量创业板行业层面的专利权保护程度，该比值越大，说明行业专利保护程度越高。选取排名前 50%的行业为专利权保护程度高的行业，其他行业为专利权保护程度低的行业。从表 4-2-8 中看出，以可读性和篇幅衡量公司研发文本信息披露质量时，*IP* * *Pmc* 的系数在专利保护程度较低的行业更为显著，而在专利保护程度较高的行业并不显著。但就信息披露内容和项目来看，得分 *Score* 和 *IP* * *Pmc* 的系数显著性消失，说明专利保护对研发披露的内容并没有显著影响，主要影响的是研发信息披露的可读性和详细程度。

表 4-2-8　按专利保护程度的分组检验结果

	专利保护程度高组			专利保护程度低组		
变量	*Score*	*Fog*	*Length*	*Score*	*Fog*	*Length*
IP * *Pmc*	−0.000 1	0.000 5	−0.000 5	−0.000 1	0.004 9***	−0.001 0**
	(0.185)	(0.586)	(0.110)	(0.355)	(0.000)	(0.013)
IP	0.027 5***	−0.139 0**	0.107 0***	0.024 1**	−0.456 0***	0.155 0***
	(0.008)	(0.028)	(0.003)	(0.024)	(0.000)	(0.000)
Pmc	0.002 5*	−0.003 7	0.002 7	−0.002 0	0.009 7	−0.007 1
	(0.064)	(0.800)	(0.582)	(0.292)	(0.670)	(0.315)
N	1 275	1 275	1 275	986	986	986
Adj-squared	0.111	0.063	0.132	0.145	0.049	0.150

注：同表 4-2-6。

（4）稳健性检验

一是考虑到不同行业的差异性，本文采取经过行业调整后的研发绩效作为公司研发绩效的衡量指标对假设 1 进行稳健性检验。回归结果见表 4-2-9，主体结果不受影响。

表 4-2-9　假设 1 的稳健性检验结果

变量	*Score*	*Fog*	*Length*
IP	0.016 8***	−0.053 5*	0.067 7***
	(0.000)	(0.089)	(0.000)
N	2 261	2 261	2 261
Adj-R squared	0.117	0.045	0.119

注：同表 4-2-6。

二是通过更换产品市场竞争指标，用公司所处行业的公司总数对假设 2 进行稳健性检验，回归结果见表 4-2-10，主体结果仍然成立。

表 4-2-10　假设 2 的稳健性检验结果

变量	*Score*	*Fog*	*Length*
IP * *Pmc*	−0.007 2**	0.000 1***	−0.040 8***

续 表

变量	*Score*	*Fog*	*Length*
	(0.014)	(0.005)	(0.000)
IP	0.028 4***	−0.253 0***	0.133 0***
	(0.002)	(0.001)	(0.000)
Pmc	0.013 0	0.065 8	−0.051 8
	(0.684)	(0.855)	(0.655)
N	2 261	2 261	2 261
Adj-R squared	0.119	0.051	0.125

注：同表 4－2－6。

4.2.4 结论和启示

1. 研究结论

目前，研发创新已经成为我国经济发展战略层面的问题。创业板上市公司的研发是其形成竞争优势的关键活动，有关研发的信息披露受到投资者的广泛关注。本节从管理者的披露动机出发，研究我国创业板公司研发绩效与研发信息披露之间的关系。通过构建模型进行回归分析，主要结论有以下几点：

（1）研发绩效与研发文本信息披露质量正相关。管理者会对公司的研发文本信息进行选择性披露。公司研发绩效越好，管理者越倾向于增加研发信息披露的内容和篇幅，同时提高披露信息的可读性。这是管理者为避免市场“柠檬问题”，通过高质量的研发文本信息披露将自己与一般公司区分开来，从而获得投资者的青睐。

（2）专有成本和市场竞争的调节作用。由于“专有性成本”的存在，研发绩效与研发文本信息披露质量正相关有可能被削弱。产品市场竞争越激烈，研发行为和项目被模仿或替代的可能性越大，不利于公司竞争优势的形成和维持。在这种环境下，过多的研发信息披露可能会使公司信息披露的成本大于收益。因此，研发绩效好的公司出于减少专有成本的目的，会减少对研发信息具体项目内容的披露，同时降低披露的详细程度和增加文本的阅读难度。

(3) 行业的专利保护程度会影响专有成本的调节作用。在对样本进行分组检验后,发现在专利保护程度高的行业,产品市场竞争对公司自愿披露的研发信息的得分、可读性和篇幅不具有显著调节作用,而在专利保护程度低的行业,产品市场竞争的调节作用显著。这说明专利保护一定程度上缓解了产品市场竞争对公司研发信息自愿披露的抑制作用。

2. 不足与展望

(1) 研发文本信息的度量维度。研发文本信息披露受到很多学者的关注,本节在传统构建评价体系进行打分的方法基础上,新增加了计算机技术的应用,引入了文本可读性和篇幅的指标。但更多的文本特征维度如相关性、重复性等也能说明研发信息披露问题,在时间和篇幅允许的情况下,后续研究可以进行这方面的补充和完善。

(2) 未对披露内容进行区分。公司披露的研发信息中包含了核心信息和非核心信息,公司研发绩效可能会对核心和非核心信息产生不同影响,但由于对信息界定存在一定难度,文中未对两者进行区分。

4.3　管理者权力、公司治理和信息披露质量

上市公司管理者基于外部合法性等动机驱使,通过有效识别外部环境,解读内部信息,动态地执行和调整公司行为,从而影响年报信息披露质量。传统委托代理理论认为,在两权分离的决策环境下,公司管理者作为内部人有动机、也有能力操纵和扭曲信息披露,实现个人私利。通过对公司内部治理机制进行合理安排,能够对管理者权力进行有效监督,从而抑制这种道德风险行为,实现内部人与外部人的利益协同。因此,管理者权力和公司治理之间的博弈将影响信息披露质量。现有关于管理者权力、公司治理与信息披露质量之间关系的研究主要基于股权结构(Shleifer 和 Vishny,1986)与董事会特征(Beasley,1996)等视角,并得出了一些有意义的结论。但这些研究结论之间并不一致,且主要是对财务数据信息披露的影响进行研究。为此,4.3 节将在 4.2 节研究的基础上,重点讨论创业板上市公司研发信息披露和公司治理的关系,

观察管理者权力和公司治理如何影响信息披露的选择性行为。

4.3.1 理论分析和研究假设

现有研究表明,我国目前研发信息的文本披露以自愿性披露为主,强制性披露为辅,且公司在研发信息的表述方面拥有极大的裁量权。高层管理团队是公司运营的核心力量,掌控公司战略决策,对公司研发信息进行记录和披露是其职责所在。在这一过程中,管理者如果在组织中处于较高地位,从而获得了对组织中其他成员的控制力和支配力,就可能运用权力影响信息披露质量裁量权,选择自己更合意的信息披露质量。同时,在中国高权力距离文化背景下,处于高权力地位的领导者更有动机和能力限制信息共享,弱化团队异议,产生信息披露上的利己行为(廖建桥等,2010)。

一方面,在委托代理理论基础上,新古典经济学的“理性经济人”传统假设提出管理者权力对信息披露质量的可能影响途径,即管理者权力越大,将有助于管理者侵占公司的更多私人利益,为了隐藏这些侵占行为,公司的信息披露质量更差。公司研发活动是一项重要的投资决策,一般资金量较大,且具有高度的不确定性。这种不确定性导致外界难以准确地预测研发活动进展的时间表,同时,研发活动需要的自由度和灵活性导致研发资金管控的难度和风险。这就使得研发活动成为追求短期个人私利的高管侵占公司资产的平台。权力越大的高管将越有机会侵占研发资金,并通过降低研发信息披露来掩盖这些侵占行为。

另一方面,基于高阶梯队理论(Hambrick 和 Mason,1984),随着经济环境的复杂性增加,现实中管理者不能被简单看作是“经济理性人”,而是具有有限理性的“异质经济行为人”。这是指复杂的管理决策需要一定的管理能力支撑,行为主体动机和偏好会对决策产生重要影响。权力越大的管理者一般体现为较强的能力,这些管理者丰富的专业知识、管理经验以及对公司业务的精通,使得他们能更高效地解决公司运营中存在的问题,并做出合理的经营管理决策,披露质量更好的企业信息。虽然经济活动各种因素的干扰和自身能力的限制导致管理者存在短视、羊群效应等认知偏差,从而影响公司信息披露的相关决策,但从声誉和信号传递角度考虑,管理者更倾向于向外界展示良好的经营业绩和公司形象,传递其优秀的管理能力,从而提高在经济市场中的竞争力并获得竞争性薪酬(张铁涛和沙曼,2014)。Tadelis(2002)通过研究表明管理者权力越高,越重视自身声誉,进而越可能提供高质量信息披露。

综上所述,管理者权力越高,越可能按照个人私利或者意愿来披露公司信息,进而与公司研发文本信息披露质量关系密切。但是,分别基于隐藏资产侵占动因和声誉形象动因,管理者权力和研发文本信息质量的相关性存在正向或负向的可能。基于此,我们提出研究假设1。

H_1a:在其他条件不变的情况下,管理者权力越高,公司研发信息披露质量越高。

H_1b:在其他条件不变的情况下,管理者权力越高,公司研发信息披露质量越低。

2. 董事会人口特征多元化的调节作用

自Hambrick和Mason(1984)提出了高阶梯队理论以来,人口背景特征对公司决策和业绩的影响就广受关注。在现代公司中,董事会是最重要的治理集团之一(Bart和McQuen,2013),其职能包含对管理者的咨询、监督、以及激发,还有向公司提供业务合同、资金等重要资源的功能(Lincoln et al.,2012)。董事会成员职业背景、学历、行业背景等这些经验方面的差异,代表多元的偏好、技能和信息网络,同时,不同类型所代表的利益取向也有一定差异,由此带来董事会认知的多元化。认知角度的多元化有加剧认知冲突的可能性,认知冲突又可以使具有批判性和调查性的互动程序更加活跃。同时,团队成员之间的多元化可能会加强成员之间的互相监督,董事间的相互监督可以减少董事会中的"搭便车"现象,董事会内部秩序变得更好,也可以更好地代表股东履行其监督职能。由此,董事的多元化对提高董事的独立性有一定的作用,并在此基础上缓解股东、董事会以及管理者之间的代理问题,让董事会能够最大限度地发挥其监督和控制的职能。由此,董事会成员认知多元化越强,形成的群体断裂带对董事会监督管理者的效能起到促进作用,缓解第一类代理矛盾,约束管理者滥用自身权力的行为。基于此,提出假设2:

H_2:董事会群体断裂带在管理者权力和研发信息披露质量的关系中起到调节效应。具体而言,当董事会群体断裂带越强时,管理者权力与研发信息披露质量的相关关系将变弱。

4.3.2 研究设计

1. 模型设定

首先,针对假设1,我们参考王艳艳等(2006)、况学文和陈俊(2011)的研究,使用模型(4-3-1)来验证管理者权力是否影响公司的研发文本信息披露。

其次,针对假设2,参考温忠麟(2005)对调节效应的解读,我们加入董事会断裂带(Fau)建立模型(4-3-2)。

$$QUALITY = \alpha_0 + \alpha_1 MP + \beta_1 Lnsize + \beta_2 Lev + \beta_3 Roe + \beta_4 Growth + \beta_5 Big10 + \sum INDU + \sum YEAR + \varepsilon \quad \text{模型}(4-3-1)$$

$$QUALITY = \alpha_0 + \alpha_1 MP + \alpha_2 Fau_g + \alpha_3 MP * Fau_g + \beta_1 Lnsize + \beta_2 Lev + \beta_3 Roe + \beta_4 Growth + \beta_5 Big10 + \sum INDU + \sum YEAR + \varepsilon \quad \text{模型}(4-3-2)$$

在上式中,QUALITY为研发文本信息质量,分别用文本篇幅、可读性和异质性三个指标来衡量。

2. 变量定义

(1) 被解释变量:研发文本信息质量

与前文类似,对研发信息的定位明确之后,利用计算机技术设置起点与终点,抓取年报中相关模块的信息,并对所抓取出来的信息进行量化,构建以下三个指标,作为研发文本信息质量的衡量指标:

一是研发文本信息披露的篇幅(*Length*)。尽管一般来说,报告篇幅越长,阅读障碍越大,信息处理成本越高,人们可能普遍认为这类信息的可读性较低。但是,对于研发信息而言,由于其信息的专业性以及特殊性,投资者可能需要更为详细的信息,研发披露的篇幅越长,传递的研发信息越详细,相关项目内容的解释说明也就越丰富。因为只有足够的篇幅阐述,才能使信息使用者正确理解报告中所载的研发信息。本节将研发披露的信息总词数的自然对数Length,作为研发信息质量的标准之一。篇幅越大,研发信息披露越详细。

二是研发文本信息披露的可读性指数(*Fog*)。这里仍然使用*Fog*指数,公式为:Fog Index=0.4*[(总词数/总句子)+100*(难词数/总词数)],指数越大,研发文本信息可读性越低。

三是研发文本信息披露的异质性(*Dif*)。这里仍然使用 TF-IDF 词频统计方法,得出文档中词语的重要性,从而对文本词语进行过滤筛选,选择出适合的文本特征项。再通过计算词频,建立权重向量空间,最终计算余弦值判断文本相似度。

(2) 解释变量:管理者权力

对于管理者权力的衡量,现有研究大多是从"管理者薪酬""持股比例"和"两职合一"等指标度量管理者在公司组织内部的结构性权力。这种分开度量的方式将导致结论的不一致。例如,从持股比例来看,当管理者持股比例较高,既有可能通过增强管理者和股东利益的一致性进而抑制管理者的机会主义行为和增强信息披露质量,但也有可能导致管理者在公司中的地位和权力增加,导致公司治理失效使得管理者更容易进行信息操纵(Morck et al.,1988;Cohen et al.,2005)。与此同时,管理者权力是一个相对概念,公司治理中的其他机制设置将影响管理者权力的相对大小,这至少包括股权分散程度、董事会规模和独立性等(Shleifer 和 Vishny,1986;Morck et al.,1988;Dechow 和 Dichev,2002;Bhagat 和 Black,2002)。为此,综合考虑衡量管理者权力的传统指标和制约管理者权力的指标,是改进管理者权力度量的重要趋势。虽然各个单一的指标很可能无法准确衡量管理者权力,但如果采取太多的指标又可能产生变量间的多重共线性问题。所以,在综合考虑上述各个指标之后,如表 4-3-1 所示,本节选取以下七个指标构建关于管理者权力的综合指标:是否股权分散、管理者持股比例、独立董事与上市公司工作地点一致性、薪酬差距、总经理与董事长是否两职合一、董事会规模、董事会独立性。文中借鉴张丽平和杨兴全(2012)、权小锋等(2010)、周美华等(2016)的研究,通过对上述七个指标进行主成分分析,形成一个综合指标来衡量管理者权力。这个综合得分越高,说明公司的管理者权力越大。由于上述七个变量中既存在类别变量,也存在连续变量,在进行主成分分析前,我们先对全部的数据进行标准化处理,避免量纲不同可能对得分结果产生的影响。

表 4-3-1　管理者权力七维度指标

变量名称	变量定义
两职合一	总经理与董事长两职兼任时取 1,否则为 0

续 表

变量名称	变量定义
管理者持股	管理者持有公司股份比例
薪酬差距	前三名高管薪酬之和与公司管理者薪酬总额的比例
是否股权分散	第一大股东持股比例除以第二至十大股东持股比例之和小于1时取1,否则为0
董事会规模	董事会人数
董事会独立性	董事会内部董事比例
独立董事与上市公司工作地点一致性	独立董事与上市公司工作地点不一致时取1,否则为0

(3) 调节变量

本节的调节变量是董事会群体断裂带(Fau)。基于各个成员人口特征多重属性特征聚合而形成的群体断裂带是董事会多样性的表现。根据Kaczmarek et al.(2012)、Barkema et al.(2007)及国内学者周建等(2015),董事类型、职业经历、学历、任期等特征属性是计算董事会群体断裂带的重要因素。在此基础上,我们还考虑了董事会性别结构、年龄以及海外经历对认知多元化的影响。因此,这里把董事会成员类型、职业背景、受教育程度、性别、任期、年龄、海外经历等七个特征属性作为董事会断裂带的划分依据。接下来我们参考 Thatcher et al.(2003)的经典公式,对董事会群体断裂带强度进行计算,公式如下所示:

$$Fau_g = \frac{\sum_{j=1}^{q} \sum_{k=1}^{2} n_k^g \left(\bar{X}_{jk} - \bar{X}_j\right)^2}{\sum_{j=1}^{q} \sum_{k=1}^{2} \sum_{i=1}^{ngk} \left(X_{ijk} - \bar{X}_j\right)^2}$$

这种 Fau 算法也被称为二分模型,因此,我们只考虑群体分裂成两个子群体的情况,而且每个子群体的成员数不能少于两个。如果该组被分割成更多的组,则它不能用列举方法来实现,并且必须用更复杂的聚类算法才能很好地应用。Fau 的公式是用来计算董事会断层线的强度的,由 n 个成员组成的队伍被分成 2 个小组,有 $2^{n-1}-1$ 种的方法。因为 1 个人无法形成小组,所以分组的时候会把分组人数为 1 人的情况删除。

j 表示本研究所考察的董事会成员特征($j=1$、2、3、4、5、6、7,分别表示董事会性别、年龄、成员类型、受教育程度、任期、职业背景、海外经历），X_{ijk} 代表的是子群体 k 里的第 i 名董事会成员在特征属性 j 上的取值，X_{jk} 代表的是子群体 k 里的所有董事成员在特征属性 j 上的平均值，X_j 代表的是整个董事会里所有成员在特征属性 j 上的平均值。n_k^g 代表的是董事会在二分模式 g 下子群体 k 里的成员人数，k 就是董事会划分成的子群体个数。因为本节采用的断裂带计算方法又被称为二分法，即在二分模式下对董事会群体断裂带进行计算，所以 $k=1,2$。Fau_g 是指所有二分类中 Fau 的最大值，Fau_g 的值越大说明董事会群体断裂带的强度越大，反之则说明董事会群体断裂带的强度越小。

一般来说，董事会成员类型包含独立董事以及执行董事，取值为 1 代表独立董事，取值为 0 代表执行董事。董事会成员的职业背景取值为 0 的是“没有生产或研发职业背景”（包含设计、人力资源、管理、营销、财务、财务、法律等），取值为 1 的是“生产或研发职业背景”的。性别用 0—1 变量来表示（1 为男性，0 为女性）。董事会成员受教育程度分为六个等级，1 代表中专及中专以下，2 代表大专，3 代表本科，4 代表硕士研究生，5 代表博士研究生，6 代表其他（以其他形式公布的学历，如荣誉博士、函授等）。任期为董事从上任之初到统计截止时在该公司的任职时间。董事成员年龄与任期为连续变量，其他几种为类别变量。董事会成员海外经历用 0—1 变量来表示（1 为有海外经历，0 为无海外经历）。根据 Thatcher（2003）的建议，为了保持变量之间的欧式距离相等，需要重新编码类别变量，重新缩放连续变量，减少两个不同类型的变量之间的非兼容性以及其对于实证结果的影响。

与测量断层带的其他方法相比，该方法具有以下优点：首先，它能够准确地测量断层带的强度；其次，它能够很好地检测部分母体中各种属性特征的均匀性变动；最后，它的原理明确清晰，操作相对简单，目前应用较为广泛。

（4）控制变量

公司规模（*Lnsize*）：大公司股权结构相对复杂，来自公司外部的资本占比较高，容易受到各方的关注和监督。并且大公司追求长久的战略投资，需要大量的资金支持。因此，公司规模越大披露程度越高。

财务杠杆（*Lev*）：资产负债率低的公司具有相对较强的偿债能力，他们倾向于积极披露研发信息，以向外界传递信号展示公司良好的发展前景。而资产负债率高的公司为了掩盖坏消息，倾向于降低信息披露程度。因此，公司的财务杠杆越高披露程度越低。

盈利能力(*Roe*):根据信号传递理论,业绩好的公司为了将自己与那些业绩不好的公司区分开来,倾向于披露更多的信息。而业绩不好的公司通常为了掩盖业绩缺陷,选择较少披露或者不披露信息。盈利能力越强,信息披露程度越高。

成长性(*Growth*):一般来说,成长性较高的公司具有更大的资金需求,这些公司为了获得外部资金的支持,需要降低信息不对称,从而增加对内部信息的披露。公司成长性越好,信息披露程度越高。

审计师类型(*Big*10):为了控制外部审计对财务报表质量的影响,我们进一步控制了审计师类型,用每年中注协公布的百家会计师事务所排名,对前十大会计师事务所赋值 1,对其他会计师事务所赋值为 0。

表 4-3-2 全部变量定义表

变量名称	变量代码	变量定义
被解释变量:研发文本信息质量 QUALITY		
研发文本信息的篇幅	*Length*	从年度报告中提取的模块研发信息的总词数取对数
研发文本信息的可读性	*Fog*	可读性指数 Fog Index=0.4 * [(总词数/总句子)+100 * (难词数/总词数)]
研发文本信息的异质性	*Dif*	根据 TF-IDF 词频统计,建立权重向量空间,计算余弦值。
解释变量		
管理者权力	*MP*	对七个维度指标进行主成分分析后得到的综合指标
调节变量		
董事会断裂带	*Fau*	董事会内部基于成员年龄、性别、类型、学历、职业背景、任期、海外经历等特征聚合形成的群体断裂带
控制变量		
公司规模	*Lnsize*	总资产的自然对数
财务杠杆	*Lev*	资产负债率
盈利能力	*Roe*	净资产收益率
成长性	*Growth*	营业收入增长率
审计师	*Big*10	选择排名前十的会计师事务所为 1,否则为 0

3. 样本选择和数据来源

本节的数据来源于色诺芬数据库(CCER)和万德数据库(WIND),从中选取了创业板上市公司2010年至2018年的财务报告数据和公司治理数据。为提高数据的有效性，我们对样本进行筛选：剔除金融类上市公司；剔除研究所需财务数据、公司治理数据和薪酬数据缺失的样本；剔除最终控制人类型属于国有或民营以外类型的外资公司等上市公司，因其公司治理机制受一些特殊因素的影响（李维安等，2010）。在此基础上，为剔除极值的影响，我们进一步对样本进行Winsorize处理。考虑到初步纳入样本的公司—年总数量较大和为尽量保持充足的数据纳入到最终样本，我们进行了头尾0.5%的Winsorize处理，最终得到1 562个公司—年样本，计量分析使用的是Stata12.0。

4.3.3　实证结果

1. 描述性统计

在对反映管理者权力的各项指标进行主成分分析得到管理者权力综合指标MP后，我们对本节的主要变量进行了描述性统计，表4－3－3是变量的描述性统计结果。

表4－3－3　主要变量的描述性统计结果

变量名称	均值	标准差	最小值	最大值	p25	p50	p75
Length	8.167 6	0.574 9	6.120 3	10.792 7	7.793 6	8.170 5	8.550 1
Fog	14.455 6	5.343 1	6.712 3	36.995 7	11.572 0	13.205 9	15.671 1
Dif	0.830 7	0.054 9	0.678 4	0.974 0	0.791 2	0.830 1	0.868 7
MP	0.000 3	0.592 6	−2.394 8	1.755 0	−0.383 9	0.068 1	0.381 3
Fau	0.475 3	0.106 8	0.231 2	0.980 3	0.396 9	0.459 0	0.537 1
Lnsize	21.146 8	0.834 8	18.679 4	25.025 8	20.560 9	21.047 8	21.656 3
Lev	0.401 6	0.210 2	0.007 1	1.685 3	0.230 6	0.388 9	0.560 0
Roe	0.048 0	0.515 2	−19.672 4	0.552 9	0.042 7	0.075 0	0.112 2
Growth	−0.913 1	0.875 5	−0.996 1	33.646 0	−0.021 5	0.117 5	0.288 3
Big10	0.419 9	0.399 6	0.000 0	1.000 0	0.000 0	0.000 0	1.000 0

资料来源：本书整理。

从表4－3－3中，我们可以看出，在样本期间，不同公司之间差距较大。这首先表现在研发信息文本披露的词数上，年报中披露研发信息最少仅用了不

表 4-3-4　主要变量的相关性分析

变量	Length	Fog	Dif	MP	Fau_g	Lnsize	Lev	Roe	Growth	Big10
Length	1.000 0	0.425 2	0.146 8	0.075 8	−0.009 4	−0.044 1	−0.093 1	0.044 7	0.055 6	−0.019 2
Fog	0.396 3	1.000 0	0.194 5	0.028 8	−0.038 3	0.037 8	−0.063 9	0.012 9	0.057 7	0.034 4
Dif	0.177 6	0.319 8	1.000 0	0.035 3	−0.056 9	0.133 4	−0.038 0	0.035 6	0.008 4	0.014 8
MP	0.087 6	0.014 7	0.037 4	1.000 0	−0.142 2	0.026 8	−0.022 1	0.008 0	0.006 0	−0.009 1
Fau	0.001 8	−0.030 1	−0.052 8	−0.149 4	1.000 0	−0.138 9	−0.061 6	0.027 8	−0.015 4	−0.018 8
Lnsize	−0.028 5	0.063 0	0.123 9	0.025 6	−0.136 2	1.000 0	0.418 9	0.151 5	0.264 4	0.065 8
Lev	−0.102 8	−0.058 1	−0.022 6	−0.020 7	−0.055 8	0.447 5	1.000 0	−0.008 3	0.221 8	0.011 3
Roe	0.068 7	0.027 9	0.029 1	0.031 8	0.024 2	0.106 9	−0.146 7	1.000 0	0.342 1	−0.024 7
Growth	−0.004 4	−0.004 0	0.000 8	0.020 8	−0.011 6	0.265 4	0.212 0	0.124 0	1.000 0	−0.010 0
*Big*10	−0.022 9	0.069 3	0.013 4	−0.015 2	−0.016 8	0.065 4	0.028 3	−0.021 3	0.012 5	1.000 0

注：左下角为 Pearson 相关系数，右上角为 spearman 相关系数。

到 500 个词，而最多的词数高达 4.8 万个。在可读性指标上，最简易的难度在 6.712，而最难的在近 37 的水平。管理者权力最大与最小的公司间存在明显的差距，体现各家公司治理情况的不同。董事会群体断裂带均值为 0.475，标准差较小，样本整体断裂带范围在 0.231—0.980 之间。*Fau* 值越趋近于 0 的话，表示公司内部董事会群体断裂带越弱，团队的同质化程度较高。而相反，*Fau* 值越趋近于 1 的话，则说明董事会内部存在一条强度很大的断裂带，将董事会分为两个差异很大的组。

2. 相关性分析

为确保本节选择的指标和实证研究模型的合理性，我们对模型中的主要变量进行了相关性检验，结果如表 4－3－4 所示。我们可以发现，各变量之间的相关系数尚在可接受的范围内。由此说明，进行后续回归分析时，不会存在严重的多重共线性问题。

3. 回归分析

（1）管理者权力与研发文本信息披露

先对管理者权力和研发文本信息质量的模型进行回归，再在此基础上加入董事会断裂带与管理者权力的交互项，以此研究董事会群体断裂带对二者关系的调节效应。回归结果如表 4－3－5 所示。

表 4－3－5　主体回归结果

变量	*Length*		*Fog*		*Dif*	
MP	0.073 5*** (0.001)	0.291 1*** (0.008)	0.094 5 (0.665)	3.926 3*** (0.000)	0.002 6 (0.206)	0.009 9 (0.343)
Fau		0.026 7 (0.858)		−1.542 0 (0.293)		−0.018 1 (0.199)
*MP * Fau*		−0.457 4** (0.045)		−8.152 6*** (0.000)		−0.016 1 (0.455)
Lnsize	0.005 8 (0.801)	0.006 4 (0.782)	0.838 6*** (0.000)	0.809 2*** (0.000)	0.012 8*** (0.000)	0.012 4*** (0.000)
Lev	−0.346 0*** (0.001)	−0.344 6*** (0.001)	−3.649 2*** (0.000)	−3.614 5*** (0.000)	−0.031 1*** (0.001)	−0.031 1*** (0.001)
Roe	0.278 2* (0.057)	0.278 8* (0.057)	0.187 6 (0.896)	0.281 6 (0.845)	−0.000 3 (0.981)	0.000 5 (0.973)
Growth	0.008 2 (0.798)	0.008 9 (0.782)	−0.143 2 (0.652)	−0.121 5 (0.701)	−0.003 0 (0.332)	−0.002 8 (0.351)

续 表

变量	*Length*		*Fog*		*Dif*	
Big10	−0.021 3 (0.466)	−0.022 2 (0.445)	0.746 9*** (0.009)	0.725 4** (0.011)	0.000 6 (0.823)	0.000 5 (0.842)
Constant	8.254 9*** (0.000)	8.225 1*** (0.000)	−1.886 3 (0.684)	−0.634 4 (0.895)	0.568 2*** (0.000)	0.584 0*** (0.000)
Industry FE	YES	YES	YES	YES	YES	YES
Year FE	YES	YES	YES	YES	YES	YES
Observations	1 562	1 562	1 562	1 562	1 562	1 562
Adj-R squared	0.017 2	0.018 5	0.014 0	0.021 4	0.020 8	0.020 9

注：括号中为 p 值，*、*、*** 分别代表 10%、5%、1%水平上显著。

由上表可知，管理者权力与研发文本信息披露篇幅的回归系数为 0.073 5，在 1%的水平上显著（P 值=0.001）。这表明管理者权力越大，越倾向于披露更细致或更详细的研发信息，这符合信息披露的声誉假说。但考虑了董事会的调节作用，管理者这种披露详细研发信息的倾向可能会有所约束。这表现为加入调节变量董事会断裂带后，交互项 *MP* * *Fau* 的系数数为−0.457，且在 5%的水平上显著（P 值=0.045）。相对而言，在可读性上，管理者权力以及董事会断裂带对管理者权力的制约更为突出。这表现在 4-3-5 中，从因变量为 Fog 的回归结果看，交互项*MP* * *Fau* 的系数数为−8.152 3，在 1%的水平上显著（P 值=0.000）。这表明管理者权力越大，越倾向于披露复杂的研发文本信息，董事会断裂带将更明显促使管理者降低文本的阅读难度，加强文本的可读性。而对于研发文本的异质性方面，无论是管理者权力还是董事会断裂带均未体现出显著的影响。这与 4.1 节中管理者在文本信息披露时尚未明显考虑权衡异质性特征的结论一致。

（2）划分行业竞争性的分组回归

由于在 4.2 节中，我们发现市场竞争对研发文本信息披露存在理论上的影响，并得到实证数据分析结果的支持。这种影响主要来自管理者对专有成本的考虑。这里，我们将进一步观察管理者权力和董事会断裂带的影响。

根据样本行业集中度的分布，我们分别选取集中度最小的三分之一样本和集中度最大的三分之一样本进行回归，回归结果如表 4-3-6 所示。从中看出，上述管理者权力和董事会断裂带的影响主要体现在市场竞争更为激烈的

表 4-3-6　区分行业竞争的分组回归

	变量	*Length*		*Fog*		*Dif*	
高竞争组	*MP*	0.096 4*** (0.007)	0.435 7** (0.012)	0.821 4* (0.090)	5.113 6** (0.011)	0.003 6 (0.301)	0.018 5 (0.271)
	Fau		−0.122 2 (0.627)		−0.368 3 (0.899)		−0.006 7 (0.783)
	MP * *Fau*		−0.736 0** (0.046)		−9.703 9** (0.023)		−0.032 4 (0.362)
	Observations	520	520	520	520	520	520
	Adj-R squared	0.025 5	0.028 7	0.025 5	0.025 2	0.030 9	0.029 0
低竞争组	*MP*	0.084 0* (0.080)	0.063 4 (0.782)	−0.159 9 (0.619)	0.929 8 (0.546)	−0.003 2 (0.448)	−0.005 8 (0.775)
	Fau		−0.128 2 (0.666)		−1.445 0 (0.468)		−0.073 9*** (0.005)
	MP * *Fau*		0.039 9 (0.931)		−2.256 7 (0.464)		0.004 0 (0.922)
	Observations	520	520	520	520	520	520
	Adj-R squared	0.015 7	0.010 8	0.013 0	0.010 5	0.039 5	0.054 9

注:同表 4-3-5。

情况下,这主要表现为表 4-3-6 中管理者权力对文本篇幅和可读性的影响显著。而当公司所处市场更为垄断时,管理者权力可能出于个人声誉倾向于披露详细和易懂的研发信息,表现为低竞争组中 *MP* 和 *Length* 的相关系数显著为正,*MP* 和 *Fog* 的相关系数虽不显著但符号为负,但 *MP* * *Fau* 的系数均不显著,表明这时候董事会并不会特意干预。只是,对于文本异质性,*Fau* 和 *Dif* 的相关系数显著为负,说明对于低竞争组,董事会本身也影响研发文本的披露,且越是多元化的董事会越不倾向于发布异质性的研发文本内容。

(3) 在不同产权性质公司中的影响

根据样本中的公司产权性质,我们区分国有上市公司和民营上市公司,分组回归见下表 4-3-7。从表中看出,国有上市公司中管理者权力和公司治理对研发文本信息的影响不显著,这种影响在民营上市公司中较为显著。但值得注意的是,对于国有上市公司的研发文本篇幅,回归拟合优度陡然上升,从原来的近 2%上升到近 20%。这说明从研发文本篇幅上看,国有上市公司更可能依据国有文件制度规定披露其研发信息,这种披露受公司个体特征的影响较小。

表 4-3-7　区分公司产权性质的分组回归

	变量	Length		Fog	
国有	*MP*	0.124 6 (0.334)	0.563 4 (0.476)	0.555 8 (0.542)	−4.170 9 (0.457)
	Fau		−0.736 9 (0.388)		1.518 7 (0.801)
	MP * *Fau*		−0.986 9 (0.566)		10.476 4 (0.391)
	Observations	80	80	80	80
	Adj-R squared	0.203 8	0.194 5	0.021 4	0.005 7
民营	*MP*	0.061 0*** (0.007)	0.270 4** (0.017)	0.002 1 (0.993)	3.777 8*** (0.001)
	Fau		−0.028 9 (0.851)		−1.564 4 (0.314)
	MP * *Fau*		−0.443 0** (0.059)		−8.036 4*** (0.001)
	Observations	1 482	1 482	1 482	1 482
	Adj-R squared	0.019 6	0.020 7	0.015 1	0.022 0

注:同表 4-3-5。

（4）稳健性检验

首先，对度量研发文本信息质量的变量进行了替换，用总句数替代总词数来度量篇幅，由此构建的文本质量变量来替换原变量代入原模型进行回归，原结论依然成立。

其次，在计算可读性时，主体回归使用40%词频作为常用词计算*Fog*指数，这里替换选取50%的词频作为常用词比例进行指数的计算，由此构建的文本质量变量来替换原变量，回归结果与前文的结论基本一致，这表明本节实证分析的结论具有一定的稳健性。

4.3.4　结论和启示

1. 研究结论

为研究公司内部组织结构和公司治理对年报文本信息披露的影响，我们选取创业板上市公司数据进行了实证检验，探讨管理者权力对研发文本信息篇幅、可读性和异质性的影响，并考察董事会群体断裂带在其中所扮演的角色。在衡量管理者权力的时候，这里使用主成分分析法，形成了管理者权力的综合指标。在衡量董事会的治理作用时，主要通过选取董事会人口背景特征进行断裂带的计算。通过一系列实证分析，得出了以下结论：

（1）管理者权力越大时，越倾向于披露详细的研发信息，但披露的复杂性偏高。多元化的董事会将调节管理者的信息披露倾向，减小文本篇幅和降低文本阅读难度。

（2）上述主体影响和调节作用在竞争激烈的情况下和在民营上市公司中表现更为显著。此时，通过加强公司治理制约管理者的有限理性和信息披露的机会主义行为，将起到加强研发文本信息披露质量的目的。

2. 研究不足与展望

本节论证了管理者权力与文本信息披露的关系，并从董事会多元化角度，引入董事会群体断裂带研究拓展公司内部治理，验证了董事会断裂带对管理者权力与文本信息披露的调节效应。但研究过程也存在一定的局限性，主要表现为：

首先，管理者权力的衡量方法。本节选取了主成分分析法合成了管理者权力综合指标。这虽然比现有文献中采用多个单一指标的方法有更高的合成性，但合成后也会丢失掉一些单独指标的特征。关于管理者权力更优化的衡量方法，还有待进一步研究。

其次，董事会断裂带的度量。本研究考虑到样本数据的客观性以及来源的可获得性，参考以往国内外学者的研究，选择了董事会成员人口特征作为各维度合成了群体断裂带。但还有一些重要的特征，比如成员的性格、观念等，由于数据的缺乏暂时没有加入研究中。一些缺失的个人特征也可能对董事会成员的行为产生一定影响，以后在数据可获取的情况下，应考虑将更多特征加入统计中。断裂带的衡量方法根据实际情况也只采取了一种，以后可以尝试采取其他的衡量方法对结果作对比，增强研究的说服力。

最后，在样本选取上，本节研究仅选取了有 4 至 18 名董事的上市公司作为研究样本。其原因是如今国内外的研究中，关于群体断裂带的衡量大多数是根据 Fau 算子公式计算的，如果成员人数太多，则计算量太大。将来的研究在硬件和时间允许的情况下，希望规避这方面的局限性，将样本数据范围扩大。

4.4　本章小结

从基本理论上来看，年报文本信息的高质量披露能缓解信息不对称，为公司带来融资便利或估值优势，因此，管理者有自愿披露高质量文本信息的动机。但是，出于信息披露的印象管理、模糊动机和专有成本考虑，管理者有可能实施信息披露的机会主义行为。为此，年报文本信息的披露决策中存在多种收益和成本的博弈，最终在内外部因素的作用下达到均衡。本章利用我国上市公司年报中的 MD&A 模块和研发文本信息，实证考察了公司业绩、市场竞争和公司治理对年报文本信息披露的影响和作用机制。

首先，业绩越好的公司越倾向于披露更易被理解的 MD&A 文本。但对于存在正向应计盈余管理的公司，管理者出于模糊动机将降低文本的可读性进而减低应计盈余管理行为暴露的风险。这一方面反映出高质量的文本信息确实有助于投资者理解财务信息；另一方面反映出在财务报表粉饰之外，文本信息粉饰也正成为公司管理者操纵年报信息披露的手段。

其次，类似研发信息等包含公司创新活动的文本内容，激烈的市场竞争将增加管理者对专有成本的考虑，进而降低文本信息披露质量。这种现象在专利保护程度较低的行业中更为显著。因此，加强对公司创新成果的保护制度，是促使研发文本信息披露质量提升的重要前提。

再次，当管理者权力较大时，管理者倾向于披露长篇幅和复杂的研发信息，以留给年报阅读者高大上的印象。这种信息虽然看上去内容翔实但很不容易被阅读者理解，实际的信息传递效率仍然较差。此时，多元化的董事会将调节管理者的信息披露倾向，减小研发文本信息篇幅和降低文本阅读难度。

本章的研究为文本信息披露质量的影响因素提供了实证依据。这不仅扩展了原有基于年报财务信息的研究视角，也有助于理解年报文本信息的生成过程，为全面提高年报信息披露质量提供了新的参考和启示。

第五章 上市公司年报文本信息的价值相关性

上市公司年报的价值相关性是分析年报的信息含量，即是否为决策的制定提供有用信息。Ball 和 Brown(1968)首次实证发现未预期盈余与股票异常报酬率之间显著正相关，由此证明财务盈余数据具有信息含量。此后，关于财务盈余的信息含量在各国均得到实证支持。但是，在回顾相关实证文献基础上，Lev(1989)很早就指出："财务信息与股票收益之间的相关性非常低，有时可以忽略不计"。而且，市场对财务盈余的反应总体上存在盈余漂移(Post Earnings Announcement Drift，PEAD)现象，即在年报披露日后，股票累计异常回报率仍会继续漂移(Mendenhall，2004)。[①] 近年来，很多研究从各种角度出发讨论了影响盈余市场反应系数的因素。年报文本信息在解释财务信息方面具有重要作用，其对盈余反应系数的影响不容忽视。

在前面第四章的研究中，我们指出，高质量的文本信息在缓解资本市场信息不对称方面能够发挥积极作用，然而，现有信息披露制度要求、监管规则和年报审计程序都尚未能细致覆盖到文本信息，因此，管理者存在文本信息披露的机会主义行为。本章讨论年报中文本信息披露的价值相关性，是进一步检验文本信息披露行为的经济后果。因此，本章内容将与第四章相互呼应，并在已有研究财务盈余市场反应的文献基础上，填补文本信息市场反应研究的不足。

5.1 管理层讨论和分析的价值相关性

MD&A 是上市公司定期财务报告中最重要的内容之一，包含回顾和展望

① 盈余漂移又被称为盈余惯性(earning momentum)，是指未预期盈余较高的公司在未来一段时期内的市场回报会显著地高于那些未预期盈余较低的公司。盈余惯性的存在意味着市场价格并没有迅速对盈余公告做出反应，而是经过一段时间调整后才将盈余信息融入股价。Fama(1998)认为，盈余惯性至今仍是一个难于否定的有违"有效市场假说"的异象。

两部分，是对公司过去经营状况的说明和对未来发展的讨论，"着重于……公司未来经营成果与财务状况的重大事项和不确定性因素"。MD&A 有助于投资者了解公司经营状况，准确预估公司未来的业绩并规避可能面临的风险，做出合理的投资决策（Cole 和 Jones，2004），具有重要的信息揭示作用。MD&A 不仅是管理者向投资者进一步沟通和解释财务绩效的重要渠道，也是对重要的非财务信息进行披露的载体。本节将在已有研究的基础上，探讨股票市场价格能否体现 MD&A 的影响，以及在什么情境下这种影响更为显著。

5.1.1　理论分析和研究假设

1. MD&A 可读性对盈余市场反应的调节作用

随着经济转型、行业竞争和公司经营风险的加剧，投资者已不仅仅满足于传统财务报告模式下披露的财务信息含量，对非财务信息的需求与日俱增。在此背景下，上市公司年报中的文字部分内容逐步超过了财务报表，并且日渐成为年报的主体部分。MD&A 作为非财务信息披露的重要渠道，受到投资者日益广泛的关注。MD&A 主要包括回顾部分和展望部分。前者主要是对历史经营状况的说明，可以帮助投资者更好地理解财务数据和财务报表内容；后者集中提示了公司面临的政策性风险、行业特有风险、技术风险、财务风险、法律风险等风险事项以及相应的应对措施，有助于外部投资者对公司未来的发展形成清晰而全面的认知。

已有实证研究发现，MD&A 有助于缓解外部信息使用者与上市公司之间的信息不对称（Bryan，1997；贺建刚等，2013；Muslu et al.，2014）；有助于投资者更好地预测公司未来业绩和股票价格（Cole 和 Jones，2004；薛爽等，2010；蒋艳辉和冯楚建，2014）。但年报中的 MD&A 本质上仍属于自愿性披露的信息范畴，出于机会主义动机，管理者可能会通过多种途径进行策略性的信息披露。比如，管理者在 MD&A 中披露较少或者可靠性较低的信息（Brown 和 Tucker，2011），采用复杂的词语和语句等影响信息的可读性（Li，2008；Lo et al.，2017）。因此，MD&A 的信息质量有优劣之分。由于 MD&A 主要披露方式是文本，文本信息的可读性极大地影响投资者的信息解析成本，进而影响其对财务信息的理解和判断，这将进一步影响到市场价格对财务信息的反映程度。Li(2011)基于美国上市公司 10－K 报告，应用文本特征提取法发现文本信息可读性越强，越有助于投资者理解应计异常。Lee(2010)测试并发现，在 10－Q 申请窗口中，季度报告可读性较低时，信息不对称性较大。这种证据支持公司文本披露的透明度影响股票市场如何处理盈余信息的观点。

与此同时，根据预期理论(Prospect Theory)，投资者的行为决策受到参照依赖、敏感性递减和损失规避效应的多重影响(Kahneman 和 Tversky，1979)。当年报公布了未预期盈余时，投资者难免产生对盈余信息的怀疑态度，这种信念会导致投资者认为年报中"好"消息可能有粉饰成分，而"坏"消息可能有隐藏充分。在此基础上，"心理账户"与"精神会计"认为坏消息要比相同程度的好消息带来的心理影响更大，且坏消息的主观影响约为好消息的两倍(Tversky 和 Kahneman，1992)。因此，年报中"好""坏"消息属性导致了投资者信念的差异，进而引发"好""坏"消息不对称的市场反应。MD&A 披露中的文本信息可能有助于减轻信息不对称，进而减小投资者对未预期盈余的主观心理信念。因此，对于好消息，可读性越强的 MD&A 将增加盈余市场反应；而对于坏消息，可读性越强的 MD&A 将减弱盈余市场反应。

基于此，我们认为 MD&A 信息的可读性将对盈余市场反应起到调节作用，故提出如下研究假设 1：

H_1：在其他条件不变的情况下，未预期盈余显著为正时，MD&A 文本可读性增强了盈余的市场反应。未预期盈余为负时，文本可读性减弱了盈余的市场反应。

2. 区分投资者类型

机构投资者是指用自有资金或者从分散的公众手中筹集的资金专门进行有价证券投资活动的法人机构。这类投资者一般具有投资资金量大、收集和分析信息的能力强等特点。机构投资者是股票证券的主要持有者之一，对资本市场的影响是普遍存在的。机构投资者的信息优势不仅包括通过其专业分析能力来解读公开信息，还包括利用特有信息渠道进行信息搜寻而获取私有信息，从而帮助其做出更好的决策。机构投资者获取信息优势的动机来自信托责任和更好的投资表现。为了履行其信托责任，机构制定了审慎的、选择性的投资政策，并不断监测其投资组合(Arbel，1983)。大宗交易是投资者具有信息优势的典型特征，表现为掌握了公司重大信息，从而策略性地安排大宗交易，使其赚取超额回报。

机构投资者掌握的公开信息指的是通过公共渠道可以获取的信息，如公司年度报表、历史交易信息以及在公开市场中其他投资者的可见行为。此外，机构投资者通过访问上市公司、与高管电话会议这些公开沟通的方式也能获取信息优势。而且，机构投资者具有获取私有信息的优势，私人信息是指内部人或少数投资者掌握的“独有”以及小范围传播的信息。已有研究表明，机构投资者获取私有信息的途径有三类社会关系网络：一是机构投资者之间的关系，处于信息网络中心的机构投资者比处于信息网络边缘的非机构投资者会在更短的时间内做出反应并交易，从而获取更高的收益；二是与上市公司之间的关系，已有研究表明机构投资者与上市公司管理者之间的校友关系、基金经理过去的社会网络以及有证券背景的上市公司董事都会使机构投资者获利；三是与中介机构之间的关系，已有研究发现机构投资者在 IPO 询价中的差异度较大，对 IPO 定价水平产生影响。这些信息优势使得机构投资者对年报中 MD&A 的依赖程度大大降低，而 MD&A 是否晦涩难懂对于机构投资者而言，影响不是很大。

因此，对于机构投资者参与程度较高的公司而言，市场价格可能会在向公众发布年报盈余数字之前已经吸取盈余公告的内容。而非机构投资者，特别是广大中小投资者对于年报的依赖程度较高，且其专业水平有限，所以，年报中 MD&A 是否可读的影响较大。基于此，提出如下研究假设 2：

H_2：在其他条件不变的情况下，对于机构投资者，MD&A 文本可读性对盈余市场反应的调节作用较小；对于非机构投资者，MD&A 文本可读性对盈余市场反应的调节作用较大。

5.1.2　研究设计

1. 模型设计

由于需要考察 MD&A 的可读性对盈余市场反应的影响，本节采用事件研究法，首先检验年报披露日事件发生前后的窗口期，股票市场价格对盈余的反应程度，建立如下线性模型(5－1－1)：

$$Car = \alpha_0 + \alpha_1 Ue + \alpha_2 Lnsize + \alpha_3 Lev + \alpha_4 Inst + \alpha_5 Top10 + \alpha_6 Beta + \alpha_7 MB + \alpha_8 BM + \alpha_9 Da + \varepsilon \quad \text{模型(5-1-1)}$$

其中,Car 代表股票 i 在时期 t 内的累积超额收益率,Ue 代表未预期盈余。Ue 的系数 α_1 称为盈余反应系数(Earnings Response Coefficients,ERC)。对于假设 1,为观察 MD&A 的文本可读性是否调节了会计盈余的市场反应,我们在基本模型(5-1-1)的基础上,引入可读性指标,构建如下模型(5-1-2):

$$Car = b_0 + b_1 Ue + b_2 Read + b_3 Read * Ue + b_4 Lnsize + b_5 Lev + b_6 Inst + b_7 Top10 + b_8 Beta + b_9 MB + b_{10} BM + b_{11} Da + u \quad \text{模型(5-1-2)}$$

对于模型(5-1-2),首先将未预期盈余分为好消息和坏消息组,对两组样本分别进行回归,观察交互项 $Read * Ue$ 的系数 b_3 的符号和显著性。其次,进一步区分该公司股票在该年度是否受到机构投资者关注并进行股票交易。需要指出的是,控制变量中引入 $Inst$ 是控制机构持股静态比率造成的影响,但机构持股不一定意味该公司在该年度有机构投资者参与股票交易,因此,本节用该公司在该年度是否存在大宗交易来度量是否有机构投资者参与投资。

2. 变量定义

(1) MD&A 文本可读性

本节对 MD&A 文本质量的衡量,主要从可读性的角度进行。根据第二章和第三章关于可读性特征提取的研究,这里采用如下两种计算方法:

一是 Flesch Reading Ease 评分法。这是 1948 年就被创建的一个可读性度量公式:可读性分数=206.835－84.6 * spw－1.015 * wps。公式中共包含两个自变量:spw(平均难词比例)和 wps(平均句子词数)。该值越大,表示读起来越容易。

二是中文可读性公式。陈世敏在总结了关于英语的可读性公式的研究之后,改进了 fog 公式,同时结合了 Flesch 公式和 Dale&Chall 公式,建立了新的可读性公式:可读性分数=0.8 * 平均句子字数＋难词比例。该值越大,说明读起来越难。

(2) 未预期盈余

大量的会计研究试图改善盈余的预期模型，然而，Watts 和 Leftwich (1977)的结论是，盈余变化仍然是对一般公司的年度收益过程的一个很好的描述。May(1971)引入绝对收益作为对中期收益公告的市场反应的衡量标准。Subramaniam(1995)指出，绝对收益比 Beaver(1968)平方回报度量在确定绝对价格反应方面更为强大。与 Cready 和 Mynatt(1991)以及 Olibe 和 Cready(2003)一样，本研究采用 May(1971)绝对收益指标，未预期盈余的计算公式为：

$$UE_{it} = E_{it} - E_{it-1}$$

式中：UE_{it} 为股票 i 在 t 年度的未预期盈余；E_{it} 为股票 i 在 t 年度的期末每股收益；E_{it-1} 为股票 i 在 $t-1$ 年度的期末每股收益。

(3) 市场反应

我国的资本市场目前尚处于半强式有效市场，因此，我们可以用超额收益来对年报披露的市场反应进行研究。鉴于目前我国的上海股票市场和深圳股票市场均属于新兴资本市场，两个市场的股票价格都很不稳定，风险系数和系统风险系数也就很不稳定，利用市场收益法会使回归方程的拟合度不高，而市场指数调整法可以更有效地检验股票价格对披露事件的影响。所以，这里利用市场指数调整法来计算股票的正常收益率，步骤如下：

第一步：从 WIND 数据库中下载 2008—2017 年 1 月 1 日至 6 月 1 日的所有 A 股主板上市公司的股票日收盘价涨跌幅，和股票年报披露日期匹配，得到在年报披露前后的股票实际收益率，即为第 i 只股票在第 t 日的实际收益率 R_{it}；

第二步：从 WIND 数据库中下载 2008—2017 年 1 月 1 日至 6 月 1 日的沪深 300 指数的收盘价涨跌幅，和股票年报披露日期匹配，得到第 i 只股票在第 t 日的正常收益率 $\overline{R}_{it}$；

第三步：计算单只股票在年报披露前后几日的超额收益率，就是用实际收益率减去正常收益率：$AR_{it} = R_{it} - \overline{R}_{it}$；

第四步：计算样本公司 i 在时间期内的累计超额收益率：$CAR_{i(t1,t2)} = \sum_{t=t1}^{t2} AR_{it}$。

(3) 控制变量

一是公司规模 *Lnsize*:使用总资产的对数度量。不同规模的公司有不同的市场反应,规模一般对市场反应产生负面影响(Freeman,1987)。

二是风险因素,贝塔系数 *Beta* 和财务杠杆 *Lev* 可以捕捉到风险。*Beta* 是根据市场模型估算的,使用股票每周相对于沪深 300 指数变化的波动情况。*Lev* 是财年结束时债务与总资产的比率。理论上,贝塔(系统风险)和杠杆(违约风险)两者都预计会对市场反应产生负面影响。

三是机构投资者持股比例 *Inst*:机构投资者有强烈的动机寻找有关公司在其投资组合中的私人信息披露信息,机构所有权更高的公司的盈余信息披露往往在市场价格中部分被抢先吸收。

四是股权结构 *Top*10:Fan 和 Wong(2002)在研究东南亚国家的上市公司盈余价值相关性影响因素之后发现,高股权集中度会导致公司两权高度分离,直接对会计盈余信息的市场反应产生影响。这里使用前十大股东持股比例衡量股权结构。

五是成长性 *Mb*:以市场与账面的比率表示,我们预计市场反应系数与增长潜力呈正相关,因为随着增长率的提高,当前的意外收益表明未来更多的现金流量。

六是盈余质量 *Da*:投资者对盈余的市场反应受到盈余质量本身的影响。根据 Jones 模型,用操纵性应计利润的绝对值来衡量公司盈余管理水平。

表 5-1-1　变量定义表

	变量名称	变量	计算方法
因变量	市场反应	*Car*	年报披露窗口期(−1,1)累计超额收益率,取绝对值
自变量	每股收益变动	*Ue*	当年的每股收益 EPS 减去年的每股收益 EPS,取绝对值
	Flesch Reading Ease 文本可读性	*Readease*	Readease = 206.835 − 84.6 * spw − 1.015 * wps
	中文可读性	*Readzw*	Readzw=0.8 * 平均句子字数+难词比例

续　表

	变量名称	变量	计算方法
控制变量	公司规模	*Lnsize*	会计年度年末资产总额的自然对数
	财务杠杆	*Lev*	资产负债率
	机构投资者持股比例	*Inst*	机构投资者持股占公司总股数的百分比
	股权集中度	*Top*10	前十大股东持股比例
	投资风险	*Beta*	个股风险系数贝塔值
	成长性	*Mb*	账面价值/市值
	盈余管理强度	*Da*	基于 Jones 模型计算，取绝对值

3. 样本选择和数据来源

本节选取 2007—2016 年之间 A 股主板上市公司，并做了以下处理：(1) 剔除 ST 和 PT 公司；(2) 由于运营和财务结构不同，剔除了金融服务业的公司；(3) 剔除在每年的年报公告日前后 5 个交易日交易价格记录不完整的公司。

资料来源是 WIND 数据库以及巨潮资讯网的年报。对年报数据的处理过程同 4.1.2，以获得 MD&A 的文本来源。为了消除异常值对回归结果的干扰，对所有连续变量进行了头尾 1%的 Winsorize 处理，最终得到 10 860 个样本。数据处理使用的是 Stata12.0 软件。

5.1.3　实证结果

1. 描述性统计

表 5-1-2 是变量的描述性统计。从表中可以看出，窗口期越长的累计超额收益率显著高于窗口期短的累计超额收益率。这反映出盈余的市场反应存在一定的漂移现象。MD&A 的可读性指标 *Readease* 平均值是 79.27 分，低于 80 分说明平均可读性不高。*Readease* 的最小值仅不足 5 分，最大值超过 100 分，说明各上市公司之间的可读性差异较大。而且，从 *Readzw* 可读性指标来看，表现和 *Readease* 比较接近。我们将在主体回归中使用 *Readease* 指标，在稳健性测试中使用 *Readzw* 指标。

表 5-1-2　描述性统计

变量	均值	标准差	最小值	p25	p50	p75	最大值
Car	2.451	2.223	0.030	0.820	1.810	3.340	10.180
Ue	0.202	0.257	0.000	0.040	0.110	0.250	1.450
Readease	79.270	21.460	4.713	68.320	83.180	94.560	114.300
Readzw	58.940	15.560	33.410	47.870	56.050	66.730	114.000
Lnsize	8.202	1.284	5.502	7.296	8.045	8.942	12.060
Lev	46.520	20.870	5.590	30.410	46.870	62.580	93.460
Inst	38.050	23.730	0.340	17.260	38.350	56.770	87.670
*Top*10	57.410	16.250	21.630	45.450	58.130	70.120	91.040
Beta	0.962	0.422	−0.160	0.710	0.980	1.240	2.050
Mb	0.922	0.872	0.086	0.367	0.630	1.137	4.805
Da	0.057	0.054	0.001	0.018	0.041	0.078	0.270

资料来源：本书整理。

2. 相关性分析

表 5-1-3 是变量的相关性分析。从表中看出，年报披露当天的市场反应和未预期盈余的变动正相关。年报文本越可读，市场反应也越充分。累积市场反应和公司规模负相关，这是因为投资者对于小公司的关注度比较高或者小规模公司股价本身的波动性较大，所以规模越小时，Car 的市场反应越大。Car 和资产负债率、机构持股比例、风险、公司账面市值比负相关，与股权集中度正相关，与盈余管理程度正相关。表中各变量之间的相关系数整体在合理范围内，说明回归分析时共线性问题较小。模型变量平均 VIF 为 1.38，进一步表明变量间不存在明显的多重共线性。

表 5-1-3　相关性分析

变量	*Car*	*Ue*	*Readease*	*Readzw*	*Lnsize*	*Lev*	*Inst*	*Top*10	*Beta*	*Mb*
Ue	0.024	1.000								
Readease	0.028	−0.016	1.000							
Readzw	−0.022	0.010	−0.994	1.000						
Lnsize	−0.123	0.148	−0.091	0.066	1.000					

续 表

变量	*Car*	*Ue*	*Readease*	*Readzw*	*Lnsize*	*Lev*	*Inst*	*Top*10	*Beta*	*Mb*
Lev	−0.039	0.110	0.080	−0.088	0.399	1.000				
Inst	−0.102	0.046	−0.037	0.026	0.409	0.145	1.000			
*Top*10	0.027	0.105	−0.025	0.018	0.195	−0.127	0.297	1.000		
Beta	−0.073	0.030	−0.031	0.027	0.093	0.036	−0.039	−0.037	1.000	
Mb	−0.070	0.098	0.006	−0.023	0.595	0.551	0.150	−0.020	0.072	1.000
Da	0.048	0.101	0.042	−0.038	−0.086	0.063	−0.056	0.016	−0.009	−0.050

3. 回归分析

(1) MD&A 可读性对会计盈余市场反应的调节作用

在对模型 5-1-2 进行回归之前，先根据当年每股收益减去去年每股收益的值的正负号判断消息类型，为正则分为好消息组，为负则在坏消息组，但在回归中 *Ue* 取绝对值。回归结果见表 5-1-4。在整体回归列，未预期盈余的系数为 0.145，在 10%的水平上显著。这说明我国股票市场对会计盈余信息有反应，即会计盈余具有信息含量。在好消息组，MD&A 的可读性对会计盈余的市场反应没有显著调节作用。但在坏消息组，交互项 *Readease* * *Ue* 的系数为−0.012 2，且在 10%的水平上显著。由于本节 Car 值取了绝对值，说明对坏消息，可读的文本减弱了市场的负面反应。

表 5-1-4 MD&A 对盈余市场反应的调节作用

变量 \ 分组	整体样本	好消息	坏消息
Readease * *Ue*		0.016 4	−0.012 2*
		(1.71)	(−2.00)
Ue	0.145 0*	−0.052 0	−0.184 0
	(1.98)	(−0.24)	(−1.36)
Readease		−0.008 2	0.001 9
		(−1.11)	(1.09)
Lnsize	−0.337 5***	−0.281 0*	−0.319 0***
	(−11.68)	(−2.37)	(−7.11)
Lev	0.009 7***	0.016 7**	0.008 0***

续 表

变量 \ 分组	整体样本	好消息	坏消息
	(6.18)	(2.62)	(3.33)
Inst	−0.009 8***	−0.015 5**	−0.009 8***
	(−7.97)	(−2.81)	(−5.32)
*Top*10	0.011 8***	0.014 7	0.011 8***
	(6.65)	(1.74)	(4.53)
Beta	−0.488 0***	0.045 7	−0.469 0***
	(−7.60)	(0.17)	(−5.00)
Mb	−0.090 0*	−0.129 0	−0.054 4
	(−2.26)	(−0.84)	(−0.90)
Da	3.540 1*	3.830 8*	0.944 0
	(2.48)	(2.04)	(1.30)
Constant	6.280***	5.009***	6.069 0***
	(29.15)	(5.36)	(17.60)
Industry FE	YES	YES	YES
Year FE	YES	YES	YES
Observations	10 860	815	7 512
Adj-R squared	0.028 9	0.042 2	0.027 7

注：括号中为 T 值，*** 表示在 1%水平上显著，** 表示在 5%水平上显著，* 表示在 10%水平上显著。

（2）区分投资交易类型

根据公司在某年度是否存在大宗交易，可以区分该公司是否受到机构投资者的青睐。从理论上来讲，机构投资者拥有信息优势，所以对于年报的内容依赖程度较低，且机构投资者专业水平较高，年报是否晦涩对于机构投资者而言影响不是很大。而小投资者对于年报的依赖程度较高，且其专业水平有限，所以，年报是否可读对于小投资者而言影响较大。区分投资者类型后，MD&A 可读性的调节作用如下表 5-1-5 所示。由表可见，对于机构投资者而言，年报可读性不存在显著的调节作用。而对于非机构投资者而言，若发生了好消息，那么未预期盈余变动越大，即 MD&A 的可读性增加了正面市场反应;与此同时,若发生了坏消息,那么未预期盈余变动越小,即 MD&A 的可读性减弱了负面市场反应(这里 Car 取了绝对值)。这一方面是因为,投资者处理信息的流利程度将潜意识地增加投资者的信念:即他们可以依赖于披露中的信息,因此,对于好消息,越可读的 MD&A 文本信息,越会向有利于公司的方向调整非机构投资者对会计盈余的反应。但另一方面,对于坏消息,越可读的 MD&A 文本信息越使得投资者对公司扭转业绩的预期增强,导致负面市场反应越小。这也说明,第 4 章中管理者在文本信息披露上的机会主义行为实际上能不取得预期的市场效果,即当业绩不佳时,管理者通过披露不可读的 MD&A 文本来分散投资者对不利业绩的关注,以此维持股价。

表 5-1-5　区分投资者类型后的调节作用

分组 变量	存在大宗交易		不存在大宗交易	
	好消息	坏消息	好消息	坏消息
*Readease * Ue*	0.021 9	−0.005 7	0.017 7*	−0.014 5*
	(1.20)	(−0.47)	(1.97)	(−2.42)
Ue	0.727 0	−0.063 1	−0.330 0	−0.235 0
	(1.71)	(−0.25)	(−1.74)	(−1.65)
Readease	−0.014 2	−0.000 4	−0.007 5	0.003 1
	(−0.92)	(−0.10)	(−0.95)	(1.47)
Lnsize	−0.300 0	−0.359 0***	−0.302 0*	−0.314 0***
	(−1.27)	(−4.07)	(−2.12)	(−6.13)
Lev	0.021 4	0.004 7	0.016 6*	0.008 9**
	(1.55)	(0.92)	(2.16)	(3.10)
Inst	−0.024 6	−0.004 9	−0.013 3*	−0.011 4***
	(−1.94)	(−1.27)	(−2.13)	(−5.39)
Top10	0.018 8	0.018 4**	0.013 9	0.009 8***
	(1.07)	(3.21)	(1.36)	(3.36)
Beta	−0.056 8	−0.717 0***	0.078 5	−0.343 0**
	(−0.11)	(−4.16)	(0.24)	(−2.95)
Mb	0.002 87	0.070 9	−0.132 0	−0.076 2
	(0.01)	(0.52)	(−0.79)	(−1.13)

续 表

变量＼分组	存在大宗交易		不存在大宗交易	
	好消息	坏消息	好消息	坏消息
Da	3.194 0	1.075 0	4.319 0	0.881 0
	(0.81)	(0.71)	(1.71)	(1.04)
Constant	4.763 0*	6.173 0***	5.207 0***	6.020 0***
	(2.35)	(8.72)	(5.22)	(15.29)
Industry FE	YES	YES	YES	YES
Year FE	YES	YES	YES	YES
Observations	190	1 904	625	5 608
Adj-R squared	0.066	0.030 1	0.044 3	0.029 3

注：同表 5-1-4。

(3) 稳健性测试

首先，应用 Bootstrap 进行稳健性测试。从样本中重抽样 500 次，结果如下表 5-1-6 所示。由表明显可以看出，在出现坏消息的时候 MD&A 可读性的调节作用更为显著。假设 1 通过了 Bootstrap 检验。

表 5-1-6 Bootstrap 检验

变 量	好消息	坏消息
*Readease * Ue*	0.014 1	−0.012 6*
	(1.65)	(−2.13)
Ue	−0.076 2	−0.210 0
	(−0.37)	(−1.74)
Readease	−0.007 3	0.002 1
	(−1.02)	(1.16)
Observations	815	7 512
Adj-R squared	0.042	0.027 7

注：同表 5-1-4。

其次，替换可读性指标。考虑到用英文可读性公式衡量中文可读性有一定的疑问，这里根据中文的特性，用陈世敏对英文公式的改进方式计算了可读性，替代了 Flesch Reading Ease 公式计算的可读性，结果如表 5-1-7 所示。由于 Readzw 越大，文本越难，因此上述结论仍然成立。

表 5-1-7　基于替换调节变量的检验

变　量	好消息	坏消息
Readzw * *Ue*	−0.023 7	0.017 0*
	(1.76)	(−2.03)
Ue	−0.061 8	−0.174
	(−0.29)	(−1.29)
Readzw	0.012 6	0.002 3
	(1.22)	(0.95)
Observations	815	7 512
Adj-R squared	0.042 3	0.027 7

注:同表 5-1-4。

再次,特殊行业的检验。考虑到行业间的差异很大,不同行业的 MD&A 文本本身就存在着可读性差异。比如说医药专业,专有名词比较多,这对于理解会造成一定影响。因此,这里把医药制造业、信息技术业、电子制造业三个行业作为高新技术行业,研究文本可读性的影响。结果如表 5-1-8 所示。由表可见,同样是对于坏消息,MD&A 文本可读性减弱了市场对于盈余的反应。

表 5-1-8　高新技术行业文本的调节作用

变　量	整　体	好消息	坏消息
Readease * *Ue*	−0.021 7	−0.058 4	−0.044 8*
	(−1.67)	(−1.91)	(−2.45)
Ue	−0.082 2	0.072 8	0.042 8
	(−0.33)	(0.13)	(0.12)
Readease	0.001 29	0.037 0	0.001 19
	(0.42)	(1.80)	(0.27)
Observations	2 498	127	1 210
Adj-R squared	0.027 8	0.106 5	0.037

注:同表 5-1-4。

5.1.4　结论和启示

1. 研究结论

MD&A 披露的内容日益成为投资者进行经济决策的重要依据。本节讨论了 MD&A 文本可读性对会计盈余市场反应的影响，为管理者决策 MD&A 披露质量及有效监管上市公司 MD&A 文本信息披露行为提供参考依据。

经过实证分析，本节得出了如下结论：

（1）MD&A 文本可读性对会计盈余的市场反应存在调节作用，这种调节作用在公司盈余为坏消息时，更为显著。这说明可读性较易的 MD&A 文本，可以减弱投资者对当前较差会计盈余的反应，有助于公司股价的稳定。

（2）MD&A 文本可读性的调节作用对于非机构投资者更为显著，此时不仅上述减缓坏消息市场反应的调节作用依然存在，且对于好消息，MD&A 可读性越高时的会计盈余市场反应越强烈。这说明，提高 MD&A 文本可读性会显著影响非机构投资者的决策。

2. 不足与展望

（1）本节主要考察的是 MD&A 可读性指标，未有区分 MD&A 中的回顾信息和前瞻性信息。在取得更好区分这两类信息的方法后，进一步细化可读性指标，将有助于深入了解文本可读性通过何种信息作用于投资者对会计盈余信息的理解。

（2）对投资者类型的区分主要通过是否存在大宗交易进行的。然而，年报披露日窗口期的机构投资者交易并不一定和大宗交易直接相关。在未来时间充足或者相关数据库可获取的情况下，选择更多的事件窗口期，同时选取更直接度量机构投资者和非机构投资者的指标并分组讨论，将使得结论更稳健。

5.2 年报研发文本的价值相关性

随着我国创新战略的推进和加强，近年来研发投入总量呈现快速增长趋势。据统计，2018 年 A 股上市公司研发支出总额同比上升 22%，平均研发强度（研发支出占营业收入的比率）达到 4.87%。创业板市场作为我国创新型公司的汇聚地，2018 年平均研发支出更是高达约 30%的增长率和近 6%的研发强度。在此背景下，投资者需要详细的研发信息来判断公司盈余和价值的成长性（Lev，1999；薛云奎、王志台，2001；Merkley，2014）。

目前，上市公司年报作为广大外部投资者获取研发信息的重要载体，其中的研发信息分为两种主要类型：一是财务报表及其附注中关于研发支出的会计数据信息；二是“公司业务概要”“经营情况讨论与分析”“主要经营业务”“公司发展战略”等模块中关于研发活动的文本叙述信息。大量文献讨论了前者，发现研发支出会计数据可能影响投资者对公司价值、预期盈利和未来现金流的判断(Kimbrough，2007)。但会计数据信息具有概括性(Aggregational)、专业性(Professional)和易被盈余操纵(Discretionary)等特点，随着研发投入金额的快速增长以及研发活动的前沿性、复杂性和不确定性增加，标准化的会计数据局限性凸显，市场价值相关性日益下降(Ciftci and Zhou，2016)。投资者需要更多具体的研发细节信息来进行公司价值判断，如研发项目进展情况、新产品所需要的时间、研发成功率、产品市场竞争力等。这些研发信息主要通过文本方式表述，通常具有会计数据信息难以体现的丰富内涵。尤其在我国这一高语境传播的环境中，文本信息具有很高的研究价值(Hall，1976；曾庆生等，2018)。因此，本节将考察我国创业板上市公司，讨论和实证检验其年报中研发文本信息的信息含量。

5.2.1　理论分析和研究假设

1. 研发文本信息披露质量和盈余市场反应

在激烈的市场竞争环境下，研发活动作为技术创新的源泉，成为公司保持核心竞争力、取得生存和发展的关键，这导致投资者对研发信息的极大关注。相对于主板较大规模的公司，创业板公司的研发文本信息对投资者的价值判断更为重要。首先，创业板公司研发依赖的不仅是强大的财力支持，更多的是研发战略以及研发项目中的随机发现，研发成效的稳定性相对较低，投资者需要更详细的信息来跟踪有关研发活动。其次，我国创业板公司大多处于成长期，规模较小，“业绩变脸”现象普遍。投资者较难直接运用往期财务信息对创业板公司进行准确的价值判断，研发活动对公司估值的影响更加突出(逯东等，2015)。再次，随着我国创业板公司的并购重组受定增新规和商誉减值风险的影响而减少，研发更是成为投资者衡量公司成长性的最重要因素。因此，投资者在关注创业板公司当前盈余的基础上，将会非常关注其研发活动。研发文本信息主要通过影响投资者对盈余质量的判断来影响估值。根据盈余市场反应的文献，公司当年的未预期盈余将被投资者理解为未来盈余的变化（Ohlson，1995），如果研发文本信息导致投资者认为当前未预期盈余的可持续性较低，或者投资者难以根据研发文本信息来清晰理解公司研发活动的效益和公司未来成长性时，就将在估值中减少对公司未预期盈余的反应。

在披露研发文本信息时，创业板公司经理人很可能结合公司盈余状况进行选择性披露，以影响投资者对公司盈余的理解。对此，经典信息披露理论存在三种不同的假说：一是自愿披露假说（Voluntary Disclosure Hypothesis），根据委托代理理论，信息不对称的缓解有助于降低代理成本和提升公司价值，基于此，管理者倾向于披露尽可能多的研发细节信息，以取得市场在融资和估值方面的正面回应（Matolcsy 和 Wyatt，2008）。二是模糊动机假说（Hypothesis of Incentives to Obfuscate Information），是指管理者有意通过编写难以阅读的文本信息来分散投资者对公司不利盈余信息的关注。由于难以被理解的文本需要更高的信息处理成本，这将减弱股票价格的负面反应（Bloomfield，2008）。三是专有成本假说，是指管理者为了减少与外部连接产生的不确定性，避免创新等私有信息向竞争者的泄露，主张封闭式创新模式，进而很可能编制难以被理解的信息或披露偏形式化而缺乏研发活动异质性内容的信息（Dedman 和 Lennox，2009）。当公司盈余表现较好的时候，良好的盈余信息已经能为公司带来融资和估值方面的便利，此时，理性的公司管理者避免研发信息外泄风险的动机更突出，这将导致年报中研发文本信息披露偏于形式化或者难以被理解。相应地，投资者因缺乏高质量的研发文本信息来解读公司盈余，进而将减弱对当期未预期盈余的市场反应。而当公司盈余业绩较差的时候，为扭转投资者对公司未来业绩不佳的预期，管理者可能披露更多的研发细节信息以论证和说明公司当前不利盈余的暂时性和公司未来盈余的转变或增长性；管理者也有可能基于模糊动机假说而披露难以被理解的信息，混淆投资者对当前盈余的关注，进而减弱未预期盈余的市场反应；此外，管理者也可能通过更多阐述自身研发项目的异质性而改变投资者对不利盈余持续性的预期。综上所述，研发文本信息披露对未预期盈余的市场反应有负向调节作用。基于此，我们提出如下研究假设 1：

H_1：在其他条件不变的情况下，研发文本信息披露质量对未预期盈余的市场反应有负向调节作用。

2. 研发强度与研发文本信息质量的调节作用

如上所述，上市公司年报中的研发信息可以分为会计数据信息和文本叙述信息。研发文本信息由于可以传递更多研发细节信息而备受投资者关注。管理者通过在“公司业务概要”“经营情况讨论与分析”“主要经营业务”“公司发展战略”等模块中的文本信息，可以影响投资者对公司盈余的判断，进而影响未预期盈余在公司估值中的权重分布。但是，研发的会计数据信息也是反映公司研发活动的重要信息表达方式。虽然大多数投资者可能缺乏专业知识理解研发支出会计数据的内涵，但理性的投资者将认识到，将两种研发信息结合起来理解，公司研发活动将更为有效（许文瀚等，2019）。根据行为心理学，投资者在具体处理这两种研发信息时将进行有限关注（Kahneman 和 Tversky，1973）。有限关注是指由于投资者信息处理能力有限并且信息的筛选需要付出努力，进而将根据直观信息选择关注度比较高的公司进行更复杂的文本信息处理。这是在具有大量信息环境下的必然结果。由于研发会计数据信息可以提供关于公司研发投入强度高或低的直观感知，且投资者处理研发文本信息的成本一般比获得这种直观感知的成本高，故投资者在感知到公司研发强度较大时，才更有意愿关注并处理研发文本信息。由此，投资者对研发文本信息的关注必然会受到直观的研发支出会计数据的影响。

具体来讲，一方面，从数据引发的行为反应角度出发，虽然投资者在理解研发支出会计数据信息上可能缺乏专业基础进而接收到的实际信息内容有限，但当研发支出的会计数据较大时，投资者会更加关注该数据背后的合理性与产生的影响（罗婷、朱青和李丹，2009）。此时，文本信息叙述的研发项目进度、研发产品具备的市场竞争优势和未来发展等内容成为广大投资者理解公司研发活动的重要渠道。如果研发文本信息质量较高，那么投资者对公司盈余质量的判断较充分，在股价上做出的反应也较迅速。另一方面，从研发活动的重要性角度出发，只有在研发投入成为公司发展的重要基础时，投资者关注研发活动文本信息才更有意义。已有研究大多证明了公司研发投入强度越大，说明公司对研发活动越重视，相关研发对公司当前以及未来发展的影响越重要（Lev et al.，2005）。因此，研发投入强度越大，投资者将有更强的意愿关注并花费时间和精力去阅读研发文本信息判断研发活动的成效，希望以此来更清晰地理解公司研发活，进而更准确地将研发活动关联到公司未来盈余趋势上。而当研发投入强度较小，说明公司的研发活动不足或者在公司发展中作用并不重要，那么投资者判断研发活动对盈余的影响较小进而减弱对研发文本信息解读的意愿。此时，即使研发文本信息质量高，其对盈余市场反应的调节作用可能也难以显现。因此，研发文本信息质量对盈余市场反应的调节作用随着公司研发投入强度的提高而增强。基于此，我们提出以下假设2：

H_2：在其他条件不变的情况下，研发强度越高，研发文本信息质量对未预期盈余市场反应的调节作用越强。

5.2.2 研究设计

1. 模型建立

创业板上市公司的研发活动对公司盈余质量和未来盈余变化趋势至关重要，文本信息可以通过详细且易于被投资者理解的方式叙述公司研发情况，进而影响投资者对盈余的预期进而影响当期盈余的市场反应。为考察研发文本信息的调节作用，参考于李胜和王艳艳(2006)，以及 Merkley(2014)关于盈余市场反应的模型，加入研发文本信息质量及其与未预期盈余的交互项，提出如下模型(5-2-1)。

$$Car = \beta_0 + \beta_1 Ue + \beta_2 QUAILITY + \beta_3 QUALITY * Ue + \beta_4 Lnsize + \beta_5 Lev + \beta_6 Roa + \beta_7 Ind + \beta_8 Ins + \beta_9 Z + \beta_{10} Mb + \beta_{11} Beta + \varepsilon$$

模型(5-2-1)

其中，Ue 是指未预期盈余。$QUAILITY$ 是研发文本信息披露质量。基于上述信息披露作用于盈余市场反应的三个假说，即“自愿披露假说”、“模糊动机假说”和“信息外泄风险假说”，研发文本信息的内容详细程度、可理解性和异质性是三个主要需要考察的维度，这里 $QUAILITY$ 将被扩展为研发文本信息的篇幅(Len)，可读性指数(Fog)和异质性指数(Dif)三个维度，其具体度量方法将在以下变量指标选择中介绍。$QUALITY$ 与 Ue 的交互项反映调节作用，观测系数β_3可以检验假设1。对于模型(5-2-1)，分别选择盈余公告日后(0,3)和(3,30)两个时间窗口进行考察。既选择短期窗口又选择长期窗口的原因：一是观察研发文本信息的调节作用是否在短期和长期之间存在差异；二是基于(Ball 和 Brown，1968)提出的盈余公告后漂移现象，市场对未预期盈余的反应可能需要较长时间，为观察研发文本信息是否影响盈余公告漂移现象，也需要同时观察短期窗口和长期窗口的效果。

同时，为考察研发强度如何影响研发文本信息对盈余市场反应的调节作用，对模型(5-2-1)进行分组检验。分组的标准是引入研发强度 Rdi 这一变量，以 Rdi 的中位数为标准，将样本分为研发投入强度高和低两组，分别对模型(5-2-1)进行回归检验。同样，观察不同研发强度情况下的系数 β_3，以此检验假设 H_2。

2. 变量定义

(1) 被解释变量——市场反应的计量(Car)

目前，学术界对 Car 通常有四种计算方法，即市场调整模型、常数均值模型、不变收益模型和市场模型。相对而言，创业板由于其价格波动性较大，故不适合直接采用 CAPM 或 Fama-Fench 市场模型法，也不宜运用常数均值模型、不变收益模型。基于此，我们采用市场调整模型，用创业板市场综合收益率来预测正常收益率，用公司股票的每日收益率减去正常收益率得到每日超额收益率。具体计算过程如下：

$$AR_{it} = R_{it} - R_{mt}$$

其中，AR_{it} 为股票 i 在年报公布后第 t 日的超额收益，R_{it} 为股票 i 在年报公布后第 t 日的实际收益率，R_{mt} 为创业板市场在年报公布后第 t 日的收益率。计算股票 i 在事件窗口 (t_1, t_2) 的累积超额收益率 Car 为：

$$Car_i(t_1, t_2) = \sum_{t=t1}^{t2} AR_{it}$$

(2) 解释变量——未预期盈余 (Ue)

未预期盈余表示公司预期盈余与实际盈余之差。目前，文献中运用多种方法估算预期盈余，包括时间序列模型、指数模型、随机游走模型和分析师预测模型等。但 Watts 和 Leftwich(1977)指出，盈余变化仍然是对一般公司年度收益过程的很好描述。与前述章节类似，考虑到每股盈余是衡量公司经营情况的最常用指标，这里未预期盈余计算公式为：

$$Ue = EPS_{i,t} - EPS_{i,t-1}$$

其中，$EPS_{i,t}$ 为公司 i 在 t 年的每股收益，$EPS_{i,t-1}$ 为公司 i 在 $t-1$ 年的

每股收益。

(3) 调节变量——研发文本信息披露质量(*QUALITY*)

研发文本信息披露质量是主要需要考察的变量。在创业板上市公司的年度报告中,研发文本信息主要分布于"公司业务概要""经营情况讨论与分析""公司发展战略"等章节内容中,我们具体定位于以下几个模块:

一是董事会报告——报告期内主要业务回顾/公司经营情况。这部分与研发相关的文本信息主要有:公司总体的研发创新情况、本期研发费用的投入、公司所拥有的项目/技术产品/专利等研发资源、业务中涉及的技术创新等。不同的公司对这些信息叙述存在一定差异。首先,不是所有公司都会在"公司总体情况"中描述公司的研发情况;其次,有的公司会在这部分叙述具体的研发项目、关键技术的突破等,而有的公司只会简单提及"加强了研发投入的力度"。

二是经营情况讨论与分析——研发投入。这部分内容涉及创业板上市公司强制性要求披露的研发总额、比重等定量信息。这些定量信息披露情况在各个公司之间基本无差异。但是,公司在此部分对研发项目的描述具体程度存在较大差异,包括研发项目的具体内容、进展情况、项目的目标等。

三是公司未来发展展望、战略规划或公司下一年度经营计划。这部分与研发相关的信息主要是公司产品创新以及研发项目的相关计划。公司未来战略规划主要是大的战略方向,会提及"持续创新"的内容;公司下一年度的经营计划则涉及具体的计划。不同公司在披露这部分信息时的差异主要体现在:并非所有公司都会提及创新或研发计划;在来年经营规划中,有的公司会用简略的语言对研发计划一笔带过,而有的公司会陈述具体的研发项目、新产品、技术工作等。

四是核心竞争力分析——技术研发优势。大部分公司会在核心竞争力分析中提及"技术研发优势"。区别在于是简单陈述"公司具备较强的技术创新"或是对"具体的研发优势、创新优势"进行陈述。

五是其他研发信息定位。除了上述四处模块,年报中还有其他地方涉及了研发相关信息,例如,"公司未来发展可能面临的风险"中的研发风险"募集资金使用情况"中的研发项目"公司核心技术团队或关键技术人员的变动情况"涉及的研发人员变动等。

在明确研发信息定位的基础上,我们利用计算机技术设置起点与终点抓取相关信息，并根据现有文献中已取得广泛认可的量化方法构建以下三个文本信息质量指标：

一是研发文本信息的篇幅（Len）。尽管在文本信息领域，有观点认为财务报告篇幅越长，可能造成的阅读障碍越大，信息处理成本越高。但是，由于我国目前创业板上市公司研发文本信息的总量并不长，且投资者需要更详细的研发活动信息。基于此，我们取各个模块中研发信息总句数的对数作为指标 Len 的度量方法，Len 越大说明研发文本信息的详细程度越高。在后续的稳健性测试中，研发文本信息的总字数将作为替换变量进行回归。

二是研发文本信息的可读性（Fog）。文本可读性影响读者理解文本信息的难易程度。常见的可读性公式有 Flesch 指数、Fog 指数、Dale-Chall 指数和 Lix 指数等。考虑到汉语的复杂性和特殊性，本节基于 FOG 指数来测度研发信息的可读性。Fog 指数的一般公式为：$FogIndex = 0.4 * [$总词数 / 总句子 $+ 100 *($难词数 / 总词数$)]$，该指数越大，文本信息越难以让读者理解。

三是研发文本信息的异质性（Dif）。对于研发创新，投资者可能对公司特有的或能体现出与其他公司差异的研发活动更感兴趣。如果公司套用基本研发文本信息披露模块，简要阐述自身专利数量或研发进展，并不能真正体现公司通过研发创新取得的盈利空间。所以，公司越能清晰表达其与其他公司研发活动之间的差异性，投资者越能理解公司研发活动的专有性，进而研发文本披露质量越高。研发文本信息的差异性采用的是长文本相似度计算方法。长文本之间的相似度计算主要依赖于文本中共同出现的词语，较常用的方法是 *TF-IDF* 词频统计方法。通过 *TF-IDF* 的方法，可以得出文档中词语的重要性，从而对文本词语进行过滤筛选，选择出适合的文本特征项，再通过计算词频，建立权重向量空间，最终计算余弦值判断文本相似度。

（4）控制变量

对于研发信息披露质量的市场反应研究，这里的控制变量主要考虑了一些会影响盈余反应系数的因素。Philip Brown(2000)在其《资本市场会计研究导论》一书中总结到，影响盈余反应系数的决定因素主要有：资本成本、财务杠杆率、公司的经营风险、盈余偏差、在公司债权人和权益持有者之间分配报酬总额的规则、公司的规模、公司所属的行业等。据此，在市场反应的检验中，我们使用公司规模 $Lnsize$（期末总资产的对数）、财务杠杆 Lev、资产收益率

Roa、财务危机指数 *Z*、市净率 *MB* 和贝塔系数 *Beta* 等因素作为控制变量。另外，我们还控制了公司治理因素，纳入独立董事比率 *Ind* 和机构持股比率 *Ins*。除了以上控制变量，我们还在模型中控制了年份和行业。

(5) 分组变量

在考虑不同研发强度下，研发文本信息质量对市场反应的调节作用可能不同，我们引入研发强度这一指标作为分组依据。目前的相关文献中主要有四种研发强度的衡量方式：研发支出/公司利润、研发支出/主营业务收入、研发支出/总资产的比值和研发支出/公司市场价值。由于我国公司的市场价值难以准确计量，公司利润和总资产存在较大会计操纵空间，因此，本节以研发支出/主营业务收入作为研发投入强度的衡量。

本节使用的所有变量定义如下表 5－2－1：

表 5－2－1　变量定义表

变量类型	变量名称		变量含义
被解释变量	*Car*		累计超额收益率，我们取(0,3)和(3,30)两个时间窗口
解释变量	*Ue*		未预期盈余 $UE = EPS_{i,t} - EPS_{i,t-1}$
测试变量	QUALITY 研发文本信息质量	*Len*	研发信息篇幅，从年度报告模块中提取的研发信息总句数取对数
		Fog	研发信息可读性，用文本分析领域受公认的 Fog 指标度量，Fog＝0.4 *［(总词数/总句子)＋100 *(难词数/总词数)］
		Dif	公司间研发披露的异质性
	Rdi		研发投入强度＝研发支出/营业收入
控制变量	*Lnsize*		期末总资产的对数
	Lev		财务杠杆，资产负债率＝负债总额/总资产
	Roa		资产收益率
	Ind		独立董事比率
	Ins		机构持股比率
	Z		财务危机指数
	MB		市净率＝每股股价/每股净资产
	Beta		贝塔系数

3. 样本选择与数据来源

本节以 2010—2018 年我国深圳证券交易所创业板上市公司为研究对象。公司研发文本信息数据是在巨潮资讯网中下载公司年报并经过设计的计算机编程语言处理后获得；其他财务和公司治理等数据来源于 CSMAR 和 WIND 数据库。首先，数据起始年度为 2010 年是因为我国创业板于 2009 年 10 月 30 日正式成立；其次，在收集创业板上市公司的研发数据过程中发现，即使是强制性披露中要求的研发费用会计数值信息也并未得到完全披露，导致损失 1 293个公司—年样本。这也说明了研发文本信息在叙述公司研发活动方面的重要作用；再次，剔除金融类公司以及会计数据不全的公司；最后，为剔除极值的影响，我们进一步对样本进行了头尾 0.5%的 Winsor 处理。根据以上方法，最后得到 1 502 家公司—年数据作为最终有效样本观测样本。我们运用 Stata14.0 进行数据处理。

5.2.3　实证结果

1. 描述性统计

表 5－2－2 是有关变量的描述性统计。从表中看，样本公司的研发文本信息质量差异较大。年报研发信息的平均长度约为 113 句，但研发文本长度最多的公司用句高达 1 864 句，最少的仅有 8 句。对于研发信息的可读性，样本均值为 14.456，最小值为 6.712，中位数是 13.206，最大值为 89.996，由此可见，研发信息的可读性两极分化较为明显。对于研发信息内容的异质性，其均值为 0.831，标准差为 0.055，可以看出公司间研发信息的差异性大。异质性最小值为 0.714，说明在研发信息披露方面，基本所有公司都有披露至少与其他公司 70%不一样的信息，这符合研发活动具有公司个体特质的特征。

表 5－2－2　各变量的描述性统计

变量名称	均值	标准差	最小值	最大值	25%	50%	75%
*Car*03	－0.525	5.565	－14.212	19.362	－3.772	－0.973	2.163
*Car*30	0.480	14.456	－34.915	50.952	－8.399	－0.876	7.772
Ue	－0.144	0.390	－1.865	0.875	－0.270	－0.070	0.050

续 表

变量名称	均值	标准差	最小值	最大值	25%	50%	75%
Len	4.734	0.515	2.080	7.531	4.407	4.745	5.075
Fog	14.456	5.343	6.712	89.996	11.572	13.206	15.671
Dif	0.831	0.055	0.714	0.958	0.791	0.830	0.869
Rdi	0.071	0.057	0.005	0.336	0.036	0.052	0.084 1
Lnsize	11.935	0.814	10.345	14.284	11.351	11.837	12.446
Lev	0.283	0.169	0.033	0.742	0.144	0.255	0.400
Roa	0.051 1	0.065	−0.341	0.199	0.021 9	0.054	0.081
Ind	0.381	0.054	0.333	0.571	0.331	0.375	0.429
Ins	24.477	19.858	0.019	74.798	7.348	19.891	38.973
Z	14.448	17.258	0.660	102.990	4.320	8.335	17.380
MB	4.753	3.180	1.158	17.598	2.508	3.886	5.896
Beta	1.180	3.259	−58.665	40.461	0.493	1.049	1.556

资料来源:本书整理

就未预期盈余而言,均值为−0.144,中位数为−0.070,均小于0,说明创业板上市公司的盈余经常低于投资者预期值,这与我国创业板市场年多年来经常向投资者传递利空消息的基本面特征一致。此外,样本公司未预期盈余的最高值为0.05,最低值为−0.27,相差较远,且标准差为0.390,说明公司间的未预期盈余差异较为明显。从累积收益率*Car*值看,创业板公司在盈余公告后三天的*Car*03值和三十天的*Car*30值中位数均小于零,这与上述未预期盈余主要为负值的分布状况一致。同时,初步对比*Car*30和*Car*03的极值,最大值从即期*Car*03的19.362%上升至长期*Car*30的50.952%,最小值也从−14.212%下降至−34.915%,且标准差也逐步上升,可能说明投资者对创业板上市公司盈余公告的长期反应比短期反应偏大,这符合资本市场存在盈余公告后股价漂移现象的特征(Ball和Brown,1968;于李胜和王艳艳,2006)。样本创业板上市公司研发投入强度*Rdi*的均值为7.1%,其中最大值高达33.6%,整体上高于主板上市公司的研发强度。在公司规模方面,总资产对数的均值为11.935,相对主板上市公司较小。在资本结构方面,样本公司的资产负债率均值为0.283,中位数低于30%,远小于1,这符合现有资本结构理论中高科技公司一般负债融资比率相对较低的特征(李莉等,2014)。

2. 相关性检验

表5-2-3是主要变量相关性分析的结果。从表中结果可以看出,衡量研发文本信息质量的文本篇幅与可读性和异质性之间相关性并不高。但可读性和异质性两个变量之间的相关性相对较高,这可能与指标计算公式中都关注文本长度和常用词出现频率有关,初步说明文本指标计算的可靠性。由于这三个指标分别重点关注的文本角度不同,因此,对投资者的理解和估值判断进而对*Car*的影响上会存在差异,这在后续的回归分析中也将得到论证。总体上看,除了财务危机指数*Z*和资产负债率的相关系数(0.490)高于0.45,其他变量之间的相关性系数都小于0.45,各解释变量间相关系数值都在可接受范围。因此,可以认为在多元回归分析时,不存在严重的多重共线性问题。同时,模型通过VIF检验,全样本的VIF值为1.67,远小于10,说明共线性问题不显著影响参数估计结果。

3. 回归分析

(1) 研发文本信息质量对未预期盈余市场反应的调节作用

假设1主要考察研发文本信息质量对未预期盈余市场反应的调节作用,模型(5-2-1)回归结果如表5-2-4所示。从交互项*Ue* * *QUALITY*的系数可以看出,尽管文本信息内容的异质性并未表现出显著的调整作用,但研发文本的篇幅对未预期盈余的短期市场反应有显著的负向调节作用;由于*Fog*指数越大表明文本越难理解,故研发文本的可读性无论对短期还是长期的市场反应都有显著负向调节作用。这初步说明创业板上市公司研发文本信息质量的确影响了投资者对未预期盈余和公司价值的判断。由此假设1得到论证。

为进一步理解这种影响的具体机制,表5-2-5基于未预期盈余的中值−0.07,将样本划分为好消息组和坏消息组,发现在未预期盈余小于中值的坏消息组中,研发文本信息篇幅越长、可读性较差或者是文本异质性越高,可以减弱较差盈余引发的市场反应。这符合信息披露中的管理者“自愿披露”假说,即当公司盈余不佳时,管理者有动机通过增加文本篇幅或披露自身研发项目与其他公司的异质性,分散投资者对当前不利盈余的注意,提高投资者对未来盈余扭转的预期。而从*Fog*指数来看,管理者也可能出于“模糊动机”向投资者提供难以被理解的文本,以此减弱投资者对当前不利盈余的反应。此外,管理者通过增加对研发活动的异质性内容披露,也将分散投资者对不利盈余的关注。

表 5-2-3　主要变量相关性分析

变量名称	*Ue*	*Len*	*Fog*	*Dif*	*Lnsize*	*Lev*	*Roa*	*Ind*	*Ins*	*Z*	*MB*	*Beta*
Ue	1.000											
Len	0.026	1.000										
Fog	0.020	−0.048	1.000									
Dif	−0.009	0.057	0.339	1.000								
Lnsize	0.083	−0.013	0.041	0.129	1.000							
Lev	0.036	−0.076	−0.073	−0.023	0.439	1.000						
Roa	0.417	0.087	0.026	0.009	−0.167	−0.304	1.000					
Ind	−0.006	−0.080	−0.031	−0.034	−0.037	−0.001	−0.049	1.000				
Ins	0.090	0.015	0.015	0.028	0.272	0.078	0.083	−0.065	1.000			
Z	−0.013	−0.036	0.034	0.022	−0.329	−0.490	0.278	0.033	−0.023	1.000		
MB	0.003	−0.056	0.001	−0.043	−0.166	0.147	0.083	0.086	0.048	0.208	1.000	
Beta	−0.024	−0.128	−0.098	0.064	−0.028	0.008	0.018	−0.023	−0.068	0.051	−0.195	1.000

资料来源：本书整理

表 5-2-4　全样本主体回归结果

变量＼回归结果	Car03	Car30	Car03	Car30	Car03	Car30
	Len		Fog		Dif	
	(1)	(2)	(3)	(4)	(5)	(6)
Ue	9.030** (0.036)	20.239* (0.078)	−1.808* (0.088)	−7.161** (0.011)	1.18 (0.556)	7.426 (0.167)
QUALITY	−0.230 (0.489)	−0.366 (0.679)	0.026 (0.400)	0.114 (0.172)	−1.930 4 (0.506)	−7.289 (0.347)
Ue * QUALITY	−1.765* (0.051)	−3.939 (0.103)	0.204*** (0.008)	0.715*** (0.000)	−0.541 (0.804)	−6.463 (0.267)
Lnsize	−0.031 (0.907)	0.335 (0.634)	−0.042 (0.875)	0.280 (0.690)	−0.012 (0.964)	0.394 (0.578)
Lev	−0.839 (0.565)	−8.99** (0.021)	−0.918 (0.527)	−9.170** (0.018)	−0.966 (0.506)	−9.374** (0.016)
Roa	3.021 0 (0.438)	−7.084 0 (0.496)	2.125 (0.583)	−9.265 (0.369)	2.470 (0.524)	−7.785 (0.452)
Ind	−2.882 (0.314)	−17.512** (0.022)	−2.691 (0.345)	−17.270** (0.023)	−2.624 (0.358)	−17.080** (0.025)
Ins	0.0130 (0.116)	0.021 (0.332)	0.0132 (0.108)	0.022 (0.319)	0.013 (0.110)	0.021 (0.339)
Z	−0.022* (0.094)	−0.063* (0.072)	−0.023* (0.082)	−0.065* (0.060)	−0.023* (0.085)	−0.065* (0.061)
MB	0.144*** (0.007)	0.795*** (0.000)	0.139*** (0.009)	0.780*** (0.000)	0.141*** (0.009)	0.784*** (0.000)
Beta	0.411** (0.029)	0.623 (0.216)	0.432** (0.022)	0.696 (0.165)	0.426** (0.023)	0.659 (0.187)
Constant	1.219 0 (0.747)	3.716 0 (0.713)	−0.069 0 (0.983)	1.310 (0.880)	1.49 (0.701)	7.468 (0.471)
Industry	YES	YES	YES	YES	YES	YES
Year	YES	YES	YES	YES	YES	YES
R^2	0.014 3	0.026 6	0.016 9	0.033 9	0.012 1	0.026 1
$Adj\text{-}R^2$	0.007 0	0.019 4	0.009 6	0.026 8	0.004 8	0.018 9
F	1.96	3.70	2.33	4.76	1.65	3.63
N	1 502	1 502	1 502	1 502	1 502	1 502

注：括号中为 P 值。*、**、*** 分别表示在 10%、5%和 1%的水平显著。

与此同时，在表 5-2-5 中，对于未预期盈余大于中位数的好消息组，回归结果可能符合“信息外泄风险”假说，即当公司盈余较好的时候，管理者可能因为规避信息外泄风险而披露形式化或难以被理解的研发信息，由此导致研发文本信息披露的三个维度指标对盈余市场反应的调节作用均不显著。而且，当研发文本信息可读性较差时，(3,30)的长期窗口对未预期盈余的市场反应增加，说明当投资者难以理解研发文本信息时，股价对较好的未预期盈余反应是滞后的。分组后，盈余表现较好的组中文本信息的影响减弱。

表 5-2-5　未预期盈余好消息和坏消息分组回归结果

变量 \ 回归结果		*Car03*	*Car30*	*Car03*	*Car30*	*Car03*	*Car30*
		Len		*Fog*		*Dif*	
		(1)	(2)	(3)	(4)	(5)	(6)
坏消息组	*Ue*	13.232*** (0.009)	22.850* (0.075)	5.054** (0.040)	7.366 (0.193)	10.922** (0.034)	23.306* (0.074)
	QUALITY	−0.537 (0.227)	−0.244 (0.828)	−0.113* (0.069)	−.151 (0.244)	−5.561 (0.197)	−22.912** (0.036)
	Ue * *QUALITY*	−1.427** (0.015)	−2.472* (0.097)	−0.253* (0.097)	−0.384 (0.272)	−11.241* (0.055)	−24.819* (0.095)
	R^2	0.024 8	0.037 1	0.019 6	0.026 6	0.020 2	0.036 4
	Adj-R^2	0.010 7	0.023 1	0.006 5	0.015 5	0.007 0	0.023 4
	F	1.75	2.65	1.49	2.39	1.53	2.81
	N	769	769	769	769	769	769
好消息组	*Ue*	1.248 (0.706)	10.934 (0.238)	−1.092 (0.642)	−10.676 (0.180)	1.827 (0.582)	10.529 (0.260)
	QUALITY	0.038 (0.930)	0.135 (0.911)	0.040 (0.341)	0.104 (0.489)	−0.802 (0.856)	6.366 (0.611)
	Ue * *QUALITY*	0.001 (0.997)	−0.917 (0.254)	0.106 (0.234)	0.495* (0.079)	−0.181 (0.947)	−7.957 (0.298)
	R^2	0.021 0	0.028 0	0.046 2	0.043 5	0.027 3	0.029 1
	Adj-R^2	0.006 0	0.013 1	0.024 8	0.022 1	0.011 0	0.012 9
	F	1.40	1.89	2.16	2.03	1.68	1.80
	N	733	733	733	733	733	733

注：同上表 5-2-4。限于篇幅，表中仅报告主要变量的回归结果。

（2）研发投入强度对研发信息质量调节作用的影响

假设 2 考虑了研发会计数据信息对研发文本信息作用的影响，探讨会计数据信息与文本信息的结合情况。为验证假设 1，引入研发投入占营业收入的比重 *Rdi* 这一指标，对模型（5－2－1）进行分组回归。按照 *Rdi* 中位数 5.16％的为标准，将样本分为研发投入强度高和低两组，考察在不同的研发投入强度下研发文本信息质量对未预期盈余市场反应的影响，结果如表 5－2－6 所示。从表中看出，研发投入强度高的组中，研发文本信息对未预期盈余的市场反应调整作用显著，不仅文本信息的篇幅和可读性，异质性也表现出对未预期盈余市场反应的显著调节作用；但在研发强度低的组中，各个研发文本信息质量指标的调节作用均不显著。对于长期窗口，研发文本信息篇幅越长，异质性越高，盈余公告后漂移现象减弱，表现为表 5－2－6 中（2）和（6）列交互项系数均显著为负；而文本可读性越差导致盈余公告后漂移现象越显著，表现为表 5－2－6 中（4）列的交互项系数显著为正。对于短期窗口，进一步将 *Rdi* 较高的组分为好消息和坏消息组时，发现与表 5－2－5 类似的结果，坏消息组中文本篇幅、可读性和异质性与未预期盈余交互项的系数分别为－3.915（*P* 值＝0.065）、－0.323（*P* 值＝0.078）和－18.896（*P* 值＝0.017）。这说明与上述主体假设 1 类似，对于研发强度大的公司，较长的篇幅、难以被理解的文本和异质性的研发文本信息，可以显著减弱较差盈余引发的市场反应。整体来看，表 5－2－6 的结果支持了假设 2。

表 5－2－6　研发强度和研发文本信息对盈余市场反应的调节作用回归结果

变量 \ 回归结果		*Car03*	*Car30*	*Car03*	*Car30*	*Car03*	*Car30*
		Len		*Fog*		*Dif*	
		(1)	(2)	(3)	(4)	(5)	(6)
高研发投入强度	*Ue*	27.167*** (0.000)	47.429** (0.022)	－0.472 (0.755)	－6.549 (0.136)	3.633 (0.194)	13.829* (0.090)
	QUALITY	－0.836 (0.146)	－3.541** (0.037)	0.035 6 (0.341)	0.210* (0.054)	0.674 (0.885)	－6.227 (0.647)
	Ue * *QUALITY*	－5.361*** (0.000)	－9.937** (0.022)	0.121* (0.085)	0.373* (0.069)	－2.016 (0.489)	－14.483* (0.089)
	R^2	0.068 2	0.049 0	0.050 8	0.055	0.043 4	0.041 2
	$Adj\text{-}R^2$	0.046 8	0.027 2	0.029 0	0.028 7	0.021 4	0.019 1
	F	3.19	2.25	2.33	2.32	1.97	1.87
	N	758	758	758	758	758	758

续 表

变量		Car03	Car30	Car03	Car30	Car03	Car30
		Len		Fog		Dif	
		(1)	(2)	(3)	(4)	(5)	(6)
低研发投入强度	Ue	0.723 (0.893)	8.573 (0.535)	−0.039 (0.981)	−0.873 (0.837)	−0.181 (0.951)	2.524 (0.737)
	QUALITY	−0.027 (0.946)	0.852 (0.412)	0.010 (0.799)	0.023 (0.812)	−2.097 (0.573)	−4.692 (0.622)
	Ue * QUALITY	−0.122 (0.915)	−1.269 (0.663)	0.012 (0.902)	0.221 (0.385)	0.372 (0.909)	0.017 (0.998)
	R^2	0.014 8	0.036 0	0.014 9	0.035 6	0.015 1	0.035 1
	Adj-R^2	0.004 0	0.025 4	0.004 0	0.024 9	0.004 3	0.024 4
	F	1.37	3.39	1.37	3.35	1.40	3.30
	N	744	744	744	744	744	744

注:同上表 5-2-5。

(3) 信息透明度对研发信息质量调节作用的影响

由于公司的信息透明度很可能会影响投资者对年报中研发文本信息的依赖程度,这里特别进一步观察信息透明度较高时,假设 1 是否依然成立。许多研究表明,分析师的追踪和预测能够显著改善公司的信息环境,提高公司透明度。对于创业板上市公司而言,如果拥有更多的分析师追踪,那么投资者可能更愿意参考分析师的预测报告,对年报披露信息的依赖程度会相对较低,即使年报中研发信息的质量较高,其对盈余市场反应造成的影响也难以显现出来。因此,本节利用 CSMAR"分析师追踪数",挑选出样本中分析师跟踪人数最多的前四分位和后四分位,考察分析师追踪人数对研发文本信息质量调节作用的影响,如表 5-2-7 所示。回归结果显示,分析师追踪人数并不影响研发文本信息的篇幅和异质性对未预期盈余市场反应的调节作用,其在分析师人数较少和人数较多时均表现出显著的调节作用。这说明创业板上市公司年度报告中的研发文本信息受到投资者关注,且这种关注并不受分析师解读的影响。但对于研发文本信息的可读性,分析师人数较多时,年报中一些难懂的词汇由于得到分析师的解读而不再构成投资者阅读障碍,表现为表 5-2-7 中(3)和(4)列中的交互项系数随着分析师人数的增加而变得不再显著。进一步观察

表 5－2－7 的交互项系数可知，研发文本信息对长期窗口的盈余市场反应的调节作用比短期窗口明显。这与前述主体回归结果类似，说明投资者解读研发文本信息需要一定时间成本。

表 5－2－7　分析师跟踪人数分组的子样本回归结果

变量 \ 回归结果		*Car03*	*Car30*	*Car03*	*Car30*	*Car03*	*Car30*
		Len		*Fog*		*Dif*	
		(1)	(2)	(3)	(4)	(5)	(6)
分析师跟踪人数少	*Ue*	3.946 (0.358)	21.635 (0.027)	−5.690 (0.163)	−31.253 (0.018)	4.593 (0.266)	22.539 (0.015)
	QUALITY	−1.325 (0.104)	−0.108 (0.953)	0.159 (0.122)	0.210 (0.527)	1.346 (0.866)	24.347 (0.175)
	*Ue * QUALITY*	−0.372 (0.422)	−2.124** (0.043)	0.452* (0.081)	1.778** (0.034)	−4.559 (0.293)	−22.061 9** (0.024)
	R^2	0.030 7	0.075 9	0.059 8	0.057 1	0.022 1	0.086 2
	$Adj\text{-}R^2$	0.014 9	0.032 4	0.032 8	0.030 0	0.023 9	0.043 3
	F	0.67	1.75	2.22	2.11	0.48	2.01
	N	375	375	375	375	375	375
分析师跟踪人数多	*Ue*	1.927 (0.438)	15.011 (0.018)	1.582 (0.321)	6.872 (0.090)	1.798 (0.438)	12.949 (0.030)
	QUALITY	0.033 (0.936)	−0.205 (0.847)	−0.011 (0.793)	−0.031 (0.771)	−0.481 (0.897)	−15.212 (0.112)
	*Ue * QUALITY*	−0.154 (0.569)	−1.450** (0.035)	−0.064 (0.482)	−0.295 (0.203)	−1.238 (0.616)	−11.983* (0.060)
	R^2	0.011 5	0.040 8	0.011 7	0.037 5	0.014 5	0.043 0
	$Adj\text{-}R^2$	0.001 8	0.028 0	0.001 6	0.024 6	0.003 0	0.031 8
	F	0.86	3.17	0.88	2.91	1.26	3.86
	N	375	375	375	375	375	375

注：同上表 5－2－5。

（4）稳健性测试

由于文中考察未预期盈余造成的市场超额累计收益率变化，因此不存在互为因果的内生性问题。同时，超额累计收益率是市场投资者的行为结果，而研发文本信息是公司经理人的行为结果，因此受其他未观测变量同时影响的概率较低。本节主要从样本分布和指标度量角度进行稳健性测试。

一是考虑样本分布和规模问题。由于本节以创业板上市公司为研究对象，这类公司经营的稳定性较A股公司低，同时由于部分创业板公司的研发开支列示仍然不完善，为解决总体分布不确定和小样本带来的统计问题，我们进一步对模型(5-2-1)进行Bootstrap的稳健性检验。从样本中重复抽样，运行500次的结果如表5-2-8所示。限于篇幅，这里仅展示主要测试变量的回归结果，结果显示基本与上文主体假设回归结果大体一致，通过了Bootstrap稳健性检验。

表5-2-8　Bootstrap(500)稳健性测试回归结果

变量 \ 回归结果	*Car03*	*Car30*	*Car03*	*Car30*	*Car03*	*Car30*
	Len		*Fog*		*Dif*	
Ue	9.030 (0.036)	20.239 (0.130)	−1.392 (0.185)	−5.266 (0.055)	1.185 (0.505)	7.426 (0.175)
QUALITY	−0.230 (0.481)	−0.366 (0.723)	0.019 (0.447)	0.035 (0.664)	−1.931 (0.515)	−7.290 (0.377)
Ue * *QUALITY*	−1.765** (0.049)	−3.939 (0.152)	0.139** (0.031)	0.383** (0.031)	−0.541 (0.770)	−6.463 (0.276)
R^2	0.014 3	0.026 6	0.028 2	0.029 0	0.012 1	0.026 1
$Adj\text{-}R^2$	0.007 0	0.019 4	0.013 8	0.021 9	0.004 8	0.018 9
Wald chi2(12)	23.09	34.30	21.54	35.05	23.95	32.30
Prob>*chi2*	0.017 2	0.000 3	0.028 2	0.000 2	0.012 9	0.000 7
N	1 502	1 502	1 502	1 502	1 502	1 502

注：同上表5-2-5。

二是考虑未预期盈余的替换变量。本节利用随机游走模型来估计未预期盈余，并用资产收益率*ROA*代替每股收益*EPS*，以此计算未预期盈余*UE*，具体表示为：$UE=ROA_{i,t}-ROA_{i,t-1}$。其中，$ROA_{i,t}$为公司i在t年的资产收益率，$ROA_{i,t-1}$为公司i在$t-1$年的资产收益率。运用这一指标对主体假设的模型(5-2-1)进行回归分析，所得结果如表5-2-9所示。同样的，结果发现结论与前文主体检验结果一致。

表 5 - 2 - 9　替代因变量稳健性测试回归结果

变量 \ 回归结果	*Car*03	*Car*30	*Car*03	*Car*30	*Car*03	*Car*30
	Len		*Fog*		*Dif*	
Ue	20.209 (0.541)	68.962 (0.387)	−10.590 (0.161)	−67.485*** (0.000)	3.942 (0.945)	−19.197 (0.181)
QUALITY	0.071 (0.760)	−0.824 (0.144)	0.019 (0.432)	0.042 (0.477)	−0.072 (0.978)	−0.217 (0.746)
Ue * *QUALITY*	−2.070* (0.068)	−8.967 (0.371)	1.066** (0.039)	4.808*** (0.000)	−1.654 (0.980)	2.173 (0.202)
R^2	0.010 8	0.022 2	0.012 1	0.028 4	0.010 4	0.023 0
$Adj\text{-}R^2$	0.004 4	0.015 9	0.005 8	0.022 1	0.004 0	0.016 7
F	1.69	3.52	1.90	4.54	1.63	3.65
N	1 502	1 502	1 502	1 502	1 502	1 502

注:同上表 5 - 2 - 5。

三是考虑文本指标替换变量检验。在计算可读性时,主体回归使用 40%词频作为常用词计算 *Fog* 指数,这里替换选取 50%的词频作为常用词比例进行指数的计算,得到 *Fog*50;计算文本篇幅时,用总字数的对数 *Lenwords* 替代总句数的对数 *Len*,回归结果见表 5 - 2 - 10。虽然文本篇幅的影响即 *Ue* * *QUALITY* 的系数在使用总字数度量后显著性比主体回归有所下降,但符号仍然为负且仍有一定的显著性。而可读性指标在使用 *Fog*50 后仍然和主体回归一致。

表 5 - 2 - 10　替代文本指标稳健性测试回归结果

变量 \ 回归结果	*Car*03	*Car*30	*Car*03	*Car*30
	Lenwords		*Fog*50	
Ue	1.893 (0.366)	10.079* (0.072)	−1.357* (0.080)	−5.20*** (0.005)
QUALITY	−0.012 (0.966)	0.256 (0.740)	0.019 (0.437)	0.035 (0.551)
Ue * *QUALITY*	−0.136 (0.558)	−0.960 6* (0.087)	0.089* (0.092)	0.382*** (0.000)
R^2	0.012 0	0.026 6	0.013 8	0.029 1
$Adj\text{-}R^2$	0.004 7	0.019 4	0.006 5	0.021 9

续 表

变量 \ 回归结果	$Car03$	$Car30$	$Car03$	$Car30$
	$Lenwords$		$Fog50$	
F	1.64	3.70	1.89	4.05
N	1 502	1 502	1 502	1 502

注：同上表 5－2－5。

5.2.4 结论和启示

1. 研究结论

研发活动对提高公司经营效率和促进国家整体产业优化升级意义重大。现有大量研究考察了研发会计数据信息及其对公司业绩和价值的影响。但随着公司研发活动的不断发展，标准化的会计数据局限性凸显。投资者需要更多关于研发项目的细节信息来进行价值判断。这些信息主要通过年报中研发文本方式表达，其对公司估值的影响开始显现。相关研究对全面理解我国上市公司研发信息披露的经济后果和改进相关披露制度具有重要参考意义。

本节基于 2010 年至 2018 年我国创业板上市公司数据，利用内容分析法度量了样本公司年报中研发文本信息的篇幅、可读性与异质性三个特征，实证检验了研发文本信息对未预期盈余市场反应的调节影响。研究发现：(1) 创业板上市公司披露的研发文本信息篇幅越长、可读性越低和异质性越高，投资者对公司当年未预期盈余的市场反应越弱。这种调节作用主要体现在公司未预期盈余表现较差的时候。这说明在公司盈余较差时，管理者自愿披露动机或模糊动机更强烈，并且会更愿意承担信息外泄风险，以此减弱投资者对较差盈余的负面反应。而在公司业绩较好的时候，信息外泄风险规避的动机更强烈，这导致研发文本信息可能偏于形式化或更难以被理解。(2) 研发强度越大，投资者对研发文本信息的关注越高，上述调节作用更显著。而当有更多分析师追踪之后，公司研发文本信息的可读性对盈余市场反应的调节作用减弱，说明分析师能帮助投资者解读难懂的研发文本；但公司年报中研发文本信息的详细程度和异质性内容并不受分析师人数的影响，其对投资者估值仍然具有显著的信息含量。(3) 与研发信息披露内容的异质性相比,文本篇幅和可读性产生了更显著的调节作用。因此,以投资者可理解的方式详细介绍研发活动,比过于强调研发活动异质性更能调节盈余的市场反应。

基于以上结论,我们认为研发文本信息受到投资者关注,对创业板公司的市场估值和市场稳健发展意义重大。首先,对于公司管理者而言,公司研发会计数据长期以来受到市场关注,但随着公司研发活动的前沿性、复杂性和不确定性增加,研发文本信息的重要性开始凸显。管理者提高研发文本信息披露内容的详细程度或异质性内容,有助于减小负面未预期盈余在公司估值中的权重,进而减弱创业型或创新型公司业绩变脸造成的市场估值波动。其次,对于投资者来说,研发文本信息可以传递公司研发活动的很多细节信息,但管理者可能基于模糊动机操纵研发文本信息的可读性来影响投资者的估值。因此,除了年报信息之外,投资者还应多关注分析师报告等其他披露公司研发活动的信息渠道,以减少可读性带来的不利影响。再次,对监管层而言,提高研发文本信息的质量是促进创业板市场稳健发展的重要举措。由于在研发文本信息的各主要质量维度中,可读性对盈余市场反应的调节作用最为显著。因此,督促上市公司减少过长的叙述语句、复杂词语或过于专业的术语等方法,增强文本可读性是当前提升我国创业板公司研发文本信息含量的重要途径之一。而且,当公司研发投入强度较高、当期业绩下降和分析师跟踪人数较少时,投资者会更为关注年报中研发文本信息传递出的信号,进而导致研发文本信息对盈余市场反应的调节作用更为突出。为此,监管层需要特别关注这些类型公司的研发文本信息质量,进一步促进整体创业板市场的稳健发展,并为改进科创板研发信息披露制度积累经验。

2. 研究不足与展望

需要说明的是,本节主要考察了研发文本信息的篇幅、可读性和异质性三个维度的特点。未将三项指标综合起来,一是考虑到综合指标难免会损失各单独指标的信息含量;二是目前学术界还未有公认的将三者综合起来的文本指标计算方法。随着计算机文本信息处理方法的不断进步,更多维度的文本信息度量和更综合的度量方法将有望在本节基础上得到进一步讨论。

5.3 业绩说明会的价值相关性

本节讨论广义上的会计文本信息，主要围绕业绩说明会进行分析。年度业绩说明会(也叫年度业绩网上说明会、年度报告网上说明会等，以下均统一称为业绩说明会)是我国具有特色的制度安排，是为了加强中小公司的信息披露。由于年度业绩说明会召开临近盈余公告日，投资者可能会基于年报信息对管理者进行提问，问题可能涉及公司经营状况、内控制度以及对未来的展望，等等。因此，年度业绩说明会成为中小板和创业板上市公司在年报基础上进一步和投资者沟通的重要渠道。自实施该制度以来，投资者给予了广泛关注。但由于在有关业绩说明会的制度安排上，尚未对业绩说明会的内容做出强制安排，因而按时召开业绩说明会并不一定意味着信息质量就高。因此，本节基于文本分析法对年度业绩说明会质量进行衡量，来研究在自愿性信息披露下，业绩说明会的召开是否具有信息含量，从而减弱市场的盈余公告漂移现象。由于中小板和创业板对我国经济发展和资本市场稳定具有重要意义，该市场的信息质量直接影响投资者的参与度和市场未来发展，本节的讨论具有重要意义。

5.3.1 业绩说明会制度背景

1. 业绩说明会的制度要求

我国自 2004 年以来就对中小板上市公司强制要求召开年度业绩说明会。深交所于 2004 年发布《深圳证券交易所中小公司板上市公司诚信建设指引》，要求中小板上市公司应当在每年年报披露后召开年度业绩说明会。2005 年，深交所在《关于做好中小公司板上市公司 2005 年年度报告工作的通知》中对业绩说明会的召开做出更具体的安排，要求中小板上市公司要在年报披露后十个交易日内在相关网站召开年度业绩说明会，并在召开前两日以临时报告的形式告知。2010 年发布的《深圳证券交易所中小公司板上市公司规范运作指引》以及 2015 修订版中对业绩说明会的召开做出更加细致和强制性的规定，即上市公司除了至少两个交易日公布业绩说明会的召开时间，还需要公布召开的具体日期、时间、召开方式、地点或网址、参会人名单等，召开日期应当在年度报告披露日后的十个交易日内，召开时间至少两个小时，召开方式可以是网络或现场的形式，参会人员需包括公司董事长或总经理、财务负责人、至少一个独立董事、董秘以及至少一个保代。业绩说明会的内容包括公司所在行业状况、公司发展战略、新产品新技术、财务状况以及可能存在的障碍或困难等，上市公司在年度业绩说明会结束后两个交易日内制作投资者关系活动记录表，并将该表及活动过程中所使用的文档等附件及时在深交所互动易和公司网站上发出。

2009 年推出创业板，深交所同样对创业板上市公司召开年度业绩说明会做出强制性要求。深交所最先在 2009 年 7 月发布的《深圳证券交易所创业板股票上市规则（征求意见稿）》中规定，创业板上市公司在年报披露日后一个月以内召开年度业绩说明会，向投资者真实并准确地汇报公司的经营状况、未来发展、财务状况，等等。2014 年的修订版提出创业板上市公司要在年报披露日后十个交易日内召开年度业绩说明会，需要将有关文档等附件在公司网站和深交所网站中上市公司投资者关系管理互动平台发出。2009 年 10 月发布的《深圳证券交易所创业板上市公司规范运作指引》以及 2015 年修订版中规定，创业板上市公司在每年年报披露日后举行年度业绩说明会，其中，2015 年修订版对年度业绩说明会的要求逐渐与中小板趋同。

业绩说明会的召开可以通过网络平台，也可以是现场＋网络的召开方式，投资者可登录“全景·路演天下”(http://rs.p5w.net)参与年度业绩说明会。深交所对中小公司板和创业板提出召开业绩说明会的强制性要求。而对于主板上市公司，深交所鼓励其召开业绩说明会，而尚未做出强制性规定。年度业绩说明会的召开旨在加强信息披露的质量，可以对年报内容形成补充。公司回答投资者的问题，投资者的疑问得到解决，此时，可以有效降低市场的信息风险，进而降低信息不对称性，减弱盈余公告后的漂移现象，使得市场更加有效。而从目前的情况来看，虽然年度业绩说明会是深交所强制性的制度安排，但是公司回答的内容仍然属于自愿性信息披露的范畴，因而在一些业绩说明会中不乏出现一些答非所问或者模糊回答投资者问题的情况。投资者的问题得不到满意的解答，可能并不能达到预期的效果。

2. 投资者对业绩说明会的关注

年度业绩说明会受到投资者的广泛关注，据我们统计，2010—2017 年中小板和创业板上市公司累计召开 8 923 场年度业绩说明会，投资者累计提问问题 453 286 个，平均每场业绩说明会提问 51 个问题。投资者可能会基于年报信息对管理者进行提问，可能涉及公司经营状况、风险控制、内部控制和对未来的展望等。从 2017 年獐子岛召开的年度业绩说明会内容来看，投资者主要关注以下问题：

① 对有关公司经营状况的提问：根据公司目前对扇贝相关指标的监测，今年扇贝成长正常吗？有发现异常情况吗？

② 针对公司产业性质，对相关的风险控制的提问：公司在应对海洋各种自然灾害时分别有哪些预案，例如，在 2014 年遭遇冷水团，针对极端严寒天气，公司有哪些防范措施以保证损失尽量可控？

③ 对公司内部控制的提问：公司内部管理是否存在问题？

④ 针对产品知名度，对公司未来规划的提问：提到海鲜，首先想到獐子岛的并不多，是否说明公司品牌知名度较低？公司未来预计在广告方面投入多少？

投资者的广泛参与和提出问题的专业性，使得业绩说明会的召开更加具有现实意义。从这些投资者提出的问题中我们可以看出，投资者会围绕与公司有关的状况进行提问，提出的问题是投资者普遍关注的问题，具有一定的针对性，可能对年报内容进行补充。在年度业绩说明会中，如果问题得到准确回答，投资者将获取更多信息。在信息更加充分的情况下，市场可能在年报公布日后较短的时间内进行反应，业绩说明会的召开也就达到了预期的效果。

3. 业绩说明会的特征

首先，业绩说明会的召开临近年报公布日，投资者可以及时地在年报公告后通过业绩说明会更多了解公司经营状况和财务状况；其次，业绩说明会是投资者进行提问，公司相关人员回答的互动形式，投资者对公司的回答可以进行实时反馈，这种螺旋式的问答环节可以让投资者对关心的话题进行刨根问底；最后，财务数据披露大多是公式化的，而文本信息也是公司信息披露重要组成部分，业绩说明会可以改善财务信息的不完备，形成对财务信息的补充。投资者可能会基于年报信息对管理者进行提问，可能涉及公司经营状况、内控制度和对未来的展望等。这些信息和投资者注意到的年报之外的增量信息内在归类具有一致性，并且可能由于投资者的提问会披露更多的信息。

但是，从我国现有业绩说明会的状况看，公司对投资者的回答质量参差不齐：一些业绩说明会能够明确而详细地回答投资者的问题，向投资者说明未来发展规划以及披露更多前瞻性信息，可以做到较好的信息交流，此时公司信息透明度较高；而有的业绩说明会和投资者"打太极"的情况较多，不正面回答投资者的问题，而是通过一些模糊性的回答，如"请详见公司公告""请详见巨潮资讯网"等简略回答投资者问题。我们随机选取 30 份业绩说明会的样本进行直观感受，以下是对比鲜明的三家公司业绩说明会内容的节选：

① 罗普斯金 2017 年度业绩说明会正面回答投资者提问。

问：请问公司今年有没什么业绩增长点？

答：您好！公司今年的主要业绩增长点应该在工业铝型材领域，2017 年工业铝型材销量增长超过 30%，2017 年接洽中的新客户、新产品项目比较多，由于认证周期较长，预计今年年内部分产品及项目可以落地，会带来新的增长点。谢谢！

② 乐视网 2017 年度业绩说明会不正面回答投资者提问。

问：从一季度报表看，公司已资不抵债，会不会退市啊？

答：尊敬的投资者，投资者可查阅《深圳证券交易所创业板上市规则》相关款项，感谢您的关注。

③ 沃华医药 2017 年度业绩说明会答非所问。

问：公司的主打产品心可舒的市场占有率是多少？

答：您好！目前公司主导产品心可舒在心脑血管治疗市场中有很多的竞争品种，市场竞争激烈，谢谢您的关注。

当公司模糊回答或者答非所问时，投资者的疑问可能并没有得到有效解答，此时业绩说明会的回答质量较低，因而可能存在较高的信息风险；当公司详细并且有针对性地回答投资者的提问时，这些回答可以作为盈余公告的补充，为投资者提供额外的信息，进而降低信息风险。由此可以看出，业绩说明会回答质量的高与否，可能传递的信息含量也不同，可能对市场产生不同的影响。

5.3.2 理论分析和研究假设

1. 业绩说明会质量对盈余公告后漂移现象的调节作用

自 Ball 和 Brown(1968)率先提出盈余公告后漂移现象以来,国内有关研究也证明我国资本市场也存在着明显的盈余公告后的漂移现象,即盈余公告后的市场反应与未预期盈余存在显著的相关关系,市场的长期反应会随着未预期盈余的增加而长期漂移(赵宇龙,1998;陈晓和陈小悦,1999)。于李胜和王艳艳(2006)在国内首次研究信息风险与盈余公告后市场持续漂移之间的关系,研究表明,信息风险是盈余公告后漂移现象产生的基础性原因,信息风险的存在使得投资者预期盈余与实际盈余产生偏差,进而产生盈余公告后漂移现象。

与主板市场上市公司相比,中小板和创业板上市公司在一定程度上存在信息质量较低的问题。从深交所官网公布的上市公司信息披露考评结果来看,中小板和创业板上市公司信息披露质量较少能达到优秀,大部分信息披露质量仅达到良好。据统计,2010—2017 年,我国中小板和创业板上市公司信息披露质量未达到优秀的占比高达 80%以上,资本市场可能具有更高的信息风险。因此,我国中小板和创业板市场很可能存在明显的盈余公告后漂移现象。

由于信息质量是影响盈余反应系数的重要因素之一,管理者希望通过改变信息披露的质量向投资者传达与未来有关的盈余信息,从而调整投资者对公司未来盈余的判断。文本信息是对财务数据信息的重要补充、解释和验证。已有研究发现,文本信息并不仅仅局限于财务报表,投资者也会注意到年报之外的信息,如来自公司发布的业绩预警、财务重述公告、内部控制信息披露、公司社会责任信息披露以及来自外部的分析师预测、年报问询函等。Botosan(1997)的研究表明投资者所获得的公开信息越多,市场的定价系统越有效。杨清香等(2012)发现内部控制信息披露具有信息含量,尤其体现在详细的内部控制信息披露具有显著的市场反应。郝项超和苏之翔(2014)采用文本分析法研究重大风险提示的信息含量,他们认为特有风险提示信息可以降低 IPO 抑价,特有风险提示信息更加具有针对性。

对于我国中小板和创业板的公司来讲,其整体信息披露质量包括会计信息、风险提示信息、社会责任信息等仍然较差。为了加强公司与中小投资者的沟通和交流，建立和投资者有效的沟通渠道，深交所特别做出了年度业绩说明会的制度安排，并用一系列文件对年度业绩说明会的时间、内容、公告都做了具体的规定，要求中下板和创业板上市公司在年报披露日后一段时间内召开年度业绩说明会，向投资者真实并准确地汇报公司的经营状况、未来发展以及财务状况等。但对于业绩说明会回答的要求没有做出具体规定，因而年度业绩说明会的回答实际上类似自愿性信息披露的范畴。

在年度业绩说明会上，投资者可能会基于年报信息对管理者进行提问。投资者与公司高管的一问一答是一种动态的披露过程，即当公司高管的回答答非所问或者偏于模糊时，投资者可能对其回答进行深度挖掘，即需要对这种模糊的回答深度提问，以期望获得更为准确和详细的答案，这种实时的交流过程使得信息披露更为高效和透明。同样，当管理者详细认真地回答投资者的问题，投资者可以更有效率地获取信息，从更多的角度深度挖掘。整体上，管理者如果认真回答投资者的问题，回答的质量越高，投资者会加深对信息的理解，从而降低信息风险；而如果管理者敷衍回答或者避而不答，投资者可能在盈余公告后很难从繁杂的信息中甄别有用的信息，无法降低信息风险。因此，年度业绩说明会中管理者的回答质量越低，投资者不能获得对盈余的理解，反而可能由于模糊的回答增加信息不确定程度，投资者对公司的盈余预期准确性就越低，那么此时未预期盈余越大，市场反应越滞后，盈余公告后漂移现象越明显。反之，投资者可以通过业绩说明会加深对盈余信息的理解，减弱盈余公告后漂移现象。基于此，我们提出了假设 1：

H_1：在其他情况相同的情况下，业绩说明会的回答质量越高，盈余公告后漂移现象越弱。

2. 公司透明度对业绩说明会调节作用的影响

即使业绩说明会可以为投资者提供一定的增量信息，调整其对未来盈余预期的反应，但这种作用并不是在所有公司都是一样显著的。公司透明度是影响业绩说明会调节作用的重要因素。公司透明度通常是指公司信息可获取的程度（Bushman et al.，2004）。这主要取决于管理当局的信息披露水平和信息分析环节。其一，当公司信息披露质量较高时，上市公司盈余信息的市场反应将更加及时、充分、准确。其二，在信息分析环节，投资者是否能够准确理解上市公司的盈余信息取决于是否具有一定专业知识。此时，分析师的跟踪可能会在一定程度上增加对盈余信息的解释，当分析师跟踪数量较多时，投资者可以根据年报结合分析师的跟踪分析多方面理解上市公司的盈余信息，分析师的跟踪数量越高，公司透明度可能较高。

当公司透明度较高时，投资者可以从更多的渠道获取更多的有用信息，进而对业绩说明会的依赖程度降低；相反，当公司透明度较低时，投资者较难以理解公司披露的业绩信息，可能更加依赖业绩说明会的内容，希望从业绩说明会中获得关于盈余信息的补充信息。因此，公司透明度的不同可能会影响业绩说明会的调节作用。当公司透明度较低时，业绩说明会回答内容的调节作用可能更加显著。反之，公司透明度越高，信息不确定性较小，业绩说明会的调节作用可能越不明显。由此，我们提出了假设 2：

H_2：在其他条件不变的情况下，公司透明度较高时，业绩说明会对盈余公告后漂移现象的调节作用减弱。

5.3.3 研究设计

1. 模型建立

对于假设 1，为了验证在中小板和创业板市场上是否存在盈余公告后漂移现象，我们借鉴杨德明、林斌和辛清泉（2007），采用盈余一报酬模型检验盈余反应系数 α_1，加入了相关的控制变量，模型如下：

$$Car = \alpha_0 + \alpha_1 SUE + \alpha_2 Size + \alpha_3 Lev + \alpha_4 Btom + \alpha_5 Inst + \alpha_6 Roa + \alpha_7 Beta + \alpha_8 H10 + \alpha_9 Market + \sum Year + \sum Industry + \varepsilon$$

由于需要从盈余公告后漂移现象的角度探讨业绩说明会是否传达有用信息，投资者是否会注意到业绩说明会并获取到有用的信息。我们在上述模型加入业绩说明会的质量（Quality），同时，业绩说明会召开的时间可能会影响投资者的反应，因此，我们借鉴于李胜和王艳艳（2005）的模型，并在此基础上加入了业绩说明会召开时延 Lag 作为控制变量，表示业绩说明会召开日期和盈余公告日的时间间隔。由此设立本节回归使用的模型（5－3－1）：

$$Car = \beta_0 + \beta_1 Quality + \beta_2 SUE + \beta_3 Quality * SUE + \beta_4 Size + \beta_5 Lev + \beta_6 Btom + \beta_7 Inst + \beta_8 Roa + \beta_9 Beta + \beta_{10} Lag + \beta_{11} H10$$

$$+\beta_{12}Market+\sum Year+\sum Industry+\varepsilon. \qquad 模型(5-3-1)$$

对于假设 2,为探讨公司透明度是否会影响业绩说明会的作用,采用模型 5-3-1,并根据公司透明度高低进行分组检验。

2. 变量定义

(1) 因变量:累计超额收益(Car)

分别使用盈余公告后 3 个交易日到 10 个交易日的累积超额收益 Car(3,10)为短期窗口数据;采用 3 个到 20 个、25 个和 30 个交易日的超额累积收益 Car(3,20),Car(3,25),Car(3,30)为长期窗口数据。计算超额累计收益的步骤如下:

第一步:从 wind 数据库中下载 2009—2018 年 1 月 1 日至 6 月 1 日的所有 A 股上市公司的股票日收盘价涨跌幅,并和股票年报披露日期匹配,得到在年报披露前 10 天到后 30 天的实际股票收益率,即为第 i 只股票在第 t 日的实际收益率;

第二步:从 wind 数据库中下载 2009—2017 年 1 月 1 日至 6 月 1 日的深证成指收盘价涨跌幅,和股票年报披露日期匹配,得到第 i 只股票在第 t 日的期望收益率,并用事件日前 100 个交易日进行调整;

第三步:计算单只股票的超额收益率,用实际收益率减去期望收益率;

第四步:计算样本公司 i 在事件内的累计超额收益率。

(2) 解释变量:标准未预期盈余(SUE)

未预期盈余 UE(Unexpected Earnings)是指公司年度报告披露的实际盈余信息与预期盈余的差额。这里借鉴张圣平(2014)的做法,采取随机游走模型估计标准未预期盈余 SUE,即: $SUE_{i,q}=\frac{EPS_{i,q}-EPS_{i,q-4}}{\sigma_{i,q}}$。

(3) 调节变量:业绩说明会质量(Quality)

基于文献综述中提到的衡量信息披露质量的方法,本节采用文本挖掘技术从业绩说明会回答内容可读性和回答内容完整性两个维度,包含回答篇幅、回答的 fog 指数和回答的相关性三个指标衡量业绩说明会质量(Quality)。

一是回答的可读性(Fog)。与前述研究类似,这里采用 Fog 指数,公式为:Fog=0.4 * [(总词数/总句子)+100 * (难词数/总词数)],Fog 数值越大,表明可读性越低,业绩说明会回答质量越低。其中,难词选取的过程如下:先利用 python 将 2010—2017 年的中小板和创业板上市公司召开的年度业绩说明会下载下来,因为本节是基于回答进行研究,因此再对所有的回答内容调用 collections 模块进行分词,总共得到 11 万多个词及词频,同时为了避免计算机分词结果产生的误差,手工筛选出不符合正常逻辑的词语,如:以经、中暂、中列明、地被以及标点符号等。经过筛选共得到 9 万多的词。我们选取词频前 20%的词作为常用词,不在常用词列表中的词语被判定为难词。Fog 指数越小,业绩说明会回答质量越高。我们在稳健性检验中,选取词频的前 10%的词作为常用词替换了 Fog 指数。

二是回答的内容相关性(Relativity)。我们在全景网—投资者互动平台选取了 30 家公司召开的年度业绩说明会的内容,发现一个现象:当投资者询问问题时,公司有时候会详细具体地进行解答,但有的时候只是简单一句话带过,如具体详见公司年报内容、请见巨潮资讯网上有关内容等。也就是说,在年度业绩说明会中,上市公司可能并没有直面回答投资者的问题。为了验证此类回答是否会影响投资者对信息的理解,我们借鉴孟庆斌等(2017),将类似的回答所包含的关键词总结出来,如果业绩说明会的回答包含此类关键词,则表示该条回答的相关性较低。我们人工阅读了 30 篇样本,发现管理者回避投资者问题通常涉及以下关键词:公司公告,抱歉,相关规则、深交所、年报、定期报告、公开信息、证监会,等等,如果管理者回答涉及以上关键词,则表示公司没有正面回答投资者的问题,投资者想要得到解答的问题并没有从业绩说明会中获得,表明业绩说明会信息质量可能较低。因此,本节使用相关性来衡量业绩说明会的可靠程度,相关性(Revativity)表示涉及以上关键词的句子数/回答总句数。Relativity 越高,表明业绩说明会回答的相关性越低。

三是回答的篇幅(Length)。回答篇幅 Length 主要考察高管在业绩说明会上的解答力度,因此,这里采用业绩说明会回答部分占整个业绩说明会文本的比重来衡量。计算方式为:回答句数/业绩说明会总句数。回答所占比例越高,投资者可以从业绩说明会中获取的信息可能越多,回答质量越高。

(4) 分组变量:公司透明度(Transparency)

这里将深交所公布的信息披露考评结果和分析师跟踪作为公司透明度的指代变量。

一是信息披露质量考评(Score)。自 2005 年和 2010 年开始,每年中小板和创业板上市公司年度报告披露工作结束后,深交所将对上年已上市的公司信息披露工作进行考核,上市公司信息披露工作考核结果依据上市公司信息披露质量从高到低划分为 A、B、C、D 四个等级(即优、良、及格和不及格)并在深交所网站上公开披露。通过 Python 技术,我们得到中小板和创业板上市公司 2010 年至 2017 年的信息披露考核结果。

二是分析师跟踪(Following)。根据当年末对某公司进行盈余预测的分析师总数,分析师跟踪数量越多,可以认为公司透明度越高。

(5) 控制变量

一是规模(Size):公司规模越大,投资者关注的越多,那么此时信息的收集可能更加充分,信息风险较低,因而可能降低盈余公告后的长期市场反应。

二是资产负债比(Lev):高资产负债比的公司具有更高的风险,其信息风险可能也越高,因而盈余公告后的漂移现象越明显。

三是资产账面价值与市价比(MB):公司的 MB 的比例越小,公司的增长能力越强,增长能力越强的公司可能存在较高的风险,因而盈余公告后长期收益会更高。

四是机构投资者持股比例(Inst):机构投资者拥有更多的信息优势和专业知识,可以对公司的信息做出更加准确的理解,因而盈余反应越及时。

五是总资产收益率(Roa):公司总资产收益率越高,盈利能力越强,此时公司进行盈余管理的动机越弱,信息不确定性更低,信息质量较高。

六是公司的系统风险(Beta):同样,当公司的系统风险较高时,可能存在更高的信息风险。

七是股权结构(Top10):股权集中度更高的公司,大股东权利更大,此时两权高度分离,信息质量得不到很好的控制,具有更高的信息风险。

八是公司所属板块(Market):虚拟变量,中小板定义为 0,创业板定义为 1。

九是业绩说明会召开时延(Lag):表明业绩说明会召开的时间和盈余公告时间间隔。

本节变量定义表如下表 5-3-1 所示。

表 5-3-1 回归模型的变量及其含义

变量符号	变量名称	变量说明
Car	累计超额收益率	$Car(t_1,t_2)=\sum_{t1}^{t2}AR$
SUE	未预期盈余	$SUE_{i,q}=\frac{EPS_{i,q}-EPS_{i,q-4}}{\sigma_{i,q}}$
Quality	业绩说明会质量	包含 Fog、Realativity 和 Length 三个指标
Fog	回答内容 fog 指数	Fog Index=0.4＊[(总词数/总句子)+100＊(难词数/总词数)]
Relativity	回答内容相关性	涉及回避关键词的句子数/回答总句数
Length	回答篇幅	回答句子总数/问答句子总数
Transparency	公司透明度	分析师跟踪(Following)和深交所信息披露质量考评(Score)
Following	分析师跟踪	当年年末对某公司进行盈余预测的分析师总数
Score	深交所信息披露质量考评	当年深交所公布的上市公司信息披露质量考评结果
Size	公司规模	会计年度年末资产总额的自然对数
Lev	资产负债比	总负债/总资产
MB	资产账面价值与市价比	资产账面价值/市价
Inst	机构投资者持股比例	机构投资者包括证券投资基金、合格境外投资者、保险公司、证券公司、社保基金、公司年金、信托投资公司、其他法人机构等的持股比例
Roa	总资产收益率	净利润/资产总额
Beta	公司的系统风险	个股风险系数 beta 值
*Top*10	股权结构	前十大股东持股比例
Market	市场类型	中小板市场为 0,创业板市场为 1
Lag	业绩说明会召开时延	业绩说明会召开日期与盈余公告日的时间间隔

3. 样本选择和数据来源

本节研究的文本信息来自全景网投资者关系互动平台(http://rs.p5w.

net/)。深交所于 2010 年开始对中小板和创业板公司业绩说明会做出强制要求,因此,我们利用 python 网页抓取算法编程下载了 2010—2017 年所有 A 股上市公司的业绩说明会,并保留 2010—2017 年中小板和创业板上市公司召开的业绩说明会的全部内容。

其他数据来自国泰安数据库,并做了如下处理:(1) 剔除公用事业和金融服务业的公司;(2) 剔除 ST 和 PT 的公司;(3) 剔除 IPO 前一年召开的业绩说明会及本年度 IPO 的公司;(4) 剔除数据缺失及不匹配的公司。进一步地,由于研究使用市场调整法计算超额累计收益率(Car),以深证成指作为市场收益率,并使用年报公布日前 30—130 天的收益率进行调整,选择年报公布日前 10 天到后 30 天为窗口期,故删除窗口期内含有配股增发的数据。为了消除极值影响,将所有连续变量做上下 1%缩尾处理,最后一共得到 3799 个样本。

5.3.4　实证分析

1. 描述性统计

表 5－3－2 是 2010 年至 2017 年样本各变量的描述性统计。从表中可见,窗口期越长的市场超额收益率在最小值、25%、75%和最大值上的绝对值越大,这表明市场很可能存在股价随时间漂移的现象。*SUE* 的均值和中位数大致相等,表明中小板和创业板上市公司的未预期盈余较为均衡。对于衡量年度业绩说明会质量 *Quality* 的指标,不同公司的业绩说明会回答质量具有一定的差异,具体来看:回答内容可读性(*Fog*)有一定的差异,但总体上比前述章节中 MD&A 或研发文本的可读性差异小。这可能与问答的即时互动中难以使用晦涩难懂的词语有关。回答内容相关性(*Relativity*)最小值为 0.088,最大值为 0.692,差异较大。业绩说明会回答所占的比例(*Length*)均值为 65.5%,表明大多数公司业绩说明会回答占总问答的比率在一半以上。从机构投资者持股比例 Inst 可以看出,我国中小板和创业板市场机构投资者持股比例均值为 33.2%,最小值为 0%,说明样本公司机构投资者整体持股水平不是很高,机构投资者介入的程度相对较低。从业绩说明会召开日期与盈余公告日的时间间隔 *Lag* 来看,业绩说明会和盈余公告日的时间间隔最小值约为 2 天,最大值为 28 天。

表 5－3－2　描述性统计

变量	均值	标准差	最小值	p25	p50	p75	最大值
*Car*3	−0.005	0.056	−0.349	−0.035	−0.007	0.023	0.359
*Car*10	−0.002	0.060	−0.453	−0.035	−0.004	0.028	0.370
*Car*20	0.001	0.093	−0.586	−0.053	0.000	0.049	0.595
*Car*25	−0.001	0.103	−0.602	−0.060	−0.001	0.056	0.609
*Car*30	−0.001	0.113	−0.605	−0.067	−0.001	0.063	0.627
SUE	−0.308	1.457	−3.015	−1.478	−0.332	0.716	2.882
Fog	8.876	1.513	6.696	7.627	8.759	10.020	11.440
Relativity	0.300	0.192	0.088	0.148	0.244	0.400	0.692
Length	0.655	0.100	0.493	0.571	0.663	0.741	0.801
Size	21.630	0.850	20.030	20.980	21.550	22.160	24.080
Lev	0.335	0.181	0.037	0.187	0.310	0.472	0.772
MB	0.578	0.412	0.103	0.298	0.475	0.724	2.447
Inst	0.332	0.239	0.000	0.114	0.301	0.522	0.846
Roa	0.052	0.044	−0.092	0.025	0.048	0.075	0.188
Beta	1.045	0.290	0.402	0.834	1.037	1.260	1.759
*Top*10	0.616	0.129	0.296	0.524	0.631	0.718	0.881
Lag	0.026	0.013	0.005	0.016	0.025	0.033	0.077

资料来源：本书整理。

2. 相关性分析

本节选取了主要变量进行 pearson 相关性检验，如表 5－3－3 所示。从表中可以看出，窗口期(3,30)的超额累计收益率与未预期盈余 *SUE* 存在显著的正相关关系，即长期市场反应会随着未预期盈余同方向变动。超额累计收益率与 *Beta* 正相关，公司风险越高，信息不确定性较大，超额累计收益率越高。各个变量的回归系数均小于 0.4，可以大致说明模型回归不存在多重共线性问题。

3. 回归分析

(1) 业绩说明会对盈余市场反应的影响

首先，观察盈余公告日窗口(3,10)以及(3,20)、(3,25)和(3,30)的市场反

表 5-3-3　主要变量相关性系数表

	*Car*30	*SUE*	*Fog*	*Relativity*	*Length*	*Size*	*Lev*	*MB*	*Inst*	*Roa*	*Beta*	*Top*10	*Lag*
*Car*30	1												
SUE	0.103***	1											
Fog	0.027*	−0.012	1										
Relativity	0.014	−0.008	−0.066***	1									
Length	−0.012	−0.033**	0.301***	0.198***	1								
Size	0.008	0.125***	0.050***	−0.048***	−0.027*	1							
Lev	−0.026	0.085***	0.000	−0.041**	0.030*	0.541***	1						
MB	0.003	−0.032**	−0.012	−0.083***	−0.056***	0.483***	0.554***	1					
Inst	−0.021	0.124***	−0.01	−0.072***	−0.055***	0.306***	0.172***	0.041**	1				
Roa	0.024	0.248***	0.036**	−0.032**	−0.101***	−0.024	−0.356***	−0.376***	0.159***	1			
Beta	0.048***	−0.054***	0.024	0.091***	0.163***	−0.030*	0.019	−0.103***	−0.141***	−0.138***	1		
*Top*10	−0.012	−0.067***	0.029*	−0.024	0.047***	−0.049***	−0.116***	−0.081***	0.261***	0.210***	−0.164***	1	
Lag	−0.014	−0.059***	−0.01	−0.009	0.001	−0.085***	−0.044***	0.035**	−0.019	−0.017	−0.01	0.030*	1

注：*** $p<0.01$，** $p<0.05$，* $p<0.1$。

应情况，结果见表 5-3-4。由表可见，在(3,10)窗口内，市场未对未预期盈余产生显著的反应；而在较长期窗口(3,20)、(3,25)和(3,30)中，市场对未预期盈余产生显著的正向反应。这说明中小板和创业板市场存在盈余公告后漂移现象。未预期盈余越大，市场的长期效应越明显。在此基础上，公司成长性越高，公司面临的不确定性越大，市场的即期反应越小，伴随着股价长期漂移的现象。

表 5-3-4 未预期盈余与超额累计收益率

变量	*Car*(3,10)	*Car*(3,20)	*Car*(3,25)	*Car*(3,30)
SUE	0.001	0.006***	0.008***	0.009***
	(0.178)	(3.76e—07)	(4.50e—10)	(1.56e—10)
Size	—0.001	—0.001	—0.002	0.001
	(0.747)	(0.767)	(0.506)	(0.890)
Lev	—0.014 9*	—0.028**	—0.023*	—0.034**
	(0.054)	(0.017)	(0.075)	(0.016)
MB	0.005	0.015**	0.016**	0.014*
	(0.193)	(0.015)	(0.015)	(0.053)
Inst	—0.004	—0.011	—0.011	—0.012
	(0.368)	(0.136)	(0.165)	(0.180)
Roa	—0.065**	—0.032	0.004	0.018
	(0.022 5)	(0.470)	(0.934)	(0.734)
Beta	—0.004	0.001	0.001	0.002
	(0.382)	(0.931)	(0.908)	(0.869)
*Top*10	0.010	0.019	0.004	0.010
	(0.255)	(0.130)	(0.765)	(0.508)
Market	—0.001	0.003	0.004	0.004
	(0.719)	(0.333)	(0.280)	(0.325)
Cons	0.017 0	0.010	0.033	0.003
	(0.650)	(0.866)	(0.601)	(0.962)
行业	控制	控制	控制	控制

续 表

变量	Car(3,10)	Car(3,20)	Car(3,25)	Car(3,30)
年度	控制	控制	控制	控制
Observations	3 799	3 799	3 799	3 799
Adj-R squared	0.005	0.016	0.020	0.020

注：括号中为 p 值，*、**、*** 分别代表 10%、5%、1%水平上显著。

其次，为了检验业绩说明会回答的质量对盈余公告后漂移现象的影响，我们选取 *Car*(3,30)的窗口期来验证，见表 5-3-5。从表 5-3-5 可以看出，在加入了业绩说明会回答的 *Fog* 指数后，*Fog* 与未预期盈余的交互项为 0.001，且在 5%的水平上显著；当加入了 *Relativity* 指标后，*Relativity* 指标与未预期盈余的交互项为 0.020，且在 1%水平上显著。由于 *Fog* 指数越大，表示业绩说明会越难以理解；*Relativity* 指标越大，表示业绩说明会内容越不相关，这两项交互项显著为正，说明越是难以被理解的或是回答内容越不相关的业绩说明会，将加强盈余公告后的漂移现象。但是，加入业绩说明会回答篇幅并未发现对盈余公告后漂移现象的显著影响，这可能因为投资者更加关注业绩说明会的内容，而对于业绩说明会篇幅的长短不那么敏感。综合来看，回归结果基本证实了假设 1。

表 5-3-5 业绩说明会对盈余市场反应的调节作用检验

变 量	调节效应		
	Fog	*Relativity*	*Length*
SUE	−0.002	0.003	0.002
	(0.728)	(0.157)	(0.772)
QUALITY	0.002	0.007	−0.027
	(0.202)	(0.461)	(0.164)
SUE * *QUALITY*	0.001**	0.020***	0.012
	(0.040)	(0.005)	(0.217)
Size	−0.001	−0.001	−0.001
	(0.792)	(0.888)	(0.746)
Lev	−0.035**	−0.035**	−0.032**

续　表

变　量	调节效应		
	Fog	*Relativity*	*Length*
	(0.015)	(0.016)	(0.024)
MB	0.015**	0.014*	0.014**
	(0.039)	(0.051)	(0.046)
Inst	−0.012	−0.011	−0.013
	(0.163)	(0.189)	(0.147)
Roa	0.014	0.018	0.014
	(0.794)	(0.739)	(0.789)
Beta	0.002	0.002	0.002
	(0.862)	(0.819)	(0.810)
*Top*10	0.010	0.010	0.014
	(0.488)	(0.499)	(0.365)
Market	0.005	0.005	0.004
	(0.282)	(0.308)	(0.314)
Lag	−0.081	−0.086	−0.078
	(0.590)	(0.565)	(0.601)
Cons	0.001	0.004	0.034
	(0.983)	(0.954)	(0.641)
行业	控制	控制	控制
年度	控制	控制	控制
Observations	3 799	3 799	3 799
Adj-R squared	0.020	0.021	0.020

注：同表 5-3-4。

(2) 公司透明度对业绩说明会调节作用的影响

我们选取深证券交易所每年在官网公布的信息披露考评等级作为公司透明度的代理变量，并将评定等级为优秀的样本作为透明度较高组，其余作为透明度较低组。基于模型 5-3-1，进行分组回归的结果见表 5-3-6。限于篇幅，表中仅展示了关键变量的回归结果。

表 5-3-6　公司透明度对业绩说明会调节作用的影响

变量＼分组	*Fog*		*Relativity*		*Length*	
	低透明度	高透明度	低透明度	高透明度	低透明度	高透明度
SUE	−0.002	0.005	0.004	0.005	0.002	0.010
	(0.731)	(0.736)	(0.163)	(0.395)	(0.786)	(0.557)
QUALITY	0.003**	−0.002	0.013	−0.009	−0.013	−0.074**
	(0.047)	(0.426)	(0.270)	(0.639)	(0.565)	(0.042)
*SUE * QUALITY*	0.001*	0.001	0.019**	0.027	0.0121	0.005
	(0.058)	(0.601)	(0.018 7)	(0.121)	(0.269)	(0.861)
Observations	2 805	994	2 805	994	2 805	994
Adj-R squared	0.019	0.036	0.019	0.038	0.017	0.039

注:同表 5-3-4。

从分组回归的结果来看,在透明度较低的分组中,业绩说明会的 *Fog* 和 *Relativity* 的调节作用更加显著;而在透明度较高的分组中,二者不存在显著的调节作用。由此,假设 2 得到验证。但业绩说明会回答的篇幅在分组检验中也没有出现差异性,进一步表明篇幅长可能并不意味着具有更高的信息质量。

(3) 稳健性检验

一是替换 *Fog* 指数的检验。考虑到本节的 *Fog* 指数中常用词选取比例为 20%,我们替换常用词比例为 10%重新衡量 *Fog* 指数,回归结果如表 5-3-7 所示,主体结论依然成立。

表 5-3-7　替换 ***Fog*** 指数的检验

变量＼分组	Fog 指数调节效应	分组检验	
		低透明度	高透明度
SUE	−0.001	−0.002	0.007
	(0.788)	(0.744)	(0.618)
QUALITY	0.002	0.003**	−0.001
	(0.104)	(0.030)	(0.680)
*SUE * QUALITY*	0.001**	0.001*	0.001

续 表

变量 \ 分组	Fog 指数调节效应	分组检验	
		低透明度	高透明度
	(0.049)	(0.061)	(0.722)
Observations	3 799	2 805	994
Adj-R squared	0.021	0.019	0.035

注:同表 5-3-4。

二是替换公司透明度指标的检验。我们利用分析师跟踪数量来表示公司透明度,分析师跟踪数量越多,说明公司透明度较高。按照公司透明度的高低进行分组,将分析师跟踪数量分为三组,其中跟踪数量上三分位定义为透明度较高,下三分位定义为透明度较低,回归结果如表 5-3-8 所示,主体回归结果稳健。

表 5-3-8　基于更换公司透明度替代变量的检验

变量 \ 分组	Fog	
	低透明度	高透明度
SUE	−0.007	0.005
	(0.398)	(0.660)
QUALITY	0.007***	−0.003
	(0.003)	(0.166)
SUE * *QUALITY*	0.002*	0.001
	(0.080)	(0.539)
Observations	1 138	1 375
Adj-R squared	0.033	0.042

注:同表 5-3-4。

5.3.5　结论和启示

1. 研究结论

本节从信息披露角度,研究中小板和创业板市场业绩说明会的信息含量,考察业绩说明会的质量对盈余漂移现象和盈余市场反应的影响。利用计算机文本分析法提取业绩说明会的可读性、相关性和篇幅指标，观察这些指标是否调节了超额累计收益率对未预期盈余的反应，并在此基础上按照公司透明度进一步加以分组检验。实证结果发现：

（1）我国中小板和创业板在年报披露后召开的年度业绩说明会可以调节盈余公告后漂移现象。业绩说明会回答质量的增强，有助于盈余公告后漂移现象的减弱。具体来说，业绩说明会的可读性越高，回答的内容越相关，盈余公告后漂移现象越弱。但从业绩说明会的篇幅来说，对盈余公告后漂移现象尚未产生明显的影响。

（2）在不同的公司透明度下，年度业绩说明会质量的调节作用有所差异。当公司透明度较低时，投资者更加依赖业绩说明会的内容，业绩说明会回答质量的调节作用更加明显。

上述结论充分说明我国在建立业绩说明会制度的基础上，还应进一步规范业绩说明会的回答质量，以实现通过业绩说明会加强中小板和创业板公司信息披露的目标。

2. 不足和展望

一是在衡量盈余公告信息带来的市场反应方面，本节仅选用了股票价格作为市场反应的测度，但是在股市的实际运行中，交易量也是衡量的重要维度。在后续的研究中，可以从交易量的角度检验市场对盈余公告信息的反应程度。

二是研究是基于中小板和创业板市场召开的年度业绩说明会，在此基础上可以进一步以所有A股上市公司作为研究对象，对整体上市公司召开业绩说明会的效果进行考察并对比，以此为更加全面地了解业绩说明会制度的实施效果提供依据。

5.4 本章小结

本章利用事件研究法，实证分析了MD&A、研发文本信息和业绩说明会三种信息披露的价值相关性。这不仅为我国上市公司年报文本信息的价值提供了实证依据，而且与第四章中管理者对年报文本信息披露决策的考虑形成呼应。

首先，MD&A 的文本可读性可以调节财务盈余的市场反应。如果在公司盈余为坏消息时，管理者使用易读的文本信息来解释历史经营和展望未来发展，可以减弱投资者尤其是非机构投资者对当前较差会计盈余的注意，稳定公司股价。与第四章中管理者只在财务盈余较好时才倾向于披露更易读的年报文本信息相对比，本章的研究丰富了对信息披露的机会主义假说的理解。

其次，对于创业板上市公司来说，由于投资者非常关注研发对公司未来价值的影响，创业板上市公司披露的研发文本信息篇幅越长、可读性越低和异质性越高，投资者对公司当年负面未预期盈余的市场反应越弱。这说明相对于 MD&A 信息，管理者更可能通过模糊手段操纵研发文本信息来影响投资者的判断。因此，在投资创新型公司时，投资者不应被看上去复杂和过于前沿的研发项目叙述所迷惑。监管层也需要特别关注对创业板公司研发文本信息的监管，避免科技泡沫的产生，以切实保护中小投资者利益。

再次，为了提高中小板和创业板上市公司的信息披露质量，我国实行了业绩说明会制度。高管对业绩说明的质量越高，投资者对盈余信息的理解更到位，进而股价对盈余信息的吸收更快速。这虽然为我国业绩说明会制度的有效性提供证据，但同时也说明业绩说明会的质量还存在参差不齐，加强高管的回答质量是当前改进业绩说明会制度时需要考虑的重要内容。

第六章　上市公司年报文本信息的扩展应用

上市公司年报中的文本信息披露除了影响股票市场价格进而产生直接的经济后果，还可以提供更多的增量信息进而得到扩展应用。不同于前面章节中利用文本信息抓取信息披露的质量特征，本章的扩展应用主要是指应用文本信息为一些重要的经济变量提供新的和更直接的观察角度，以此改进传统衡量指标，包括公司产品竞争力或行业分类、审计专长和公司治理等。

本章基于目前文本信息研究中的一些前沿方法，介绍如何进一步挖掘上市公司年报文本信息以得到新的经济指标，讨论这些新经济指标对传统指标的改进作用，并尝试应用这些指标进行主题研究，以解决已有相关研究中存在的困境。这将是对第四章和第五章的重要补充。

6.1　行业重分类和市场竞争指标改进

Hoberg 和 Phillips(2016)提出利用文本相似度方法构建产品业务竞争程度指标来度量公司年度层面的实际竞争状况。本节将利用这一方法，基于我国上市公司年报文本信息考察其对传统行业竞争指标的改进效果，并采用新的文本指标，讨论上市公司的研发投入如何通过提高产品竞争力来实现业绩增长的机制。

6.1.1　产品市场竞争及其衡量方法比较

现有关于公司产品市场竞争的度量指标主要包括三类：一是市场集中度，如市场份额、赫芬达尔指数、行业集中度、产业内公司数目等；二是利润指标，包括营业利润率、ROA、ROE、EBIT 等指标，其理论支撑是如果某个行业中的利润指标持续大于其他行业，则表明该行业具有一定的垄断性；三是广告费用，运用行业内广告支出的强度来衡量竞争，可以从成本开支而非销售结果来反应产品竞争。但是，这些指标共同的假设是行业变量可以代替公司特征，即以行业的盈利能力、行业的市场规模或行业集中程度衡量公司产品市场竞争，而在行业内各公司间无差异。这不仅与实际情况有出入，而且容易引发内生性问题（任宏达和王琨，2019），具体包括：

第一，同一个行业内的不同公司面临的竞争环境往往是因公司而异的（Hoberg et al.，2010），而且，某具体公司的竞争对手一般不仅限于行业内。用行业变量统一的去衡量公司竞争情况，就意味着用行业来统一衡量本应各异的公司竞争情况，进而容易导致衡量偏误（Measurement Error）引发的内生性问题。

第二，公司市场份额的高低不仅取决于它的产品市场，还取决于它的上下游关系和政府关系等，而这些关系同样会影响公司的财务信息质量（Fan 和 Wong，2002）。因此，基于销售收入或成本等财务数据计算的指标在衡量公司的产品市场竞争情况时过于间接，存在或有解释，进而产生遗漏变量（Omitted Variable）导致的内生性问题。

从竞争的基本内涵出发，产品的差异性是衡量竞争的基础。基于波特的五力模型，首先，差异化构筑行业进入壁垒。在以产品差异为特征的市场中，消费者对现有公司差异化产品的偏好，使得现有公司比新进入公司处于更有利的地位。其次，实行差异化战略的公司与其他标准化公司相比，目标客户群体的交叉程度更低，减轻了公司面临的竞争强度。再次，产品独特性削弱购买者讨价还价的能力。购买独特性产品的客户缺乏与之可比较的产品选择，依赖公司提供的独特产品以及售后服务，降低了对价格的敏感程度。差异化程度高的产品买方偏好强，需求价格弹性小。然后，产品的差异性会影响公司的定价能力，不仅可以削弱来自竞争对手的威胁，而且差异化较高的产品，可替代程度较低。最后，产品独特性增强了公司对供应商讨价还价的能力。当公司生产的产品较为独特时，通常需要针对复杂工艺采购专用性原材料，独特性较强的原材料增加了供应商与公司之间的转换成本，公司与供应商之间的关系更加紧密（肖作平和刘辰嫣，2017）。

从公司年报中直接提取有关业务与产品描述的相关文本进行分析，估计两家公司产品描述的语言重叠程度，可以很好地衡量公司产品的差异性，进而为市场竞争提供最为直接的衡量指标(Hoberg 和 Phillips,2016)。相对于行业集中度、利润指标、广告费用等基于财务数据的指标,文本分析法避免了财务数据容易受会计政策、会计估计以及管理者的主观操纵等因素的影响。并且,随着当前公司多元化经营的现象越来越普遍,跨行业经营已经成为很多公司的常态,因此,按照证监会的行业分类标准只在行业内衡量公司面临的竞争环境是不合适的。文本分析方法通过测量任意两家公司之间的相似性,可以检测出公司在本行业内以及跨行业之间的产品相似性,这显然能够提高竞争指标衡量的准确性。

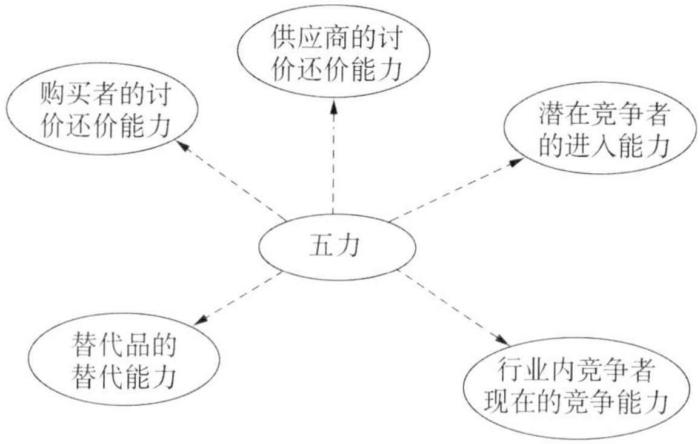

图 6-1-1　波特五力模型

为检验文本分析法的优势,Hoberg 和 Phillips(2016)在研究并购公司之间的产品相似性时列举了 Disney 收购 Pixar 的案例,虽然这两家公司隶属于不同的行业类别,但利用文本相似度测算的结果却是它们彼此属于与对方最相似的十家公司之一。基于我国上市公司年报的文本内容,我们利用相似性指标计算出产品差异,结果发现两个重要改进:

1. 跨行业的竞争明显

文本分析法帮助快速识别上市公司的跨行业的竞争对手。比如,在证监会行业分类中隶属于“畜牧业”的福成股份,在发展过程中逐步形成了从畜牧养殖、屠宰加工到食品加工、餐饮服务的一条完整产业链,所以,它可能成为“餐饮业”公司的潜在竞争对手。再如,归属于“食品制造业”的皇氏集团,其年报披露的乳制品生产销售仅占 45.65%,而文化生态圈构建、电视剧制作发行等占据了很大一部分的营业收入,运用文本分析的方法,我们发现了其对文化产业构成的竞争,如表 6-1-1 所示。

表 6-1-1　利用相似性识别竞争对手案例

目标公司	相似度前四位	竞争对手	竞争对手所述行业
0002329 皇氏集团 (食品制造)	0.360 8	600597 光明乳业	食品制造
	0.327 2	600429 三元股份	食品制造
	0.313 6	300106 西部牧业	畜牧业
	0.303 9	300336 新文化	文化、体育和娱乐业

资料来源:本书整理。

2. 重分类的行业差异提升

以“业务描述”文本相似性为基础计算产品差异并作为行业划分标准,行业之间在盈利性、发展性、风险性等方面的差异更大。行业之间的营业利润率、销售增长率、营业利润占资产比以及贝塔值等重要指标,比传统证监会行业分类计算出的行业差异表现出更大的行业波动性,如表 6-1-2 所示。就盈利指标来看,基于证监会的分类(134 类),2001 年各行业的销售利润率方差为 0.056,在保持行业数最接近的情况下,文本分类法得出的行业间方差为0.058,而文本的网络分类法得出的行业间方差为 0.09,实现了差异的明显提升。类似的,行业贝塔值的方差由 0.064 上升到 0.135,其他指标如行业间销售增长率的方差等也都实现了较大幅度的增长。

表 6-1-2　传统行业分类与文本计算行业分类的行业差异

Industry Controls	OI/sales	OI/asset	Growth	Beta
2001 fixed effects	0.056	0.013	0.058	0.064
2012 fixed effects	0.052	0.012	0.054	0.062
MD&A based 125 fixed effects	0.058	0.013	0.065	0.058
MD&A based 150 fixed effects	0.059	0.013	0.071	0.065
MD&A based 175 fixed effects	0.062	0.014	0.074	0.066
MD&A based 200 fixed effects	0.064	0.015	0.081	0.068
TNIC similarity-weighted average (based on 2001)	0.09	0.026	0.243	0.135
TNIC similarity-weighted average (based on 2012)	0.064	0.017	0.148	0.106

资料来源:本书整理

整体来说，相对传统的产品市场竞争衡量，基于文本分析得出的产品市场竞争指标在解决内生性问题上具备明显的优势：一是文本分析得出的产品市场竞争情况更直观，能从微观公司产品的特征和功能上衡量差异性，遗漏变量的可能性小；二是以文本分析衡量的产品市场竞争最小粒度细化到公司，可以在一定程度上消除以行业为基本粒度的衡量错误；三是一家公司可能有多种产品，即使是单个产品其特征也是多维度的，文本分析得出的产品市场竞争情况可以比较产品细节差异，因而更准确；四是文本分析得出的产品市场竞争情况的衡量更及时。公司不一定实时向证监会提交自己行业的变更，即便提交了，证监会对公司所属行业的更新也相对稳健和缓慢，但公司的产品描述一般是实时的，因此基于公司产品描述得出的产品市场竞争指标也是实时的（任宏达和王琨，2019）。

6.1.2　理论分析和研究假设

创新是经济发展的根本要求，是经济增长的源泉动力。近年来，我国创新驱动发展的战略受到越来越高的关注。尽管我国上市公司 R&D 投入持续快速增长，但创新的产出结果却并不显著（黄群慧和贺俊，2015）。Andreas Hoefele（2016）在研究产品差异性和研发投入的关系时指出，创新的目的应该是降低公司产品的同质性，增强其垄断力量。因此，产品差异性是衡量产品竞争的重要指标。公司研发是否能增强其产品差异性或竞争能力，进而提高公司业绩，是判断公司研发投入效率的重要视角。本节将基于文本分析法计算公司产品竞争力，考察我国上市公司的研发投入效率。

1. 产品竞争力的中介作用

公司研发投入和公司业绩的关系一直是学术领域关注的重要话题，但 Booz et al.（2006）以全球 1 000 家制造业公司为研究对象，发现研发投入高的公司相比投入少的公司在财务业绩上并没有显著的改善。Brown（1999）在 10 年间追踪了 30 家电子电器公司，发现销售额的增长速度远没有研发投入的增长速度，研发投入效果不佳。更有很多研究讨论研发的滞后效应，最长达到 10 年甚至更久（Chambers，2002）。研发投入未能有效转化为业绩的根本原因之一是研发产生的产品创新可能并未能增强产品竞争力。

显然，产品竞争力对公司业绩有着重要的影响。Li(2010)提出，来自现存竞争对手生产的替代品和市场新进入者的威胁，将会影响公司产品定价的决策，进而影响其盈利水平。结合自身所处的竞争环境，公司通常采取不同的竞争战略，主要包括低成本战略和差异化战略。刘睿智和胥朝阳(2008)考察发现，虽然采取这两种战略都能提升公司业绩，但差异化战略效果更为显著且更具有长远意义。原因是低成本战略更容易被竞争对手模仿，而差异化战略所形成的竞争优势是公司的一项独特资源，很难在短期内被效仿。郑兵云等(2011)发现，低成本战略能够直接影响绩效，但也将通过渐进创新这一中介变量对业绩产生影响；而差异化战略则必须通过创新才能影响业绩。从现实来看，当前物资极大丰富，信息传播速度极其迅速，这导致产品市场的竞争越发激烈，产品模仿与同质化水平的提高使得公司的利润受到压缩。摆脱这种困境的方法只有加大研发投入，不断获得竞争对手没有的新技术，并以此来推动产品与业务的更新，使产品在外观、规格、质量或是性能方面获得质的提升。实行差异化战略和提高公司产品竞争力是公司获得长远发展的可行途径。综上，公司投入研发通过提升产品竞争力，进而达到提高公司业绩的目标。基于此，我们提出如下假设1：

H_1：在其他条件不变的情况下，研发投入通过增强产品竞争力而对公司绩效产生正向影响

2. 不同行业中产品竞争力中介作用的差异

相对于传统行业，高新技术行业具有技术与知识高度密集、风险性高、高附加值和高成长性、生命周期短等特点，这些特点也带来了所谓的研发“加速化陷阱”效应(Acceleration Trap)，即研发投入的不断增加难以实现产品的创新性和持久的差异性。根据冯·布朗(1999)的观点，新产品在刚推出的时候能够带来销售增长，但在快速的产品迭代中，产品生命周期不可能无限缩短，而过快的产品更新可能会超过市场接受的速度，所以在新产品经历最初的销售高峰后很快会经历下滑期，而一些公司为了保持销售又会投入更多的研发，产品生命周期进一步缩短，循环往复，可能会陷入“加速化陷阱”。在高新技术行业，由于各公司的研发投入不断增加，市场上产品更新换代加速，不仅缩短了产品的生命周期，也使得研发产生的新产品竞争力减弱。甚至于公司研发技术的投入还没有得到相关的产出就被淘汰，新产品还没有上市就已经落伍，

这使得研发投入难以实质上增强产品差异性。我国学者王建华和王海云(2005)通过选取电子通信、化学制品、医药制造等行业进行实证研究，发现了“加速化陷阱”的存在。而且，在高新技术行业中存在研发信息披露的两难困境：一方面，管理者很可能预期到研发投入的增强会被市场看作正面信号，进而会更多地投入研发以向外界传递好的信号并带来市场估值的提升；另一方面，为避免竞争对手模仿行为导致研发项目的沉没，出于对专有成本和信息外溢风险的考虑，管理者会减少研发带来的产品差异性描述，进而导致产品竞争力文本度量方法的弱化，即这些公司的文本信息难以度量其产品差异性和竞争力。这就导致研发投入和产品差异性或竞争力的相关性减弱。此外，根据高新技术行业的产品描述本身在初始状态就可能存在较高水平的差异性，后续即使研发投入增加，产品差异性指标也难以明显提升。

因此，由于研发“加速化陷阱”以及“信息披露困境”的存在，相比传统行业，高新技术行业中产品竞争力在研发与业绩之间的中介效应可能相对较弱。为此做出如下假设 2：

H_2：相对于传统行业，在高新技术行业中，产品竞争力对研发投入与公司业绩关系的中介效应相对较弱。

6.1.3　研究设计

1. 模型构建

为了检验假设 1 需要建立中介效应检验模型。根据 Baron 和 Kenny(1986)提出了经典的三步回归法，这里分别检验研发投入对公司业绩的直接效应、研发投入对产品竞争力的影响，以及研发投入通过产品竞争力影响业绩的中介效应。

$$Perf_{i,t}=\delta+\beta_{11}Innov_{i,t}+\mu Controls+\pi_{i,t}\quad 模型(6-1-1)$$

$$Diff_{i,t}=\alpha+\beta_{21}Innov_{i,t}+\gamma Controls+\varepsilon_{i,t}\quad 模型(6-1-2)$$

$$Perf_{i,t}=\delta+\beta_{31}Innov_{i,t}+\theta_{31}Diff_{i,t}+\mu Controls+\pi_{i,t}$$

模型(6-1-3)

步骤一：考察 β_{11} 是否显著，如果不显著，研发投入对提升公司绩效没有显著作用；如果显著，研发投入对提升公司绩效有显著作用，此时进行步骤二。

步骤二：考察 β_{21} 和 θ_{31}，如果 β_{21} 与 θ_{31} 均显著，就证明产品竞争力具有显著的中介效应；然后考察 β_{31} 是否显著，如果 β_{31} 显著，表示产品竞争力发挥了部分中介效应，如果 β_{31} 不显著，表示产品竞争性发挥了完全中介效应；若 β_{21} 和 θ_{31} 至少有一个不显著，则进入步骤三。

步骤三：利用 Sobel 检验，判断是否存在显著的中介效应。

2. 变量定义

(1) 研发投入

对公司研发投入的度量最常用的是研发投入占销售收入比，另一种方法是无形资产占资产总额的百分比。由于我国会计准则对无形资产的计量要求是开发阶段予以资本化的支出或者外购开支，所以用无形资产衡量研发投入不够准确。此外，还有学者采用公司申请和获批的专利数量来度量，但这更倾向于是对研发结果的度量。因此，本节采取研发投入与主营业务收入的比值来衡量研发投入强度。

(2) 公司业绩

对公司业绩的衡量方法包括：一是市场数据，如托宾 Q 值；二是用会计上的利润指标如资产收益率 ROA 和净资产利润率 ROE 来衡量业绩。由于研发对公司业绩的影响需要一个长期作用的过程，而托宾 Q 值能够很好地衡量研发给公司带来的长期绩效以及市场对公司的估值。

(3) 产品竞争力

这里采用基于 TF-IDF 的修正 VSM 文本相似度的计算方法来度量公司的产品差异性及其在产品市场的竞争力。具体计算步骤如下：

第一步，将 pdf 格式的年报转换为 txt 格式，从年报中截取有关公司业务描述的内容，包括董事会报告中"经营状况回顾""公司主营业务及其经营情况""核心竞争力""未来发展展望"的内容。

第二步，对截取好的文档进行分词与预处理，包括转换文本格式、删除停用词、只留下名词。并且，将预处理后文档剩下的若干个关键词，合并成一个词典。

第三步，就某个文档而言，每个词语都计算出一个 TF-IDF 值，并以此表示向量：

TF(a)＝某个词在文档中出现的次数/文档的总词数

IDF＝log(语料库的文档总数/包含该词的文档数)

TF-IDF (Term Frequency-Inverse Document Frequency)＝TF * IDF,衡量某个词与文本的相关度。

第四步,计算两个向量的余弦相似度,值越大就表示越相似。由于进行过向量的标准化处理,所以相似度的取值在[0,1]之间,两公司之间的产品差异性最终为1减去相似度。

第五步,对于某一家公司 i,由于它与所有剩下的公司都分别有一个产品差异性的数值,因此,计算其平均数作为其在整个市场中的平均产品差异性。

(4) 控制变量

基于已有研究,这里在研究研发投入和公司业绩的关系时,控制公司规模、资本结构、成长机会、高管激励和股权制衡。同时,为控制年度与行业的固定效应,在模型中加入年份(Year)、行业(Industry)虚拟变量。变量的定义和度量详见表6-1-3。

表6-1-3　主要变量定义表

变量类型	变量名称	符　号	变量定义
自变量	研发强度	*RD*	研发投入/主营业务收入
中介变量	产品竞争力	*Diff*	任两家公司的产品文本差异性的平均值
因变量	公司业绩	*Tobinq*	市值/净资产
控制变量	公司规模	*Size*	期末资产总额取自然对数
	财务杠杆	*Lev*	期末负债/期末资产
	收入增长率	*Growth*	主营业务收入的增长率
	高管激励	*Ceocom*	前三名高管的薪酬总额取自然对数
	股东制衡情况	*Top5*	前5大股东的持股 Herfindahl 集中度

3. 样本选择与数据来源

本节研究财务数据均来源于国泰安数据库(CSMAR),文本数据则来自公司各年的年报,年报来自巨潮资讯和公司官网。首先,选择所有A股上市公司2007—2016年十年间的财务数据以及相应年份公司年报中有关产品与业务描述的文本信息。其次,依据以下标准对样本进行筛选:剔除创业板公司和金融业的公司;剔除研发费用缺失的上市公司;剔除当年ST,*ST的公司。再次,为了防止极端值的影响，对样本进行前后 0.5%的缩尾处理。最终得到6 627个样本。数据处理采用 Stata12.0 软件。

在区分高新技术行业时，参照国家统计局《高技术产业统计分类目录》(2013)的相关规定，选取电子、医药生物制品和信息技术业三大类上市公司。而传统行业选取制造业中除这三类以外的行业，主要包括食品饮料、纺织服装、木材家具、造纸印刷、石油化学塑胶塑料、金属、机械设备。

6.1.4 实证结果

1. 描述性统计

表 6-1-4 是有关变量的描述性统计。由表看出，2007—2016 年间，样本公司研发投入强度平均水平约为3.57%，标准差为 3.21，不同公司之间的创新投入差异性较大。此外，衡量公司长期绩效的托宾 Q 值平均水平在 2.18，但市场对各公司的估值差距较大导致托宾 Q 值的标准差较大。用文本相似性计算的各公司产品与业务的差异性指标平均数为 0.78，标准差较小，指标比较稳定，均处于 0.5—1 之间。

表 6-1-4 描述性统计

变 量	均 值	标准差	最小值	最大值
RD	3.571	3.208	0.013	27.690
Diff	0.779	0.066	0.582	0.920
Tobinq	2.175	1.721	0.174	12.110
Size	22.040	1.135	19.710	26.290
Lev	0.421	0.194	0.036	0.925
Growth	0.139	0.335	−0.522	3.348
Ceocom	14.190	0.643	12.500	16.190
Top5	0.167	0.112	0.010	0.599

资料来源：本书整理。

2. 相关性分析

表 6-1-5 给出了主要变量之间的相关系数。其中，研发投入、产品竞争力都与公司的长期绩效呈正相关。研发与公司规模、负债水平、股权集中度呈

负相关，而与高管薪酬激励呈正相关。此外，研发与公司规模负相关。这可能是因为规模相对较小的公司拥有先天的灵活性能够有效地克服组织惰性，并迅速开展研发活动，因此，小公司更可能成为创新的主体。相反，大公司由于其组织庞大冗杂，运行效率低下而阻碍了创新活动的开展。其次，研发与股权集中度负相关。这是因为股权愈集中，大股东承担的特殊风险越大，而研发活动本身具有高风险性。因此，对于股权集中的公司，大股东对研发项目进行投资的积极性不高。再者，研发与公司负债水平呈负相关。由于研发支出的费用化处理会减少当期利润，而负债较高的公司本身面临着财务压力，势必会减少公司的研发支出。然后，研发投入与高管激励正相关关系。这表明高管激励可以解决部分委托代理问题，降低其短视倾向，促使其做出有利于公司长远发展的决策。公司的产品竞争力与托宾 Q 值呈正相关，表明公司的产品业务差异性能够提高公司业绩和价值。

表 6－1－5　相关性分析

	RD	*Diff*	*Tobinq*	*Size*	*Lev*	*Growth*	*Ceocom*	*Top5*
RD	1							
Diff	−0.139***	1						
Tobinq	0.298***	0.043***	1					
Size	−0.240***	0.273***	−0.466***	1				
Lev	−0.287***	0.100***	−0.470***	0.505***	1			
Growth	0.021*	−0.027**	0.109***	0.010	−0.002	1		
Ceocom	0.066***	0.152***	−0.005	0.401***	0.044***	0.063***	1	
Top5	−0.109***	−0.022*	−0.022*	0.179***	0.001 00	−0.002 00	0.048***	1

注：*、**、***分别代表在10%、5%和1%水平上显著。

3. 回归分析

(1) 产品竞争力的中介效应

如下表 6－1－6 所示，列(1)到列(3)是对竞争力作为中介效应的回归结果。具体来看，列(1)中研发对业绩的总效用为 0.033 9，在 1%的水平上显著，这表明在 A 股市场中，研发投入能够显著提升公司的长期业绩与市场估值，这与现在很多研究结论相一致。列(2)中研发对产品竞争力的影响系数为 0.001 6，在1%水平上显著。这说明公司的研发投入能够增强公司产品与业务的差异性与竞争力。公司研发活动成功实施主要体现在新产品的增加或者现有产品改进，通过不断开发新技术提高产品更新换代的速度，更好地满足顾客个性化需求，使公司在市场竞争中处于优势地位。此外，研发投入能够使公司率先进入新的业务领域，抢占新市场，形成新的利润增长点，增强产品竞争。

结合列(1)～(3)，产品竞争性对公司业绩的中介效应为0.010 7，占总效应的百分比为31.43%，据此产品竞争力在研发与业绩的关系中，中介效应显著，假设1得到支持。

表6-1-6　整体样本回归

回归结果 / 变量	(1)		(2)		(3)	
	Tobinq		*Diff*		*Tobinq*	
	估计系数	P值	估计系数	P值	估计系数	P值
RD	0.033 9***	0.004	0.001 6***	0.000	0.023 2**	0.044
Diff					6.659 4***	0.000
Size	−0.409 2***	0.000	0.058 7***	0.000	−0.800 1***	0.000
Lev	−1.442 7***	0.000	0.001 9	0.801	−1.455 4***	0.000
Growth	0.284 2***	0.000	−0.001 0	0.000	0.350 5***	0.000
Ceocom	0.573 4***	0.000	0.016 0***	0.000	0.467 0***	0.000
Top5	−2.709 0***	0.000	−0.182 7***	0.000	−1.492 0***	0.001
Observations	6 627		6 627		6 627	
Adj-R squared	0.046 6		0.355 7		0.100 3	

注：*、*、***分别代表10%、5%、1%水平上显著。

(2) 分行业回归

表6-1-7显示了高新技术公司和传统制造业公司的分组回归结果。在高新技术企业中，产品竞争力的中介效应显著，中介效应为0.006 7，占比8.33%，小于整体样本的回归结果。对传统制造业的回归结果可以看出，产品竞争力在研发与业绩中起着完全的中介效应，即在传统制造业中研发几乎是通过增强产品竞争力来提升公司业绩的。由此，假设2得到验证。

表 6-1-7　高新技术与传统制造的分行业回归

变量＼回归结果		(1)		(2)		(3)	
		Tobinq		*Diff*		*Tobinq*	
		估计系数	*P* 值	估计系数	*P* 值	估计系数	*P* 值
高新技术	*RD*	0.080 5***	0.000	0.001 0**	0.039	0.073 4***	0.000
	Diff					6.705 5***	0.000
	Observations	1 574		1 574		1 574	
	Adj-R squared	0.052 0		0.446 8		0.076 4	
传统制造	*RD*	0.037 2**	0.040	0.002 7***	0.000	0.016 6	0.343
	Diff					7.659 1***	0.000
	Observations	3 982		3 982		3 982	
	Adj-R squared	0.051 2		0.348 9		0.120 2	

注：同表 6-1-6。

(3) 稳健性检验

一是替换竞争力变量。为了识别跨行业的竞争，上述回归中使用的竞争力指标是每一家公司与其他所有公司差异性的平均值，但事实上某一家公司真正的竞争可能只是来自几家产品业务与其最为相似的公司，而与其他剩下的公司不存在明显的竞争关系。鉴于此，这里将与每家公司最为相似的前1%、3%、5%的公司分别作为该公司的竞争对手，在此基础上计算的差异性指标替代上述平均值指标，回归结果见表 6-1-8。由回归结果可知，产品竞争力的中介效应仍然显著存在。

表 6-1-8　替换竞争力变量的回归结果

变量＼回归结果		(1)		(2)		(3)	
		Tobinq		*Diff*		*Tobinq*	
		估计系数	*P* 值	估计系数	*P* 值	估计系数	*P* 值
相似度前1%	*RD*	0.033 9***	0.004	0.001 5***	0.009	0.028 3**	0.015
	Diff					3.860 6***	0.000
	Observations	6 627		6 627		6 627	
	Adj-R squared	0.046 6		0.182 3		0.077 8	

续 表

变量 \ 回归结果		(1)		(2)		(3)	
		Tobinq		*Diff*		*Tobinq*	
		估计系数	*P* 值	估计系数	*P* 值	估计系数	*P* 值
相似度前3%	*RD*	0.033 9***	0.004	0.001 6***	0.005	0.026 7**	0.021
	Diff					4.563 8***	0.000
	Observations	6 627		6 627		6 627	
	Adj-R squared	0.046 6		0.245 3		0.090 2	
相似度前5%	*RD*	0.033 9***	0.004	0.001 6***	0.003	0.026 2**	0.024
	Diff					4.750 0***	0.000
	Observations	6 627		6 627		6 627	
	Adj-R squared	0.046 6		0.266 0		0.093 7	

注:同表 6-1-6。

二是滞后一期检验。由于研发与公司业绩、研发与产品竞争力均可能存在互为因果问题,这里采用滞后一期因变量的方法进行稳健性检验,结果见表6-1-9,产品竞争力的中介效应依然存在。与此同时,为观察是否存在研发投入与产品竞争力互为因果的内生性问题,进一步将样本中竞争力各年度变化较大(前30%)的子样本单独进行检验,分别用当期研发对滞后一期竞争力、当期竞争力对滞后一期研发进行检验。结果显示,竞争力的变化对滞后一期的研发投入没有显著作用(系数为0.130 2,*P* 值=0.976),而研发投入能够对滞后一期的产品竞争力产生显著的增强作用(系数为0.006 9,*P* 值=0.019)。这进一步说明上述研究的稳健性。

表6-1-9 因变量滞后一期检验

变量 \ 回归结果		(1)		(2)		(3)	
		Tobinqlag		*Difflag*		*Tobinqlag*	
		估计系数	*P* 值	估计系数	*P* 值	估计系数	*P* 值
高新技术	*RD*	0.039 8***	0.010	0.001 8***	0.001	0.037 0**	0.016
	Diff					1.774 4***	0.000
	Observations	4 973		4 973		4 973	
	Adj-R squared	0.022 0		0.318 7		0.025 5	

注:同表 6-1-6。

6.1.5　结论和启示

1. 研究结论

本节采用计算机文本分析法进行公司产品竞争力的衡量，通过对各个公司年报中有关“业务描述”的文本进行相似度分析，综合评价行业内每家公司业务及产品的差异性与竞争力，以此改进传统产品市场竞争指标存在的问题。通过将该指标引入到关于研发、竞争和公司业绩相关性的主题研究中，结果发现：

（1）研发投入确实能够通过增强产品竞争力，进而提升公司长期业绩与价值。因此，通过引入新的文本指标，先前已有研究结论中竞争与研发之间关系不一致的问题有望得到新的判断依据。虽然以熊彼特为代表的学者认为竞争可能阻碍创新，但本节的实证数据表明，公司只有通过研发投入才能提高竞争力，以此摆脱同质化竞争困境。

（2）高科技行业被认为是研发投入或创新的领头军，但实际上由于研发“加速化陷阱”以及研发“信息披露困境”的存在，研发比较难以通过加强产品竞争力的中介效应来增强业绩。这些公司的研发投入如何影响业绩还需要进一步研究。但对于传统制造业而言，产品竞争力在研发和业绩之间的中介效应显著。因此，以“要素依赖”与“劳动密集”为特征的传统制造业应该加大研发投入，促进产品与业务的全面升级，提升公司在价值链中所处的地位和实现公司长远发展。

2. 不足和展望

一是如上所述，本节研究聚焦在研发投入、竞争和业绩的相关性上，通过分行业研究，发现在高科技行业中，产品竞争力在研发投入和业绩关系中发挥的中介效应小于传统行业。但限于主题讨论，这里并未有进一步考察高科技行业研发投入作用于业绩的其他中介效应。未来需要进一步讨论该行业的产品竞争特征，剖析更多关于该行业研发投入决策及其后果的影响因素。

二是在文本指标计算方面，本节采用的文本相似性计算方法相对简单，主要是按照文本中名词的重叠度。这可能造成忽略公司年报具体语境等缺陷，使指标准确性受到一定影响。这些不足有待文本分析法的改进，提高指标的衡量准确度。

6.2　审计兼容性和审计专长指标改进

产业组织理论一般认为，竞争会促使厂商提供差异化产品或采取低价策略。就审计市场而言，通过低价揽客(LowBalling)策略抢占其他审计师客户的“零和博弈”，最终将扰乱审计市场秩序，导致审计行业整体声誉的下降和利润水平的降低。随着监管层对恶性低价收费的关注和市场竞争压力的增大，审计师迫切需要转向差异化竞争策略以建立长期竞争优势。审计专长是审计师提供差异化审计服务的重要内容。近年来，我国监管层也大力推动本土会计师事务所专长的培养。2009 年 10 月，国务院办公厅转发财政部《关于加快发展我国注册会计师行业若干意见》，明确了发展审计专长的重要意义。2016 年中国注册会计师协会发布《中国注册会计师行业发展规划(2016—2020 年)》，提出“研究和完善支持会计师事务所做强做大、做精做专相关政策，大力推进会计师事务所专业建设和品牌建设，实现差异化发展”。

基于此，本节将总结已有关于审计师专长的相关研究，分析传统审计行业专长指标的不足之处，并运用文本分析法引入审计兼容性算法来进一步度量审计专长，以提高关于审计专长的实践理解和学术研究的一致性，为我国审计行业实现差异化发展战略和“做强做大”提供参考。

6.2.1　审计行业专长的度量改进

审计行业专长是审计研究领域的重要话题之一。Zeff 和 Fossun(1967)率先对美国审计市场中会计师事务所的行业专长展开研究。他们基于行业角度，提出关于审计师行业专长的度量方式，即事务所在某一特定行业中的收入占该行业审计收费总额的比重。其后，Yardley(1992)基于审计师角度，提出利用审计师在某一特定行业的审计收费占该审计师审计收费总额的比重来衡量审计师行业专长。Krishnan(2003)在结合 Zeff 等(1967)和 Yardley(1992)研究的基础上，用审计师行业市场份额以及行业组合份额作为审计师行业专长的指代变量。这三种传统审计行业专长的度量方式本质上都是基于行业分类进行的。由于在这些指标提出的期间，公司的经营模式在行业内的同质性较高，而行业之间的差异较大，因此，这些传统审计行业专长指标得到广泛应用。

时至今日，随着公司跨行业经营和多元化经营现象日益普遍，只在行业内度量行业专长的影响可能已经远远不够，传统的三种审计行业专长度量指标逐渐显示出不足之处。首先，各度量方式侧重点的不同会导致结果矛盾。例如，某会计师事务所规模较小，行业份额小，但其主要为某一行业公司提供审计服务，基于 Zeff 和 Fossun(1967)判断标准则认为其不具备行业专长，而基于 Yardley(1992)判断标准，该事务所又具备行业专长。其次，这些指标假设行业变量可以代替公司特征，认为行业内各公司间无差异。这不仅与实际情况不符，而且容易引发内生性问题：一是作为被审计单位的上市公司各有特点，即使同一个行业内的不同公司经营情况和面临的竞争环境也经常是因公司而异(Hoberg 等，2014)，用行业变量统一的去衡量被审计单位，容易导致衡量偏误(Measurement Error)，引发内生性问题。二是间接衡量审计专长具备多义性，也容易带来内生性的质疑。例如，甲会计师事务所在信息化行业的客户有 10 家，平均每家收费 200 万元；乙会计师事务所在信息化行业的客户有 20 家，平均每家收费 50 万元，其他情况相同时，传统度量方式得出甲的信息化行业审计专长优于乙，但实际上乙会计师事务所的客户量多，其对该行业的审计技术和职业判断水平并不一定比甲会计师事务所差(Abdel-Meguid，2012)。因此，基于市场份额的审计行业专长影响审计质量的渠道存在或有解释，这是遗漏变量(Omitted Variable)导致的内生性问题。最后，审计专长很可能在跨行业时产生应用。王绍卿(2006)在研究行业分类时发现，国家标准的行业分类存在一定的局限性，有些特征十分相似，相关性较高的行业在分类标准上不在同一个门类里。而且，可能存在的情况是，虽然两家公司的产品不同导致按证监会的分类属于不同的行业，但实际上它们可能存在较高的业务相似性。Abdel-Meguid(2012)进一步指出，传统的审计师行业专长指标基于二分法确定，需要预先确定判断的阈值。实际上这种阈值是很难客观判断的。特别是，由于公司多样性发展的趋势，公司内部不同的业务可能属于不同的行业，在统一的行业划分上衡量行业专长没有考虑到同一行业内各个公司之间的异质性。

虽然上述传统审计行业专长指标逐渐显示出不足之处，但行业之间的公司的差异性的确显著存在，只是在当前环境下，需要更细化的指标来度量审计专长。为此，Abdel-Meguid(2012)提出通过计算审计师的投资组合与客户投资组合的匹配程度来反映审计专长，当两者之间的组合结构越相似，审计师与客户之间越“兼容”。这种将单个客户与审计师客户整体之间的相似程度作为审计兼容性和审计专长的度量具有重要的意义。一方面，越来越多的公司内部各业务部门来源于不同的行业；另一方面，即使在同一行业内，不同公司之间的业务差异性也逐渐明显。例如，制造业的“汽车制造业”，既包括了制造整车的公司，也包括大量生产汽车零部件的公司；而这其中又混杂了不同的汽车类型、零部件类型的生产厂商。Abdel-Meguid(2012)的方法改进了基于行业进行审计专长度量产生的问题，通过衡量公司经营特征与审计师已有公司客户群的相似度，来说明审计师对该公司的审计兼容性。与传统审计行业专长指标相比，审计兼容性提供了另一种度量审计专长的方式，且这种度量方式也更加直接。

基于Abdel-Meguid(2012)的研究，本节将在计算公司相似度的基础上研究我国审计兼容性和审计师专长问题。通过对我国上市公司年报中有关“MD&A”以及“业务描述”的文本进行相似度分析，综合评价公司的经营模式、产品特征、特有风险等特征的相似性。采用文本度量公司之间的相似度具有以下优势：首先，公司披露的财务报告中，会计文本占了高达80%的比例，如果不结合会计文本对财务数据进行分析，则无法得到有价值的结果。从财务报告的叙述性披露中可以得到公司的业务特征、行业竞争、自身风险、前瞻性等反映出公司各方面状态的信息，通过比较公司之间的文本信息，能够比较直观地得到公司之间的相似程度。其次，使用文本分析可以避免财务数据度量同质性方法的不足。同质性越高，公司的营业成本发生变动的因素趋于一致，那么，他们的营业成本变动率也将趋于一致(陈丽红和张龙平，2011；张美，2015)。但反过来，根据公司财务报表的结果相似性判断公司之间特征的相似度是不成立的，即使是两个完全不同的公司，其财务报表的结构也可能具有相似性。同时，财务数据容易受会计政策、会计估计以及当局者的主观操纵等因素的影响，因而缺乏一定的准确性。再次，根据风险导向审计模式，公司经营特征是影响审计风险判断最关键的要素之一。文本分析方法可以测量出任意两家公司之间以及公司与行业总体之间的经营相似性，规避按照产品所属行业的不同来间接度量经营差异性产生的问题。因为随着越来越多的公司实行多元化经营，原有的行业划分可能不太准确，审计师行业专长也可能在不同行业的公司之间进行传递。

对于审计研究者而言，由于文本分析法构建的指标不再依赖于审计费用数据，可以对审计行业专长和审计定价的关系进行更优质的实证分析，有望解决已有研究中结论不一致的现象。接下来，我们将引入文本分析法构建的审计兼容性指标，重新实证考察审计专长对审计定价的影响。

6.2.2　理论分析和研究假设

1. 审计专长和审计定价

目前，学者们对于审计专长对审计定价的具体影响还没有达成统一的共识，因为审计定价是由供给方与需求方的博弈结果确定的，这其中会受到多重因素的影响。总结现有研究，审计专长对审计定价的影响有两种不同的作用机制：

一是规模经济。规模经济理论提出，公司在某一领域的投资规模越大，由于固定成本不断被摊薄，长期单位成本随着经营规模的扩大而有所降低，故单位收益将不断递增。这为审计专长的培育提供了理论基础，审计师通过在某个或某几个行业集中投入大量的成本，包括提升专业名誉、招聘与培养专业审计人才、建立专业审计的案例实验室等，最终将形成对某一领域的规模化投资。随着这种规模化投资的发展，首先，审计师在该专业方面的审计质量将得到提高。Bell et al.(1997)认为审计师在对特定行业审计的过程中能够积累相应的审计经验，即使审计师没有进行系统的学习，也能从中获得专业知识，这些知识能够有效地帮助审计师发现客户的经营异常，保证财务报表和相关信息的一致性。K.Y. Low(2004)发现，长期从事固定行业审计工作的审计师遭受审计失败的概率更低，因为他们能更准确地评估审计风险。其次，审计成本将得到降低。由于审计时间和人力等成本将得到节约，审计师发展新客户的门槛降低，在与该专业相关的审计项目投标中更具有竞争力，市场份额将得到稳固和扩展。这将进一步稀释或摊薄审计的单位成本。因此，从规模经济的角度出发，如果审计师具备审计专长，将由于具备成本优势而可以采取低成本定价策略，这样会导致其收取较低的审计费用。

二是产品差异化定价理论。这种理论认为审计师专长对审计定价产生了正向作用。审计服务市场通常面临着激烈的竞争，如果审计服务产品被视为是没有差别的，且更换成本比较低，客户则倾向于选择价格更低的审计师，那么审计师之间常常会进行价格战以保持市场份额，恶性竞争的结果最终会导致整个审计行业利润率的降低。但是，如果审计师拥有自身独特的差异化审计产品与服务，客户将愿意支付更高的价格以得到更好的服务，那么审计师将可能获得溢价并取得竞争优势。具有专长的审计师所提供的审计服务是具有差异化特征的。首先，审计专长使得审计师不仅能更加高效顺利地完成基本的审计工作，而且在审计过程中凭借着专业知识能为客户解决经营管理难题提供好的建议。其次，具有审计专长的审计师更能够在特定领域建立起声誉效应和品牌效应，聘请该审计师的公司将被认为财务报表的可信度更高，进而在融资时可以获得更低的资本成本或更高的股票发行溢价。再次，审计专长使得审计师与客户之间的双边垄断关系更稳固，特别是公司更换具有审计专长的审计师将发生更高的转换成本，因为市场中能提供类似审计服务的审计师较少，这将有助于审计师培养客户黏性。因此，基于审计专长产生的差异化竞争策略，使得审计师不必依赖于低价竞争策略，相反可以获取更高的审计溢价。

上述两方面因素可能会同时发挥作用。当规模经济效应占优时，审计定价较低；当差异化效应占优时，审计定价较高。因此，实际审计定价与审计专长的关系需要根据实际情况具体问题具体分析。综上所述，我们提出如下竞争性假设1：

H_{1a}：在其他条件不变的情况下，审计专长与审计费用正相关。

H_{1b}：在其他条件不变的情况下，审计专长与审计费用负相关。

2. 审计兼容性的调节作用

上述审计专长对审计定价的影响，更多还是以行业专长为基础进行的。但如果某被审计客户相较行业内其他公司的相似度较高，行业专长对其审计成本的降低效应将更明显；或者其他行业的公司如果成为在某行业内有专长声誉的审计师的客户，审计师对其审计的成本也将明显较低。Caimey 和 Young(2006)提出，审计经验的可溢出性取决于行业内客户的同质性。行业内公司的同质性越高，审计经验与技巧更易于在同行业的不同公司之间得到运用。传统的研究默认按照固定的行业划分标准计算审计师行业专长，但行业内各家公司也会使用差异化战略，对行业内某家公司长期审计积累的经验，并不一定能运用到行业内其他公司中。只有在审计客户之间具有更多的共同特征的情况下，才能产生知识和技能的重叠，从而为审计师在更短时间用更低成本完成相同或相似的审计任务提供便利。审计师发展行业专长虽然能够提供客户所需的差异化审计服务并由此获取审计费用溢价，但行业内公司之间存在的差异性则只可能是增加审计成本，而并不能发挥明显的规模经济效应。毕竟，具有行业专长的审计师之所以可以采取低成本策略，前提是可以为具有相似特征的大量客户公司提供审计服务，从而在不同客户公司之间分享掌握的行业特有知识、培训的人力资源以及积累的审计经验，最终将固定成本分摊至更多的客户公司，降低平均审计成本。因此，客户之间的相似度是审计师通过规模经济效应降低审计成本的关键因素。客户之间的经营活动越相似，意味着审计师越可以利用经验，使用相似的审计方法处理审计任务，进而降低单位审计成本。具体来说，相似的风险特征和针对这些风险的审计程序大都出现和运用在具有较高公司相似度的多个审计客户中。在实务中，具有丰富行业专长知识的审计师在为多个具有公司相似度的审计客户提供审计服务的过程中，更可能识别一段时期内发生的大量交易中的可预期关系，减少甚至不使用细节测试，而是更多地利用实质性分析程序，有效地将认定层次的检查风险降至可接受的水平。

与之相反，如果公司之间的相似度较低，审计客户可能各自具有独特的风险特征，审计师只能对症下药，针对不同的风险特征实施完全不同的审计程序，从而削弱甚至抵消行业专长所带来的成本效率(Bills et al.，2015)。此时，具有行业专长的审计师建立和积累的标准化的审计政策和知识共享制度(例如通过培训材料、特定行业的数据库、内部最佳做法基准、审计系统程序和内部咨询程序等)，都难以在各审计团队中传播。基于此，我们提出以下假设 2：

H_2：在其他条件不变的情况下，具有行业专长的审计师对公司相似度较高的客户会收取更低的审计费用。

6.2.3　研究设计

1. 模型设立

根据上述理论分析，我们分别建立以下两个模型：

$$LnFee = \alpha_0 + \alpha_1 * IMS + \alpha_i * Controls + \varepsilon \quad 模型(6-2-1)$$

$$LnFee = c_0 + c_1 * similarity + c_2 * IMS + c_3 * similarity * IMS + c_i * Controls + \varepsilon \quad 模型(6-2-2)$$

首先,使用模型(6-2-1)对假设1进行检验,α_1 说明审计行业专长对审计定价的影响。其次,使用模型(6-2-2)观察更细化的审计兼容性指标是否影响传统意义上具有审计行业专长的审计师的审计定价策略。

2. 变量定义

(1) 调节变量:审计兼容性

参照 Brown 和 Knechel(2016),采用文本相似度的方法来度量公司之间的相似程度,进而度量审计兼容性。具体方法如下:

第一步,从年报中截取管理层讨论与分析(MD&A)以及业务描述的内容。使用 Python 语言对所需截取的文本的开头结尾进行判断,并截取符合条件的开头结尾之间的文本。之后对文本进行人工抽样检查与完善。

第二步,对每份文本进行分词处理。使用目前中文文本分析中较为常用的 Python 中文分词模块——jieba 分词进行分词处理,并且删除停用词(如的、同时、然而)、替换同义词项。

第三步,计算每个中文单词的 TF-IDF 值,将其作为向量的权重,使每个公司的文本词汇可以被描述成一个向量。TF 即为词频(Term Frequency),表示一个单词在整个文本中出现的次数;IDF 即为逆文档频率(Inverse Document Frequency),它意味着如果某个词在其他文本中比较少见,但是它在这篇文本中多次出现,那么它很可能就反映了这篇文章的特性,即该篇文章的关键词。将这两个值相乘,就得到了一个词的 TF-IDF 值,将其作为每个单词在向量中所占的权重 w_n。

$$v = (w_1, w_2, \cdots, w_n)$$

根据这种方法,可以发现在南玻 A 的分词结果中,“镀膜、玻璃、晶体、太阳能、智能手机”等词汇是较能表现该公司自身特征的单词,而“公司、产业、董事会”等词汇虽然在该文本中出现频率也较高,但也是其他文本中的高频词,不能反映公司的独有特征。所以,TF-IDF 是一种较好的反映文本特征的计量方法。

第四步,计算代表每两家公司向量之间的余弦,即为两家公司之间的公司相似度。

第五步，对于某一家公司 i，其和同一审计师、行业、年份下的所有其他客户之间都存在一个相似度，将所有相似度求平均，最终获得样本 i 的相似度 SIM_i。相似度越高，代表该公司与同一审计师—行业下的其他公司的总体特征匹配程度越高。

（2）解释变量：审计行业专长

目前，文献中衡量审计师行业专长的传统方法主要有两种：行业市场份额法与行业组合份额法。行业市场份额法（Industry Market Share Method，IMS）以特定行业为出发点，考察特定行业中某审计师的市场份额。行业组合份额法（Industry Portfolio Shares Method，IPS），它用审计师来自某一行业的审计收入占其整个审计收入的比例来衡量。为了对比新的文本分析法构建的审计兼容性指标和传统衡量审计师行业专长指标之间的差异性，以及考察在度量审计专长方面，审计兼容性是否进一步补充了审计行业专长指标，研究中依然计算了行业市场份额法 IMS 度量的审计行业专长。① 具体公式如下：

$$IMS_{ik}=\frac{\sum_{j=1}^{J_{ik}}\sqrt{REV_{ijk}}}{\sum_{i=1}^{J_k}\sum_{j=1}^{J_{ik}}\sqrt{REV_{ijk}}}$$

分子表示审计师在某一行业所有客户的主营业务收入的开平方之和，分母表示某一行业中所有审计师的客户的主营业务收入的开平方之和。其中，收入可以用客户资产规模、利润规模或客户数量代替计算。这里采用的是客户公司资产规模。本节研究中的审计行业专长 SPEC 界定为 IMS 值大于10%时为 1，表明审计师具有行业专长，否则为 0。

（3）因变量和控制变量

本节使用审计费用的自然对数作为因变量。同时，参照相关文献鲜文铎（2009）、陈胜蓝（2013）等，控制了客户规模、存货和应收账款占比、流动比例、总资产报酬率、资产负债率、公司员工数、是否亏损、上期审计意见、是否发生审计师更换、客户议价能力和审计师规模。

① 已有研究认为，IPS 方法存在的问题是，它在某种程度上衡量的是事务所对某些特定行业的依赖性，可能不是行业专长。

本研究的变量定义如表 6－2－1 所示。

表 6－2－1　变量定义表

变量名称	定　义
Lnfee	审计费用的自然对数
SPEC	虚拟变量，以主营业务收入计算的行业市场份额 IMS 大于 10%时为 1
SIM	审计兼容性，使用 VSM 模型计算的公司相似度表示。
Lnasset	公司总资产的自然对数
Recinv	公司应收账款及存货占总资产的比重
CR	公司流动比率，即流动资产与流动负债之比
Roa	公司总资产净收益率
Lev	公司资产负债率，即总资产与总负债之比
Employ	公司员工总数的平方根
Opinion	上一年出具了标准无保留审计意见则取 1，否则取 0
Change	当年发生审计师变更时取 1，否则取 0
Loss	虚拟变量，其在公司当年净利润为负时取 1，否则取 0
Power	客户的议价能力，以客户的资产规模的平方根除以该主审事务所行业内全部客户资产规模平方根之和的比重
Big4	国际“四大”审计师取 1，否则取 0

3. 样本选择与数据来源

本节选取 2007—2016 年间我国所有 A 股上市公司作为初选样本，数据主要来源于万德(Wind)数据库。由于证监会行业分类在 2012 年前后发生了较大的调整，因此，采用了相对稳定的申银万国门类行业分类标准对上市公司进行行业分类，共有 28 个门类行业。其后对样本进行以下筛选：

(1) 删除股东权益为负的公司和盈余公告年份被 ST 与 PT 的公司。

(2) 剔除银行、非银行金融业。

(3) 剔除综合类行业，该行业内公司一般存在较大差异，不适宜进行行业专长的计算。

(4) 删除缺乏相应财务数据的样本。

按照以上步骤筛选数据后，为消除异常值的影响，对所有连续型变量进行了双向 1%的截尾处理。最后共获得 13714 个观测值。样本数量的年度分布如表 6－2－2。

表 6-2-2　样本数量的年度分布情况

年份	2007	2008	2009	2010	2011	2012	2013	2014	2015	2016	合计
样本数	472	755	985	1 160	1 365	1 760	1 836	1 902	1 533	1 946	13 714

6.2.4　实证回归结果

1. 描述性统计

表 6-2-3 显示了整体样本的变量描述性统计结果。经过取自然对数处理后的审计费用 Lnfee 的最大值为 18.35，最小值为 8.29，还原为真实审计费用分别为 9 317 万元与 4 000 元，可见我国不同上市公司的审计费用存在较大的差异。从表中可以看出，SPEC 的均值为 0.3，说明约有 30%的审计师具有某一行业的专长。SIM 的最大值为 0.51，最小值为 0.04，说明审计师客户公司之间存在差异。

表 6-2-3　各变量描述性统计

变量名	均值	标准差	最小值	中位数	最大值	样本量
Lnfee	13.48	0.67	8.29	13.38	18.37	13 714
SPEC	0.30	0.46	0	0	1	13 714
SIM	0.28	0.090	0.040	0.27	0.51	13 714
Lnasset	21.90	1.29	10.84	21.78	28.41	13 714
Recinv	0.27	0.18	0	0.25	0.77	13 714
CR	2.31	2.60	0.24	1.54	18.09	13 714
Roa	0.04	0.06	−0.20	0.040	0.25	13 714
Lev	0.46	0.22	0.050	0.45	1.01	13 714
Employ	54.81	39.09	6.78	44.31	227.30	13 714
Opinion	0.96	0.20	0	1	1	13 714
Change	0.22	0.41	0	0	1	13 714
Loss	0.20	0.18	0	0.14	1	13 714
Power	0.10	0.30	0	0	1	13 714
Big4	0.05	0.21	0	0	1	13 714

资料来源：本书整理。

表 6-2-4 各变量的相关性分析

	SPEC	*SIM*	*Lnasset*	*Recinv*	*CR*	*Roa*	*Lev*	*Employ*	*Opinion*	*Change*	*Loss*	*Power*	*Big4*
SPEC	1												
SIM	−0.071***	1											
Lnasset	0.159***	0.071***	1										
Recinv	−0.034***	0.005	0.024***	1									
CR	−0.008	−0.010	−0.260***	−0.078***	1								
Roa	0.029***	0.031***	−0.003	−0.044***	0.251***	1							
Lev	−0.022***	0.045***	0.370***	0.243***	−0.617***	−0.403***	1						
Employ	0.158***	0.166***	0.694***	−0.097***	−0.235***	0.021**	0.246***	1					
Opinion	0.044***	0.033***	0.183***	0.081***	0.087***	0.237***	−0.214***	0.089***	1				
Change	−0.067***	0.066***	−0.065***	−0.001	−0.042***	−0.011	0.064***	−0.025***	−0.049***	1			
Loss	−0.015*	−0.015*	−0.080***	−0.049***	−0.122***	−0.614***	0.236***	−0.032***	−0.268***	0.026***	1		
Power	−0.378***	0.286***	0.326***	−0.023***	−0.130***	0.005	0.184***	0.294***	0.040***	0.081***	−0.023***	1	
Big4	0.054***	0.067***	0.319***	−0.050***	−0.077***	0.035***	0.074***	0.287***	0.024***	−0.019**	−0.022***	0.120***	1

注：*、**、***分别表示在 0.10、0.05 和 0.01 水平上显著(双尾)。

2. 相关性分析

表 6－2－4 是对 Pearson 相关性分析结果，表中自变量之间的相关性都在合理范围。VIF 值约为 5，远小于 10，表明不存在严重的多重共线性。

3. 实证结果

通过多元回归分析验证审计师行业专长、审计兼容性和审计定价的关系，具体的回归结果见表 6－2－5。从列(1)的回归结果看，SPEC 的系数在 1%的水平下显著为正，表明行业专长和审计定价存在显著正相关关系，即具备行业专长的审计师对审计客户收取了更高的审计费用。这可能是因为审计师在行业专长上的积累导致审计效率与审计质量的提高，审计产品明显区别于其他不具有专长的审计师，产品差异化效应相比规模经济效应占据优势，所以审计师从差异化服务中获得了审计溢价。从列(2)的回归结果看，SIM 的系数在 1%的水平下显著为负，说明即使在不考虑审计师是否具有行业专长的情况下，审计客户本身的相似程度也能使审计师在遇到相似的经营活动和风险特征时应用经验积累，实行一些通用性审计程序，这将在一定程度上实现审计成本的节约。交互项 SPEC＊SIM 的回归系数为－0.202，并且通过了 5%水平的显著性检验，证明了假设 2 的成立，即行业专长审计师对公司相似度较高的客户，或者更具有审计兼容性的客户会收取更低的审计费用。这说明具有行业专长的审计师由于在既有行业的专业化投资，如软硬件设施、人员培养、培训机制等方面，能够更好地从相似的客户中实现经验积累与传递，降低审计成本的效果更好。

表 6－2－5　多元回归分析

	(1)	(2)	(3)	(4)
	主体检验	调节效应	高新技术业	传统制造业
SPEC	0.096***	0.162***	0.140*	0.179***
	(10.39)	(5.49)	(1.93)	(5.48)
SIM		−0.209***	−0.271***	−0.202***
		(−4.93)	(−2.80)	(−4.23)
SPEC＊*SIM*		−0.202**	−0.185***	−0.265*
		(−2.43)	(−2.67)	(−1.69)
Lnasset	0.268***	0.264***	0.309***	0.262***

续 表

	(1)	(2)	(3)	(4)
	(59.58)	(57.70)	(24.28)	(52.28)
Recinv	0.087***	0.083***	0.148**	0.069***
	(3.89)	(3.66)	(2.39)	(2.76)
CR	−0.001	−0.001	−0.012***	0.004*
	(−0.55)	(−0.34)	(−3.77)	(1.82)
Roa	0.152*	0.158*	−0.165	0.242***
	(1.93)	(1.98)	(−1.08)	(2.62)
Lev	−0.053**	−0.048*	−0.162***	−0.002
	(−2.03)	(−1.81)	(−2.65)	(−0.06)
Employ	0.004***	0.004***	0.002***	0.004***
	(26.10)	(26.53)	(5.63)	(25.28)
Opinion	−0.175***	−0.171***	−0.196***	−0.164***
	(−8.49)	(−8.14)	(−4.09)	(−7.03)
Change	−0.087***	−0.083***	−0.084***	−0.081***
	(−9.66)	(−9.02)	(−4.36)	(−7.86)
Loss	0.055***	0.056***	−0.009	0.071***
	(3.50)	(3.52)	(−0.24)	(4.03)
Power	−0.094***	−0.074**	−0.319***	−0.035
	(−3.82)	(−2.82)	(−4.86)	(−1.22)
Big4	0.687***	0.680***	0.498***	0.707***
	(37.34)	(36.22)	(9.09)	(35.00)
Constant	7.552***	7.680***	6.997***	7.680***
	(85.27)	(83.36)	(26.85)	(76.60)
Year	控制			
Industry	控制			
Observations	13 714	13 714	2 846	10 868
Adj-R squared	0.593 2	0.585 8	0.481 7	0.599 3

注：括号中为 *T* 值，*、**、*** 分别代表在 10%，5%和 1%的水平上显著。

我们还进一步分行业进行了回归，见表 6-2-5 的第(3)列与第(4)列。从中可见，在高新技术行业的回归中交互项 SPEC * SIM 的系数在 1%的水平上显著为负，而在传统制造业的回归中交互项 SPEC * SIM 的系数虽然也为负，但只在 10%的水平上显著。这说明相比传统制造业，审计兼容性对审计行业专长与审计费用关系的调节效应在高新技术行业下更显著。这是因为相比传统制造业，高新技术行业因行业内公司之间的经营差异性较大，审计风险较高，此时，具有行业专长的审计师对相似度较高的客户才能体现出明显的成本优势。

4. 稳健性检验

一是采用文本相似度的 Doc2Vec 方法。这是另一种度量文本相似度的方法，与 VSM 较为机械地计算词频不同，Doc 方法在生成文本向量表达的过程中不仅考虑到了单词的同义性问题，也将文本中语句的叙述顺序作为新的维度纳入到了向量中。二是直接使用 IMS 度量行业专长。由于使用虚拟变量 SPEC 作为是否具有行业专长的替代变量具有阈值难以确定的问题，这可能导致某些具有行业专长但市场份额较低的审计师被忽略。使用连续变量 IMS 则能在一定程度上缓解这些问题。回归结果显示，上述主体结论仍然成立。限于篇幅，这里不再显示表格。

6.2.5　结论和启示

1. 研究结论

本节研究以 2007—2016 年全部 A 股市场上市公司为样本，以审计师占行业市场份额作为审计师行业专长的替代变量，以相对同行业同一审计师的其他公司年报的文本相似度均值作为审计兼容性的度量指标，研究考察了审计师行业专长、审计兼容性和审计定价之间的关系。研究发现：

(1) 审计兼容性和审计定价存在显著负相关关系，说明审计师在同一行业内审计的客户越相似，规模效应越占优，进而导致审计定价的下降。审计兼容性相比传统基于行业的大颗粒度行业专长度量方式，能更细化地衡量审计专长。对于传统意义上具有行业专长的审计师而言，当客户的审计兼容性更高时，审计经验与技巧更易于在不同客户之间得到传递，审计成本的降低将在审计定价上有所体现。

(2) 相比传统制造业,审计兼容性对行业专长和审计定价关系的影响在高新技术行业中更显著。这说明高新技术行业内各公司之间的异质性更大,因此仅仅用传统行业指标难以度量审计专长,此时,审计兼容性将更能细化的反映审计专长。

本节的研究对我国会计师事务所发展审计专长有一定的参考意义。在目前监管者鼓励会计师事务所发展审计专长的背景下,事务所自身不仅要注意聚焦到某几类特定行业,还需要注意到公司经营模式的变化,即行业内公司之间可能存在明显的异质性。许多公司存在跨行业经营,这将导致审计兼容性的不同。

2. 不足和展望

一是由于证监会对上市公司年报的"业务描述"相关信息披露在2015年以前未做出明确规定,没有单独描述产品业务与产品的章节,所以对以前年度的公司年报中有关产品描述的文本截取存在一定的困难,只能采用语义识别法,通过一些关键词识别其是否是描述产品与业务的相关文本。所以,文本的选取可能存在一定的噪音,对分析结论的准确性与可比性存在一定的影响。

二是在文本指标计算方面,由于采用的文本相似性计算方法较为简单,完全按照文本中名词的重叠度,可能造成忽略具体语境等缺陷,使得指标准确性受到一定影响。

这些不足都有待中文文本分析法的改进,提高指标的衡量准确度。

6.3 高管团队多样性和断裂带指标衡量

在现代公司制度下,高管是公司的核心决策者,"高管特征"是经济、金融和管理学中的经典研究问题。上市公司年报中的"董事、监事、高级管理人员及核心员工情况"部分要求公司应披露现任及报告期内离任董事、监事和高级管理人员的姓名、性别、年龄、任期起止日期、期初和期末持有本公司股份、股票期权,以及董事、监事和高级管理人员在股东单位及除股东单位外的其他单位任职或兼职情况。这为讨论高管特征和公司决策的关系提供了基础数据。本节将基于我国上市公司年报中披露的高管信息，应用文本聚类分析法计算断裂带指标，并将其引入到关于高管团队多样性对研发投入与创新绩效关系影响的主题研究中。

6.3.1　高管团队断裂带理论和指标测算

1. 高管团队多样化研究的困境

传统高阶梯队理论聚焦于团队多样性的研究，从某一特征的多样性（如性别、年龄、种族、教育程度、职业背景、价值观、任期等）出发考察其与团队效能间的关系（Thatcher 和 Patel，2011）。但是，现有实证研究结论并不一致甚至相互矛盾。例如，Hambrick et al.（1997）、Carter（2007）、Miller 和 Triana（2009）、Toyah（2009）的研究发现，性别、种族、任期、教育背景、职能背景、独立董事的多样性可以积极推动团队绩效；而 Michelet al.（1992）、Agrawal（1996）、Shrader（1997）等学者发现任期、年龄以及种族的多样性不利于团队绩效；还有学者研究发现年龄、性别和种族的多样性与绩效并无统计意义上的相关性（O'Reilly et al.，1997；Rose，2007）。究其原因，既往的研究往往只关注团队内部某项独立特征，忽略了团队成员多种属性的动态协同作用（Thatcher，1999；Thatcher et al.，2003）。

2. 断裂带与多样性

在多样性研究面临困境的情况下，Lau 和 Murnighan（1998）将地质学术语——"断裂带"引入到组织管理研究中来。群体在发展过程中会由于多种属性的共同作用而致使团队内部分化，群体被分割为多个内部相对同质、彼此异质的子群体。群体断裂带就是基于一个或者多个特征将群体内部分化为若干子群体的一组虚拟分割线。断裂带不仅考虑了群体内部各成员的多种属性特征，更重要的是它关注了多种属性特征在群体内部成员间的分布。并不是在所有情况下群体断裂带都会对团队效能产生影响，只有当断裂带被激活时才会发生作用进而影响团队运营，这与地质断裂带在外界压力下引发灾害非常相似（Gratton，2011）。

断裂带与多样性在一定程度上具有关联性，但两者也存在本质差异。多样性是指群体内部成员的不同属性分布的离散程度,断裂带则侧重于多重属性在群体内部成员间的排列组合。在下表 6-3-1 中,引用韩立丰等(2010)的例子来具体说明,表中描述了两个工作群体的成员构成情况。两个群体均有甲、乙、丙、丁四位成员,两个群体在人口统计特征上的多样化程度完全一致。但是,当群体 1 应用断裂带的概念后就会发现存在一条分界线,该分界线将群体 1 分割成两个亚群体——甲乙和丙丁。群体 1 中甲和乙的四个属性特征上都相近或相同——四个属性基于某种方式“聚合”,丙丁亦如是,如此一来,甲乙、丙丁会分别结成两个联盟。因此,团队断裂带与多样性虽都与成员差异相关,但二者对团体差异的刻画是不同的两个概念。

表 6-3-1　群体断裂带和多样性概念辨析

	群体 1				群体 2			
特征	甲	乙	丙	丁	甲	乙	丙	丁
性别	男	男	女	女	男	男	女	女
年龄	27	28	45	46	27	28	45	46
部门	研发	研发	财务	财务	研发	研发	财务	财务
工龄	2	4	18	16	2	4	18	16

在团队断裂带理论视角下,断裂带是一把“双刃剑”。一方面子群体内部属性特征的相似性会产生更愉快的互动(李小青等,2014),提高团队凝聚力;而且,子群体之间的属性差异可能会扩展整个团队的社会资本和人力资本,以提高决策质量及监督能力;另一方面子群体间的认知冲突可能降低解决问题的效率,导致子群体之间产生分歧和隔阂,增加团队沟通成本,导致整个团队共同目标一致性的削弱。

3. 断裂带的测量

群体断裂带模型自被提出以来,成为学者们研究群体多样性的新方法。该模型的有效性与断裂带强度息息相关,断裂带强度是指将群体基于一种或多种特征进行划分而形成子群体的程度。目前,文献中使用的断裂带衡量方法主要包括以下三种:

一是 Fau 算法。Fau 算法由 Thatcher 等于 2003 提出,目前该算法被学术界广泛使用。具体计算公式如下所示:

$$Fau_g = \frac{\sum_{j=1}^{p}\sum_{k=1}^{2} n_k^g \ (\bar{x}_{jk} - \bar{x}_j)^2}{\sum_{j=1}^{p}\sum_{k=1}^{2}\sum_{i=1}^{n_k^g} (\bar{x}_{ijk} - \bar{x}_j)^2}$$

该公式假设群体被分为两个子群体，如果群体中有 n 个个体，有待考察的属性数量为 p，则这个群体能形成 $S = 2^{n-1} - 1$ 个子群体。$\bar{x}_{jk}$ 表示子群体 k 中属性 j 的均值，$\bar{x}_j$ 表示整个群体在属性 j 的均值，$\bar{x}_{ijk}$ 表示子第 k 个子群体在属性 j 上的均值，n_k^g 表示使用群体的第 g 类分法分割而成的子群体 k 的数量。Fau 在 0—1 之间，Fau 越接近于 1，断裂带强度越强。

Fau 最突出的优点是能够在一个公式中同时使用类别变量和连续变量，只需对变量进行重新编码或重标尺度处理。然而，Fau 算法下，团队只能被分割成两个子群体，而无法讨论三个及三个以上子群体间的相互作用，存在一定局限性。此外，主观因素的存在会使量化定性因素产生一定误差，影响计算结果。

二是 FLS 测量模型。Shaw（2004）构建了 FLS 测量模型，FLS 的值取决于两个因素：子群体内聚合（简称 IA）和子群体间聚合（简称 CGAI）。其计算公式如下所示：

$$\text{FLS} = \text{IA}(1 - \text{CGAI})$$

其中，IA 表示在不考虑某个特定属性情况下子群体内部在其他属性上的一致性，CGAI 表示在不考虑某个特定属性情况下子群体之间在其他属性上的一致性（陈琛，2014；崔超，2015）。断裂带强度与 IA 正相关，与 CGAI 负相关。FLS 计算量过大，且能选取进行研究的属性种类有限，使用具有一定的局限性，需要分类处理连续性变量，因而并没有得到推广。

三是 PMD 测量模型。Trezzini（2008）提出了 PMD 测量方法，具体计算方法如下：

$$PMD = \sum_{i=1}^{n}\sum_{j=1}^{n}(p_i + p_j)\ p_i\ p_j\ d_{ij}$$

其中，p_i 、p_j 和 $p_i + p_j$ 代表子群体规模的均等程度，d_{ij} 表示断裂带深度，非零项的求和次数表示子群体数量。子群体规模的均衡程度和子群体数量共同反映了亚团队两极性程度。由于难以衡量所需变量，PMD 法也未能得到广泛应用。

6.3.3 理论分析和研究假设

研发投入与创新绩效间的关系一直是国内外研究的热点问题，但对于提出和实施创新策略的主体——高管个人特征以及这些个人特征在管理团队中的分布状况，并未得到系统讨论。断裂带是一个全新的概念，它将管理团队分化为不同的子群体。本节拟尝试将断裂带引入研发投入与创新绩效研究领域，并将断裂带区分为生理特征断裂带和任务相关断裂带，分别考察其如何影响研发投入转化为绩效的效率。

1. 管理团队生理特征断裂带的调节作用

生理特征断裂带是由个体与生俱来的、几乎无法改变的属性所形成的，它包括年龄、性别、种族/国籍等显性因素。这些人口属性显而易见，很容易被团队其他成员认知并以此来形成对他人的刻板印象，并因此对他人产生偏见和成见(魏月如，2018)，不利于团队内信息共享以及目标导向的一致性。Dahlin et al.(2005)发现，团队成员易根据国籍的多样性来将自己和他人归入不同的类别，阻碍团队内部信息的沟通。与之类似，年龄、性别等属性特征也会在团队内部产生情感反应(魏月如，2018)。团队成员会对与自身属性特征相同或相似的其他个体持肯定态度，而对与自身属性不相似的其他团队成员抱有偏见。例如，在公司运营中，男性高管和女性高管都认为自己的管理能力要强于另一方。又如，“女性不擅长技术”的看法会使公司在面临创新战略时存在性别歧视。基于年龄、性别、种族/国籍等人口属性的偏见会使团队内部沟通不畅，信息无法充分共享，团队内部产生冲突，造成团队内耗的现象。刘志迎(2017)指出当生理特征断裂带存在时，团队内部的冲突会阻碍信息在成员间共享，知识叠加效应无法发挥，公司制定创新战略的质量和效率下降。管理团队内部信息沟通不充分，对研发项目的前景、预期回报及风险方面的看法将在团队内部存有较大分歧，研发的决策机制更有可能是各子群体间人数压制而非具体项目本身的优劣决定的。在后续研发过程中，生理特征断裂带的存在导致监督职能难以充分发挥，一些问题的争执导致问题解决方案滞后，进而加大了非效率研发的可能性。而且，在研发活动的风险性和可能带来的创新绩效未能在管理团队中取得一致意见时，更有可能会引致消极研发或者是过于冒进的研发行为，导致管理团队效能下降。基于此，我们提出以下假设1：

H_1：在其他情况不变时，生理特征断裂带对研发投入与创新绩效关系产生显著的负向调节作用。

2. 管理团队任务相关断裂带的调节作用

任务相关断裂带是由与任务密切相关的属性（例如，教育背景、职能背景、任期等）划分而成的。任务相关断裂带将高管团队划分成了数个子群体，各子群体成员会基于自身属性特征情况关注研发的某一方面，例如，研发背景下公司财务状况、人事结构变动情况及目标市场的潜力，等等。在子群体中，成员会将自己搜集和掌握的知识和信息传播给其他成员，子群体内部成员对任务倾向于持有相同的看法。团队成员由于深知任务属性的多元化会带来多方面的专业和工作知识，其他子群体成员会对某子群体的知识和信息慎重对待。这可以有效抑制部分管理者基于自身私利过度消极或过度积极对待研发，减缓了在研发过程中可能会出现的“一言堂”行为，提高了决策效率及监督质量，保证了公司研发创新活动的顺利实行。此外，由于创新活动的不确定性和复杂性，管理团队成员会面临信息过载的问题，任务相关断裂带可以有效缓解这一情况，帮助做出高质量的决策。因此，在研发投入决策方面，任务相关属性（教育背景、任期、职能背景等）会为公司带来多元化价值，促使管理团队打破思维定式，跳出思维框架，更加透彻了解研发的风险以及可能带来的创新绩效，做出高质量的投资决策。从研发的流程视角看，任务相关属性的多样化有利于形成整体的知识库（杨陈，2017），使管理团队成员从不同角度关注公司研发的进展情况，缓解研发非效率情况的发生。基于此，我们提出如下假设2：

H_2：在其他情况不变时，任务相关断裂带对研发投入与创新绩效关系产生显著的正向调节作用。

6.3.3　研究设计

1. 模型设计

本节考察的是公司研发投入与创新绩效间的关系，并探讨生理特征断裂带和任务相关断裂带对上述关系的调节作用。具体实证研究中，以创新绩效(Patent)为被解释变量，研发投入(RD)为解释变量，以管理团队断裂带(Fau)为调节变量，建立如下模型 6－3－1。

$$Patent = \alpha_0 + \alpha_1 RD + \alpha_2 Fau + \alpha_3 Fau * RD + bControls + \varepsilon$$

模型(6－3－1)

其中，Fau 分为管理团队生理特征断裂带(BDF)和任务相关断裂带(TRF)

2. 变量定义

(1) 被解释变量：创新绩效(Patent)

现有文献中用于衡量创新绩效的指标有新产品销售收入、净资产收益率、专利申请数量和专利授权数量。用新产品销售收入来衡量创新绩效较为准确，但在数据获取上存在困难。净资产收益率不仅依靠的是公司研发创新，而且受公司日常生产经营的影响，不能很好地度量由于创新研发而给公司带来的影响。因此，这里拟选取专利申请对数作为创新绩效衡量方法，并使用专利授权数对数进行稳健性检验。

(2) 解释变量：研发投入(RD)

目前，研发投入的衡量指标主要有：研发支出/总资产、研发支出/收入、研发支出/公司市场价值。由于我国上市公司市场价值数据难以获得，因而不选用研发支出/公司价值作为衡量指标。借鉴李万福(2017)、任莉莉(2019)、许强(2019)、孙自愿(2019)等学者的研究，这里选用研发支出/总资产作为自变量。

(3) 调节变量：高管团队断裂带(Fau)

我们把管理团队断裂带分为生理特征断裂带和任务相关断裂带。

首先，生理特征断裂带(BDF)：参考刘志迎等(2017)、马连福等(2018)、汪沛等(2018)的研究，采用年龄和性别指标来衡量。考虑到我国上市公司中管理层成员种族差异并不明显，因此，未采用种族差异进行衡量。

其次，任务相关断裂带(TRF)。参照刘志迎(2017)、林明(2018)等学者的研究，采用职能背景、任期期限、教育背景、海外背景来衡量。关于管理团队成员职能背景的分类，将不具有“生产或研发职业背景”(设计、人力资源、管理、市场、金融、财务、法律等)的取值为 0，具有“生产或研发职业背景”的取值为

1。任期为截至统计日期管理成员的任职年限。将教育背景划分成"中专及中专以下、大专、本科、硕士研究生、博士研究生、MBA/EMBA"，分别用"1—6"赋值。将海外背景分为两类，有海外背景的赋值为1，否则赋值为0。这里的断裂带是基于上述 Thatcher et al.(2003)的公式进行计算。

(4) 控制变量

基于已有研究，这里在研究研发投入和创新绩效的关系时，控制公司规模、资本结构、管理团队规模、上市时间、两职合一、前三大股东持股比例、成长性、上一年收益率。同时，为控制年度与行业的固定效应，在模型中加入年份(Year)、行业(Industry)虚拟变量。变量的定义和度量详见表6-3-2。

表6-3-2　主要变量定义

变量类型	变　量	定　义
因变量	*Patent*	公司当年创新绩效，用当年专利申请对数来衡量
自变量	*RD*	公司研发投入，用研发投入/资产来衡量
调节变量	*BDF*	生理特征断裂带，根据年龄、性别来划分
	TRF	任务相关断裂带，根据职能背景、任期期限、教育背景、海外背景划分
控制变量	*Asset*	公司总资产对数
	Lev	资产负债率
	Num	管理团队规模(人数对数)
	Start	公司成立年限
	Age	公司上市年限
	Dual	董事长和总经理由同一人担任，赋值为1，否则为0
	CR3	前三大股东持股比例
	Growth	营业收入增长率
	Roalast	上一年总资产收益率

3. 样本选择

我们选取2008年至2017年之间在A股的上市公司作为初始样本，根据研究需要对样本进行了如下筛选：(1) 考虑到断裂带数据计算的复杂程度，人数过多过导致计算偏差和耗时，故剔除管理团队人数在19人(含)以上的公司；(2) 剔除了金融类公司；(3) 剔除ST公司；(4) 剔除了相关数据不完整的公司。管理人员特征数据、财务和公司治理数据来源于 CSMAR 数据库。表 6－3－3 是样本选择过程。

表 6－3－3　样本选择

原始样本	21 463
剔除：	
金融类公司样本	628
ST 公司样本	877
人数在 19 人以上样本	4 210
数据缺失样本	10 803
最终样本	4 951

6.3.4　实证结果

1. 描述性统计

表 6－3－4 是主要变量的描述性统计。样本公司的创新绩效最大值为 8.666，最小值为 0.000，均值为 3.169，标准差为 1.407，说明样本公司间的创新绩效存在差异。研发投入占总资产比重最小值为 0.000，最大值为 0.262，平均值为 0.023，标准差为 0.025，说明不同公司研发投入情况存在一定差异。生理特征断裂带均值为 0.463，标准差为 0.100，任务相关断裂带均值为 0.556，标准差为 0.120。这表明样本公司生理特征断裂带和任务相关断裂带强度较高，且各公司间存在较大差异。

表 6－3－4　描述性统计

	均值	标准差	最小值	最大值	P25	P50	P75
Patent	3.169	1.407	0.000	8.666	2.197	3.135	4.060
RD	0.023	0.025	0.000	0.262	0.011	0.019	0.029
BDF	0.463	0.100	0.252	0.897	0.391	0.448	0.521
TRF	0.556	0.120	0.282	1.000	0.471	0.544	0.629
Asset	21.976	1.161	19.156	27.462	21.176	21.826	22.572
Lev	0.391	0.193	0.008	0.979	0.239	0.377	0.527
Num	2.454	0.406	1.386	3.401	2.303	2.565	2.773

续　表

	均值	标准差	最小值	最大值	P25	P50	P75
Start	14.860	5.800	1	49	11	15	19
Age	7.840	6.057	0	26	3	6	12
Dual	0.300	0.460	0	1	0	0	1
*CR*3	0.494	0.153	0.088	0.945	0.380	0.491	0.605
Growth	0.242	0.774	−0.918	33.646	−0.006	0.107	0.252
Roalast	0.041	0.056	−0.450	0.460	0.000	0.030	0.069

资料来源：本书整理。

2. 相关性分析

表 6-3-5 列示了变量间的相关系数。相关系数绝对值越大，变量之间的关联程度也越大。根据 Pearson 检验的结果，可以发现研发投入与创新绩效之间的相关系数为 0.132，在 1%水平上显著。管理团队生理特征断裂带（BDF）与创新绩效（Patent）之间的相关系数为 0.037，在 1%的水平上显著。任务相关断裂带（TRF）与创新绩效（Patent）之间的相关系数为−0.092，在 1%的水平上显著。从 Pearson 相关系数分析来看，变量间的相关系数处均低于 0.6。由此可见，各个变量间不会构成严重的共线性问题，适合进行下一步实证分析。

3. 回归分析

（1）断裂带对研发投入与创新绩效关系的调节效应

表 6-3-6 列示了公司研发投入对创新绩效回归结果。从表中主效应模型中可以看出，调整 R 方为 0.017，*F* 值为 5.193。公司研发投入回归系数为 7.560，显著性水平为 1%，表明研发投入与创新绩效显著正相关。

将管理团队生理特征断裂带及任务相关断裂带分别引入基准模型后，交互项 RD * BDF 的回归系数为−0.067，且在 1%水平上显著。结果说明管理团队生理特征断裂带对研发投入与创新绩效间的关系起到显著的负向调节作用，当管理团队生理特征断裂带强度较强时，研发投入与当期创新绩效之间正相关关系被弱化。假设 1 得到支持。交互项 RD * TRF 的回归系数为0.040，且在 5%水平上显著。这表明管理团队任务相关断裂带对研发投入与创新绩效间的关系起到显著的正向调节作用，当管理团队任务相关断裂带强度较强时，研发投入与创新绩效之间正相关关系被强化。本文假设 2 得到支持。

表 6-3-5　各变量的相关性分析

	Patent	*RD*	*BDF*	*TRF*	*Asset*	*Lev*	*Num*	*Start*	*Age*	*Dual*	*CR3*	*Growth*	*Roalast*
Patent	1												
RD	0.132*** (0.000)	1											
BDF	0.037* (0.010)	0.053*** (0.000)	1										
TRF	−0.092*** (0.000)	−0.024* (0.094)	−0.160*** (0.000)	1									
Asset	0.01 (0.487)	−0.024* (0.086)	0.096*** (0.000)	−0.032** (0.023)	1								
Lev	−0.006 (0.657)	−0.007 (0.634)	0.011 (0.442)	−0.010 (0.468)	0.531*** (0.000)	1							
Num	−0.017 (0.218)	0.026* (0.071)	0.071*** (0.000)	−0.055*** (0.000)	−0.204*** (0.000)	−0.164*** (0.000)	1						
Start	0.021 (0.135)	0.003 (0.839)	0.051*** (0.000)	−0.004 (0.779)	0.204*** (0.000)	0.147*** (0.000)	−0.190*** (0.000)	1					
Age	0.009 (0.549)	−0.015 (0.303)	0.113*** (0.000)	−0.013 (0.356)	0.431*** (0.000)	0.374*** (0.000)	−0.37*** (0.000)	0.548*** (0.000)	1				
Dual	−0.007 (0.605)	0.000 (0.992)	−0.011 (0.430)	0.001 (0.921)	−0.164*** (0.000)	−0.151*** (0.000)	0.14*** (0.000)	−0.097*** (0.000)	−0.204*** (0.000)	1			
CR3	−0.009 (0.515)	0.018 (0.193)	−0.046*** (0.002)	−0.02 (0.169)	0.083*** (0.000)	−0.087*** (0.000)	0.126*** (0.000)	−0.217*** (0.000)	−0.354*** (0.000)	0.049*** (0.001)	1		
Growth	0.001 (0.959)	0.012 (0.407)	0.003 (0.847)	0.010 (0.464)	0.039*** (0.007)	0.047*** (0.001)	0.02 (0.157)	0.026* (0.066)	0.049*** (0.001)	−0.001 (0.924)	0.024* (0.092)	1	
Roalast	0.041*** (0.004)	0.091*** (0.000)	−0.060*** (0.000)	0.019 (0.189)	0.011 (0.422)	0.012 (0.392)	0.007 (0.637)	0.006 (0.667)	0.012 (0.395)	−0.014 (0.330)	−0.018 (0.211)	−0.011 (0.457)	1

注：*、**、*** 分别表示在 0.10、0.05 和 0.01 水平上显著(双尾)。

表 6-3-6　研发投入、断裂带和创新绩效的回归结果

变量	主效应	生理特征断裂带调节效应	任务相关断裂带调节效应
RD	7.560*** (0.000)	9.175*** (0.000)	8.731*** (0.000)
BDF		0.444** (0.030)	
TRF			−1.070*** (0.000)
RD * *BDF*		−0.067*** (0.000)	
RD * *TRF*			0.040** (0.048)
Asset	0.026 (0.261)	0.022 (0.359)	0.018 (0.440)
Lev	−0.134 (0.102)	−0.123 (0.336)	−0.115 (0.364)
Num	−0.089 (0.102)	−0.108** (0.047)	−0.098* (0.067)
Start	0.004 (0.370)	0.004 (0.330)	0.004 (0.329)
Age	−0.005 (0.329)	−0.006 (0.261)	−0.005 (0.318)
Dual	−0.016 (0.727)	−0.017 (0.705)	−0.016 (0.713)
*CR*3	−0.136 (0.358)	−0.132 (0.370)	−0.125 (0.390)
Growth	0.000 (0.954)	0.000 (0.979)	0.000 (0.947)
Roalast	0.610* (0.094)	0.492 (0.178)	0.745** (0.037)
Year	控制	控制	控制
Ind	控制	控制	控制
Adj-R squared	0.017	0.024	0.026
Observations	4 951	4 951	4 951

注：括号中为 *P* 值，*、**、*** 分别表示在 0.10、0.05 和 0.01 水平上显著(双尾)。

（2）进一步分析

为了进一步区分断裂带与异质性的不同，这里将衡量断裂带的各属性（年龄、性别、任期、教育背景、职能背景、海外背景）的异质性分别作为调节变量代入模型中。年龄和任期为连续型变量，采用标准差系数（即变量标准差除以均值）反映差异程度，该数值越大，表明异质性越大。性别、教育背景、职能背景、海外背景为类别变量，采用 Herfindal 系数进行测度，计算公式为 $H=1-\sum_{i=1}^{n}P_i^n$。其中，Pi 表示第 i 类别成员所占比例，n 为类别数量。Herfindal 系数越接近于 1，说明团队异质性越大。各属性异质性回归结果如表 6－3－7 所示。从表中可以看出，年龄异质性和教育背景异质性对研发与创新绩效间关系有显著负向调节作用，职能背景异质性对研发与创新绩效间关系有显著正向调节作用，而任期异质性、性别异质性及海外背景异质性的调节作用并不明显。

管理团队是多种属性特征的集合，单一的考虑某种属性会产生研究结论不一致甚至矛盾的情况。采用多种属性特征可以克服采用单一属性特征所固有的弊端，Fau 的计算改进原有团队多样化的指标缺陷。

表 6－3－7　各属性分别进行回归

	主效应	调节效应					
RD	14.129*** (0.000)	9.389*** (0.000)	7.271*** (0.000)	11.733*** (0.000)	7.455*** (0.000)	5.257*** (0.000)	7.898*** (0.000)
Age		0.295 (0.501)					
*RD * Age*		−0.148*** (0.000)					
Gender			0.151 (0.269)				
*RD * Gender*			−0.031 (0.303)				
Funback				−0.294** (0.028)			
*RD * Funback*				0.112*** (0.000)			
Overseaback					−0.195 (0.215)		

续　表

	主效应	调节效应					
RD * *Overseaback*					−0.030 (0.287)		
Edu						−0.049 (0.773)	
RD * *Edu*						−0.147*** (0.000)	
Tenture							0.012 (0.873)
RD * *Tenture*							0.013 (0.734)
Asset	0.021 (0.360)	0.022 (0.354)	0.024 (0.309)	0.019 (0.403)	0.024 (0.298)	0.021 (0.372)	0.019 (0.419)
Lev	−0.117 (0.357)	−0.118 (0.352)	−0.108 (0.395)	−0.153 (0.226)	−0.128 (0.313)	−0.133 (0.295)	−0.111 (0.387)
Num	−0.073 (0.174)	−0.088 (0.109)	−0.082 (0.128)	−0.052 (0.340)	−0.064 (0.240)	−0.072 (0.215)	−0.078 (0.150)
Start	0.004 (0.377)	0.004 (0.328)	0.004 (0.385)	0.004 (0.390)	0.004 (0.399)	0.004 (0.365)	0.004 (0.421)
Age	−0.004 (0.382)	−0.003 (0.559)	−0.004 (0.415)	−0.006 (0.250)	−0.004 (0.402)	−0.004 (0.445)	−0.004 (0.412)
Dual	−0.016 (0.726)	−0.015 (0.741)	−0.020 (0.653)	−0.016 (0.720)	−0.011 (0.808)	−0.018 (0.680)	−0.007 (0.868)
CR3	−0.109 (0.457)	−0.121 (0.407)	−0.112 (0.442)	−0.125 (0.392)	−0.097 (0.508)	−0.111 (0.448)	−0.106 (0.469)
Growth	0.000 (0.998)	0.000 (0.961)	0.000 (0.981)	0.000 (0.985)	0.000 (0.977)	−0.001 (0.865)	0.000 (0.997)
Roalast	0.732** (0.041)	0.636* (0.074)	0.723** (0.043)	0.553 (0.122)	0.723** (0.043)	0.653* (0.067)	0.755** (0.037)
Year	控制	控制	控制	控制	控制	控制	控制
Ind	控制	控制	控制	控制	控制	控制	控制
Adj-R squared	0.017	0.026	0.018	0.025	0.018	0.023	0.017
Observations	4 951	4 951	4 951	4 951	4 951	4 951	4 951

注：同表 6-3-6。

(3) 稳健性检验

一是考虑到研发活动对创新绩效有滞后的影响,将因变量 t 期的创新绩效延后一期代入回归模型,结果如表 6-3-8 所示,主体回归结果仍然成立。

二是将专利授权的自然对数作为创新绩效的替代变量进行回归,结果如表 6-3-9 所示,假设 1 和假设 2 均成立。

表 6-3-8　因变量后一期的回归结果

变量	主效应	生理特征断裂带调节效应	任务相关断裂带调节效应
RD	4.978*** (0.000)	7.313*** (0.000)	6.983*** (0.000)
BDF		0.369 (0.189)	
TRF			−0.865*** (0.000)
RD * *BDF*		−0.062*** (0.000)	
RD * *TRF*			0.054** (0.025)
Adj-R squared	0.009	0.016	0.016
Observations	2 706	2 706	2 706

注:同表 6-3-6。

表 6-3-9　因变量替换为专利授权的回归结果

变量	主效应	生理特征断裂带调节效应	任务相关断裂带调节效应
RD	5.262*** (0.000)	6.820*** (0.000)	6.591*** (0.000)
BDF		0.542*** (0.008)	
TRF			−0.922*** (0.000)
RD * *BDF*		−0.065*** (0.000)	
RD * *TRF*			0.043 (0.033)
Adj-R squared	0.007	0.015	0.014
Observations	4 951	4 951	4 951

注:同表 6-3-6。

6.3.5　结论和启示

1. 结论

本文基于委托代理理论、高阶梯队理论、社会认同理论等相关理论基础，分析研发投入、管理团队生理特征断裂带、管理团队任务相关断裂带与公司创新绩效之间的关系。以我国A股上市公司2008—2017年的相关数据为样本，运用SPSS软件对样本数据进行实证研究。通过以上研究得出以下结论：管理团队生理特征断裂带对研发投入与公司创新绩效间正相关关系起负向调节作用，任务相关断裂带对研发投入与公司创新绩效间正相关关系起正向调节作用。生理特征断裂带处于较强情况下，子群体分化严重，在公司决策及实施创新战略的过程中由于认知的不同，成员间沟通不畅，易产生矛盾，一方面阻碍了有效的创新战略的决策，另一方面在研发资金投入创新项目后，管理团队没有充分发挥监督作用，致使资源没有得到有效的整合，进而弱化了研发投入对公司创新绩效的正效应。而当任务相关断裂带较强时，信息被充分的共享并针对细节详尽讨论，成员尊重并重视不同属性特征成员提出的意见，有效避免了信息过载情况的发生，并抑制研发过程中可能会出现的一言堂行为，提高了决策效率及监督质量，保证了公司研发创新活动的顺利实行。任务相关属性(教育背景、任期、职能背景等)的多样化会为公司带来多元化价值，促使管理团队打破思维定式，跳出思维框架，更加透彻了解研发的风险及可能带来的创新绩效，做出高质量的投资决策。因此，公司应完善管理团队成员的选聘机制，在选聘管理团队成员时，可以将管理团队生理特征断裂带和任务相关断裂带纳入考虑范畴，充分发挥断裂带的多元化价值，减少其负面影响，促进团队效能的提升。

2. 创新与不足

断裂带是一个较新的概念，学术界对它的研究也是刚刚起步。既往涉及基于决策群体特征研究的文献大多从某一特征或者某些特征的离散程度出发，并且大多只关注了公司绩效及创新行为某一方面，对断裂带如何影响公司创新战略研究较少。而本节以管理团队群体断裂带为主题，从社会认同理论视角入手研究了管理团队生理特征断裂带和任务相关断裂带对公司创新战略的影响，为公司创新提供了新视角，并且进一步丰富和完善了高阶理论。

本节的不足之处是在界定和计算团队断裂带时，将性别、年龄、职能背景、教育背景、任期等作为断裂带的属性特征，但是并未纳入价值观、个性等非人口统计学特征。同时，由于我们的研究采用了 Fau 算法来衡量断裂带，但是 Fau 算法下团队只能被分割成两个子群体，而无法讨论三个及三个以上子群体间的相互作用，并且没有过多关注群体内部的一致性。以上不足都为断裂带的衡量带来了一定的不确定性。此外，为了方便获取断裂带数据，选取了管理团队人数在 18 以内(含)的上市公司作为样本，在样本代表性上可能受到局限。

6.4 本章小结

本章介绍了我国上市公司年报文本信息的三个扩展应用：行业重分类和市场竞争指标改进；审计兼容性和审计专长指标细化；高管团队多样性和断裂带指标测量。这些应用都通过文本分析方法来挖掘年报文本信息价值，得到新的经济指标，并讨论新指标对传统指标的改进作用。本章研究为更广泛的年报文本信息扩展应用提供了借鉴。

首先，年报文本信息可以提供公司经营和产品相似度的数据，这改进了传统公司差异性和市场竞争力的指标。基于文本信息度量的竞争力指标，我们发现公司的研发投入需要通过加强公司产品差异性来提高公司长期业绩和价值。但这种中介效应在传统制造业更加明显，而在高新技术公司可能存在研发的加速化陷阱，导致公司研发投入即使提高了产品差异化，也面临难以转化为实际业绩的风险。

其次，年报文本信息通过相似度分析可以提供审计兼容性指标。与传统基于行业大颗粒度衡量的审计行业专长相比，审计兼容性更能考虑到行业内公司之间的差异性及其带来的审计风险变化，进而提供更细致的审计专长指标。结合审计定价，审计兼容性越高的客户更能使具有行业专长的审计师利用规模效应降低成本，进而可以给予更低的审计定价。

再次，通过对年报中高管团队的文本信息进行聚类分析，我们获得了断裂带指标。这种指标比原有停留在多样化基础上的指标更能反映高管之间的观点差异。在区分生理断裂带和任务断裂带的基础上，实证检验发现前者更容易造成团队内的沟通成本和困难，而后者更容易发挥多样化带来的决策全面性优势。

第七章 结 语

7.1 主要研究结论

上市公司年报披露是缓解资本市场信息不对称，进而实现资源有效配置的重要制度。已有会计领域对年报信息披露的研究主要聚焦在财务信息。然而，随着市场竞争和风险的加剧，以及公司经营模式与业务的复杂化，财务信息已难以满足市场参与者的信息需求，非财务信息的需求与日俱增。因此，上市公司年报也发生了显著的变化，文本信息的篇幅逐步超过了财务报表，日渐成为年报的主体部分。基于我国转型经济的背景，深入研究上市公司年报中的文本信息，对于识别新经济时代下改善信息不对称的有效途径，并最终实现资本市场的稳健发展，具有非常重要的意义。借助先进的计算机文本分析技术抓取文本特征，国内外学者如 Li(2010)以及林乐和谢德仁(2016)等开启了基于年报文本信息的实证研究。然而，年报文本信息研究涉及跨学科的知识应用，有关文本信息的理论基础、技术需求和研究框架尚未能得到系统讨论，导致研究进展相对缓慢。为此，本书通过文献梳理、技术归纳、实证分析等方法展开五个重点问题的研究：年报文本信息分析的理论基础、特征提取技术、披露影响因素、价值相关性和扩展应用。本书对这些问题的讨论取得如下主要结论：

1. 年报文本信息分析的理论基础

随着人们对年报信息披露的关注点从财务信息扩展到文本信息，已有基于信息不对称和委托代理关系的会计信息披露理论体系亟待扩展。语言学、修辞学、心理学、社会学和信息学等学科的知识对理解年报文本信息的语篇、词汇、语法、语调、语义和表达效果极为重要。吸纳这些学科相关理论形成的组织话语理论，为年报文本的语言转向提供了切实、有效的分析工具。基于符号学、言语行为理论和系统功能学，组织话语理论促使研究者关注年报文本信息和公司制度、战略、身份认同与变革的关系。这将为年报信息披露研究提供系统的新理论框架。与此同时，将组织话语理论融合到原有会计信息披露领域的信息含量、信号传递和印象管理模块的研究，将实质性推进年报信息披露理论的发展与完善。基于此，通过回顾国内外已有关于年报文本信息的实证研究，本书提出对我国上市公司年报文本信息的生成机制和经济后果加强讨论的必要性和可行性。

2. 年报文本信息特征提取技术

计算机文本信息处理技术是获取大样本文本信息特征变量的重要途径。理论上来说，自然语言处理领域的文本分析技术几乎都可以应用到会计领域。但实际中，由于文本建模的复杂性、数据分析时间和资源限制、从业人员的专业背景等问题，并非所有的先进文本分析技术都能带来增量效应。同时，有些先进的文本分析方法对于实际应用来说还过于前沿。为此，本书综述了较为成熟和在会计领域取得认可的文本分析技术，将其分为两大类，即基于机器学习的文本分类技术和基于字典的文本分类技术。通过解释了每一类分析技术的特征、关键步骤、使用的文本信息来源、分析结果的诠释，为文本分析技术在会计领域的推广应用提供了参考。同时，在比较字典法和机器学习法各自优缺点的基础上，本书提出会计领域加强年报文本信息专用字典研究的必要性，以及使用机器学习法提取文本信息特征时需要注意的问题。

3. 年报文本信息披露的影响因素

首先，在采用计算机文本分析技术提取出我国上市公司年报中 MD&A 的可读性和异质性的基础上，发现业绩越好的公司倾向于披露更易被理解的 MD&A 文本，但正向盈余管理减弱了这种正相关。这一方面反映出公司管理者担心应计盈余管理行为在投资者阅读文本信息时被发现，另一方面反映出高质量文本信息确实有助于投资者理解财务信息。其次，在分析我国创业板上市公司年报中的研发文本信息时，发现激烈的市场竞争增加了管理者对专有成本的考虑，导致研发文本信息披露质量的降低。这种现象在专利保护程度较低的行业中更为显著。再次，当管理者权力较大时，管理者可能出于个人声誉考虑而倾向于披露高大上的研发信息。这种信息篇幅虽长但很不容易被阅读者理解，此时，多元化的董事会将调节管理者的信息披露倾向，减少研发文本信息篇幅和降低文本阅读难度。这些研究结论对理解年报文本信息披露质量的影响因素提供了新的实证依据，也为监管者制定提高年报文本信息质量的措施提供了参考。

4. 年报文本信息的价值相关性

首先，MD&A 的文本可读性可以调节会计盈余的市场反应。如果在公司盈余为坏消息时，管理者通过披露更具可读性的文本信息来解释历史经营和展望未来发展，可以转移投资者尤其是非机构投资者对当前较差会计盈余的注意，稳定公司股价。其次，对于创业板上市公司的研发信息来说，由于投资者非常关注研发对公司未来价值的影响，创业板上市公司披露的研发文本信息篇幅越长、可读性越低和异质性越高，投资者对公司当年负面未预期盈余的市场反应越弱。这说明相对于 MD&A 信息，管理者更可能通过模糊手段操纵研发文本信息来影响投资者的判断。再次，对中小板和创业板上市公司的业绩说明会而言，高管对业绩说明的质量越高，投资者对盈余信息的理解更到位，进而股价对盈余信息的吸收更快速。这些价值相关性的研究区分不同的文本信息模块，结合财务盈余信息指出文本信息质量的影响，有力地补充了现有会计盈余反应系数的研究文献。

5. 年报文本信息的扩展应用

首先，年报文本信息可以提供公司经营和产品相似度的数据，这改进了传统公司差异性和市场竞争力的指标。基于文本信息度量的竞争力指标，我们发现公司的研发投入需要通过加强公司产品差异性来提高公司长期业绩和价值。但这种中介效应在传统制造业更加明显，而在高新技术公司可能存在研发的加速化陷阱，导致公司研发投入即使提高了产品差异化，也面临难以转化为实际业绩的风险。其次，年报文本信息通过相似度分析可以提供审计兼容性指标。与传统基于行业大颗粒度衡量的审计行业专长相比，审计兼容性更能考虑到行业内公司之间的差异性及其带来的审计风险变化，进而提供更细致的审计专长指标。审计兼容性越高的客户更能使具有行业专长的审计师利用规模效应降低成本，进而可以获取更低的审计定价。再次，通过对年报中高管团队的文本信息进行聚类分析，我们获得了断裂带指标。这种指标比原有停留在多样化基础上的指标更能反映高管之间的观点差异。在区分生理断裂带和任务断裂带的基础上，实证检验发现前者更容易造成团队内的沟通代沟和困难，而后者更容易发挥多样化带来的决策全面性优势。这些为年报中文本信息的扩展应用，以及进一步挖掘年报文本信息价值提供了参考。

7.2 研究的局限性

文本信息和财务数据是年报信息表达的两种重要方式，但与财务数据信息的研究相比，年报文本信息分析实施尚处于起步阶段。因此，会计领域引入文本分析毋庸置疑是一个影响深远的话题。本书的主要目的是尝试利用计算机文本分析技术提取上市公司年报文本信息特征，探讨文本信息的影响因素、经济后果和扩展应用中的一些常见问题。限于篇幅、时间和现有计算机技术的约束，本书对一些问题未能展开更为细致和全面的阐述。而且，由于2015年之前我国上市公司年报文本信息的披露格式规范较少，在文本信息截取上存在一定难度。这些问题导致了本书研究的不足和局限。

1. 文本信息模块和文本特征维度有待扩展

本书讨论的文本特征主要包括可读性、相似度或异质性、文本篇幅，但尚未展开年报文本情绪特征或文本过度自信等特征的讨论。这是因为本书主要提取的文本模块是管理者情况简介、MD&A、研发文本信息模块，在尝试应用文本情绪分析技术提取这些文本信息的特征维度时，发现样本情绪特征的差异性较小，几乎不能满足实证分析要求。这一方面可能与采用的年报文本信息情绪特征提取技术有关，需要建立更细化和专门化的年报情绪字典，或者需要扩展情绪特征分析视角，以捕捉更细微的情绪差异特征；另一方面与本书截取的主要年报文本信息模块有关，其他一些年报文本信息如社会责任、环境保护，以及广义的会计文本如盈余预测、分析师报告、媒体报告等尚未能纳入本书的研究中。

整体上看，本书只是基于目前文本信息研究阶段讨论较为成熟的文本模块和信息技术进行了局部的主题研究。如前所述，文本信息及其特征分析技术的引进将对会计领域的信息披露研究产生深远的影响，更多的会计文本信息模块以及更丰富维度的特征提取，都亟待得到探讨。这将为未来的研究提供广阔的空间。

2. 博弈模型和案例分析有待加强

本书讨论话题总体上具有一定的前瞻性，目的是通过这些研究中对年报文本信息的应用和观点的呈现，为更多的会计领域研究者关注和推广使用文本分析技术提供参考。因此，本书研究是以文献梳理、技术介绍和实证分析为主。

但在理论基础方面，结合组织话语理论和信息不对称理论，对监管层、投资者、公司管理者、公司治理层、同业竞争者、审计师、分析师等围绕年报文本信息展开的复杂多样的博弈，还需要建立细致的博弈模型。这将是完善年报文本信息理论体系的重要内容之一。在原有会计和财务领域的基本博弈模型基础上，吸纳更多语言学、修辞学、心理学、社会学等领域的知识，才有可能为相关博弈模型的发展提供扎实的基础。因此，对于年报文本分析而言，不仅是需要发展计算机文本特征提取技术，也需要更多社会科学领域交叉学科的融合，才能构建起完善和稳健的理论体系。

此外，会计领域对文字可能产生的影响的观点还不够一致，文本的可读性和情绪特征到底如何影响投资者，可以通过案例分析得到更为直观的感知。在修辞学和语言学领域，遣词造句的影响得到了较细致的讨论，但在年报中，文字语句可以采用哪些模糊方式？管理者在编制年报时是否考虑词汇选择，以及选择时有哪些考虑？词汇选择到底如何影响投资者的判断？为使更多的人获得对年报文本信息影响力的感知，典型的年报文本信息编制和阅读感受的调查访谈和案例分析有待展开。

本书限于研究模式和主题的限制，未能进行博弈分析和案例分析，这在后期研究中也是需要补充完善的。

3. 应用文本信息的内生性问题

发明家 Charles Franklin Kettering 曾说过："世界讨厌改变，但只有改变才能带来进步。"现在，用这句格言来形容从传统财务数据分析向更广阔的文本信息分析的转变，再合适不过了。尽管人们都意识到文本信息中包含的巨大商业价值和研究价值，但在财务数据信息基础上纳入文本信息将意味着改变，这种转变并不总是顺利的。一些不容忽视的内生性问题可能阻碍文本信息的应用，还需要更多解决这些内生性问题的方法。这包括：

- 现有关于影响财务信息的因素得到较为系统的讨论，但是年报文本信息的研究还处于发展阶段。目前在年报信息披露的研究中纳入文本信息后，主要的控制变量仍然是在原有财务信息影响因素框架内。由于文本信息从制度规范、词汇选择和经济后果上都不同于财务信息，因此，在讨论文本信息的研究中可能存在遗漏变量。

● 年报文本信息特征的提取主要采用计算机分析技术，但这种信息化技术的公式化处理过程很可能导致最后量化的结果忽视一些细节的语境和文本特征。并且，可读性和文本信息缺乏实质性内容，相似度与文本信息的模板化，都未能得到细致区分。例如，可读性好的公司，可能其文本信息缺乏实际内容，而相似度高的公司，可能仅仅是其文本披露都是模板化的。这些将可能产生测量误差的问题。

● 年报中的文本信息和财务信息是通过年报同时披露的，且往往财务业绩表现与文本信息质量息息相关。如何进一步区分财务信息的主效应和文本信息的调节效应，或文本信息的主效应和财务信息的调整效应，并解决可能存在的互为因果关系，也是相关研究需要解决的重要内生性问题。

7.3 未来研究方向

现在，文本分析已经对其他行业如医学、媒体、金融、企业管理等产生重要的改进作用，那么，财会行业对文本信息分析的应用势在必行。上述提到的本书研究中的局限性，可以为未来的研究提供明确的方向，以此推进更为完善的年报文本信息研究体系的形成。除此以外，财会行业至少可以做到如下三点来加速新兴文本分析技术的应用：为从业者提供指南，并更新信息披露要求来规范文本信息披露格式；鼓励文本技术的应用来评价文本信息披露质量和鼓励财会领域的文本研究；基于满足当今需求的文本分析技术来补充传统财会人员的研究技能。这也为未来研究提供了可行的方向。

1. 年报文本信息披露的相关制度规范

目前，我国对上市公司年报中的财务信息披露要求较高，而与文本信息规范相关的制度规定尚不具体。这种情况造成实务中一些主要年报文本信息模块披露的数量和质量不稳定。对于上市公司信息披露是否应该更加规范，学术界有三种观点:管制论、非管制论和适度管制论。但是,文本信息作为年报信息披露的重要内容,不仅自身包含丰富的内涵,也对财务信息起到重要的补充、解释和验证作用。完全依靠市场自我调节文本信息披露,很难产生高质量的文本信息。因此,对于年报阅读者的决策有重要影响的文本信息,可以考虑从内容上和用词上进行更为细致和更全面的规范,以此减少信息披露者的操纵行为。这至少包括:

(1) 探讨提高公司年报文本可读性水平的措施。从对中文文本可读性的概念界定上看,提高年报文本信息可读性可以从增加篇幅、缩短句长和减少专业术语使用三个角度进行。首先是增加篇幅,应适当要求增加对关键性问题的讨论,避免管理者对不重要的主题叙述过于冗长,否则超量信息反而会淹没重要信息(孙曼莉和姚岳,2005)。这就需要界定与主题相关的重要内容子项目。例如,公司的发展前景、公司近几年的扩展、公司具体的经营方向及今后将要涉足的领域,这些对投资者有着重大意义,细分这部分信息的披露内容,就能在很大程度上提高公司年报文本的可读性。其次是缩短平均句长,应尽量鼓励公司管理者有意识地在论述过程中运用较短的句子。但是,要求运用较短的语句可能增加缩写语或专业术语的使用频率。毕竟专业术语的文字效率高,意思表达精确。这就需要监管者进一步规范术语的使用。因为,从可读性来说,术语的使用可能增加难词频率进而降低文本可读性。为此,对专业术语的复杂程度可以编制等级列表,界定各类术语对投资者理解的障碍程度,明确需要在年报的编制工作中进一步解释说明的术语。这将是年报文本研究未来发展到更细化的研究时需要解决的重要问题之一。

(2) 进一步清晰界定文本信息披露范围。由于文本信息主要披露的是非财务信息,而当前没有对相关信息披露的范围进行明确的划分,只给了笼统的大标准,导致很多公司在实际的操作中拥有了过高的自由权,对公司的实际运营存在文本阐述不够明晰的情况。这样有关监管部门和广大投资者就无法根据公司所披露的文本信息判断公司的实际发展前景,这对整个市场环境将产生不利影响。赵子夜等(2019)甚至从我国历史的制度和文化角度提出公司有提供样板化报告进而避免披露成本的内在驱动力。如何避免大量公司提供样板化的报告?在分行业界定不同行业非财务信息披露项目内容和范围的基础上,结合各公司财务指标和发展阶段等信息,要求不同的信息披露范围,也将是未来年报文本信息披露改革需要讨论的问题。

(3) 重视多层次的简化型报告。我国上市公司信息使用者的理解能力参差不齐,但是在当前信息化发展快速的背景下,根据读者的理解能力差异,提供差别化公司报告具备了基础。可以将高度专业化的年报全文构成公司多层次年度报告体系的基础,在此基础上,可以考虑为非专业水平人群提供语言更简洁和通俗易懂的简化型公司报告,以满足市场不同投资者的信息需求。目前我国年报全文和年报摘要简化的重点在于会计报表及其附注,但关于董事、监事个人资料、监事会报告,以及公司治理结构等短期内较少发生重大变化的项目,可以在各年摘要中简单表述,降低阅读难度,减少投资决策并不急需的内容,突出重点信息。同时,可以增加图示法辅助投资者理解年报密密麻麻的文字信息。对于国内外学者曾经提到的公司脸谱图等,可以进一步讨论其实用性,以借助各种形式的图形,帮助投资者迅速判断出公司当前的大致经营状况。

2. 鼓励并开发文本信息分析模型

在计算机文本分析技术尚未成熟的期间,非财务信息一般被认为具有叙述性和可鉴性较差的特征。每年量化所有上市公司年报中以文本披露的非财务信息耗时耗力,所以监管层和市场中主要信息评级机构主要针对财务信息质量进行评级。而且,财务信息的真实可靠性得到外部审计机制的保障,但非财务信息依然是根据管理者的主观意愿进行披露。现在,计算机文本分析技术发展迅猛,一些关于文本可读性、前瞻性、相似度和情绪的分析技术已经取得公认。采用这些文本分析技术可以实现对海量文字质量的度量。在原有财务信息评价为主的体系中,引入文本分析法增加对非财务信息或自愿披露信息质量的衡量,可以很好地融入和发展已有年报信息评价体系。需要说明的是,虽然现在市场上提供了多种文本分析工具,但专门适用于年报的应用程序还有很大的开发空间。监管层和市场评级机构可以鼓励开发专门针对年报的文本分析模型,专门定制的分析模型可能更加有效。这不仅有助于督促上市公司管理者更加严谨考虑非财务信息的披露质量,而且能为形成全覆盖和常态化的年报文本信息鉴证机制打下基础。

3. 构建年报文本信息数据库

新技术和新的分析方法不断改变着公司价值分析所处的数据信息环境。通过先进的电子商务技术和网络平台,公司与其他组织间的电子信息将出现不同层次的整合。而且,个人电子设备、互联网信息和公司信息系统之间的交互日益频繁。这导致公司信息系统的接入口和交互点不断增加,更多的信息来源、更频繁的信息交换、不同的信息所有者和使用者、大量执行预先设定或特定状况分析的软件代理等,都将是未来财会数据分析生态系统的主要特征。但是,目前的数据分析系统主要通过结构化的财务数据信息实现数据关联,例如常见的 WIND 数据库,可以通过条件筛选意向股票。但是,非结构化的文本信息不仅能补充财务信息,且包含了大量不能进入财务报表的信息,投资者对年报文本信息数据库的需求也将提上日程。这就需要市场中开发包含公司文本信息以及对海量文本信息能够实现快速分析工具的数据库。这里的文本信息可以先从纳入年报文本信息开始,逐渐纳入其他公司披露的文本信息和广义的会计文本信息,为公司价值判断提供更丰富的素材。

4. 工商管理学科专业教育和培训体系

为有效执行年报文本分析,分析人员需要融合计算机技术和公司财务报告的知识,单纯的计算机专业或财会专业人才无法满足需要。并且,现有财会专业的课程设置主要是围绕财务信息展开的,对非财务信息和文本叙述技巧没有太多的训练。组织话语理论提出,年报不仅是公司履行信息披露义务的载体,也是公司进行宣传和社会构建的重要载体。如何融合信息学、修辞学、语言学、心理学和社会学知识,为工商管理学科的学生和从业人员进行年报语言组织和编写方面的培训,也将是未来教育领域需要讨论的话题。而且,为促进年报文本信息的研究,利用 python 技术进行的文本数据分析技术目前也需要通过培训使更多的研究者得以掌握。这对我国未来年报文本信息质量的提升具有重要意义。

参考文献

[1] 安艳辉,董五洲,游自英.基于改进的朴素贝叶斯文本分类研究[J].河北省科学院学报,2007(01):22－25.

[2] 蔡宁,杨旭,桂昭君.协作与竞争行为和企业集群竞争力的关联[J].经济管理,2002(018):114－114.

[3] 曹姗.基于 TF－IDF 特征提取的短文本分类方法[J].工业控制计算机,2018,31(04):109－110.

[4] 曹倩,丁艳,王超.汉语自动分词研究及其在信息检索中的应用[J].计算机应用研究,2004,21(005):71－74.

[5] 陈嘉映. 哲学中的语言学——万德勒的语言哲学论略[J].思想与文化,2003:240－261.

[6] 陈丽红,张龙平.行业同质性与事务所行业专门化战略——来自中国审计市场的经验证据[J].经济管理, 2011(002):116－124.

[7] 陈频.基于自然语言处理的中文科技论文特征提取研究[J].电脑知识与技术,2007(16):1112－1114.

[8] 陈晓,陈小悦,刘钊.A 股盈余报告的有用性研究——来自上海、深圳股市的实证证据[J].经济研究, 1999(06):21－28.

[9] 陈震,汪静.产品市场竞争、管理层权力与高管薪酬—规模敏感性[J].中南财经政法大学学报, 2014(04):136－143＋161.

[10] 程小可.会计系列公司盈余质量评价与实证分析[M].北京:清华大学出版社,2004.

[11] 崔超,肖明,常乐.团队断裂带计算理论综述[J].中国管理信息化,2015(01):115－117.

[12] 邓攀晓.基于机器学习的文本分类算法研究[D].北京邮电大学,2017.

[13] 范小雯.上市公司自愿性信息披露影响因素研究[J].证券市场导报,

2006(4):72－77.

[14] 高建.制度创新:创业资本的第一推动[J].新经济导刊,2004(3):92－93.

[15] 郭颂.面向航天领域知识管理的信息采集与分类应用研究[D].中国科学院国家空间科学中心,2016.

[16] 葛伟琪.澳大利亚上市公司年报图形手段评介[J].宁波大学学报(人文版),2009(05):87－91.

[17] 韩立丰,王重鸣,许智文.群体断层强度测量指标的构建与检验:一个整合的视角[J].心理科学进展,2010(02):374－384.

[18] 郝项超,苏之翔.重大风险提示可以降低 IPO 抑价吗?——基于文本分析法的经验证据[J].财经研究,2014,40(005):42－53.

[19] 贺建刚, 孙铮, 周友梅. 金字塔结构、审计质量和管理层讨论与分析——基于会计重述视角[J]. 审计研究, 2013(006):68－75.

[20] 胡元木,谭有超.非财务信息披露:文献综述以及未来展望[J].会计研究,2013(03):20－26.

[21] 胡壮麟.系统功能语言学的概率理论[C].国际语言评价系统研讨会,2005.

[22] 花贵如,郑凯,靳光辉.管理层对年报业绩自我服务归因偏差的动因研究——来自上市公司管理层讨论与分析的经验证据[J].华东经济管理,2014,28(05):129－133.

[23] 黄蕾.强化单位项目实施中的预算管理途径[J].中国电子商情:科技创新,2013(22):39－39.

[24] 黄群慧,贺俊.国际经验对我国产业政策调整的启示[J].中国经贸导刊,2015(04):4－5.

[25] 姜付秀.我国上市公司多元化经营的决定因素研究[J].管理世界,2006(05):136－143.

[26] 蒋艳辉,冯楚建.MD&A 语言特征,管理层预期与未来财务业绩——来自中国创业板上市公司的经验证据[J]. 中国软科学,2014(11):115－130.

[27] 勒孚刚.基于 LDA 模型的专利文本分类及演化研究[D].江西理工大学,2017.

[28] 荆龙姣.信息披露、产品市场竞争与投资效率的实证分析[J].统计与

决策,2017(04):175－178.

[29] 金希恩.国外人工智能在非财务绩效评价的运用与启示[J].现代管理科学,2018(10):103－105.

[30] 孔振.基于 VSM 的文本分类系统的设计和实现[D].哈尔滨工业大学,2014.

[31] 况学文,陈俊.董事会性别多元化、管理者权力与审计需求[J].南开管理评论,2011(06):48－56.

[32] 刘志迎,赵雪.高管团队断裂带对二元创新的影响——基于中国上市医药企业的实证研究[J].技术经济,2017,36(12):45－52.

[33] 李萍.我国上市公司年报中"管理层讨论与分析"的可读性分析[J].时代金融,2018(09):225－226.

[34] 李清.基于内部控制的管理舞弊影响因素研究——来自上市公司的经验证据[D].杭州电子科技大学,2012.

[35] 李荣陆,王建会,陈晓云.使用最大熵模型进行中文文本分类[J].计算机研究与发展,2005,42(1):94－101.

[36] 李万福,杜静,张怀.创新补助究竟有没有激励企业创新自主投资——来自中国上市公司的新证据[J].金融研究,2017(10):134－149.

[37] 李维安,刘绪光,陈靖涵.经理才能、公司治理与契约参照点——中国上市公司高管薪酬决定因素的理论与实证分析[J].南开管理评论,2010(002):4－15.

[38] 李晓慧,孙蔓莉.业绩归因分析在审计风险识别中的运用研究[J].会计研究,2012(09):82－88.

[39] 李小青,周建.董事会群体断裂带的内涵、来源以及对决策行为的影响——文献综述与理论研究框架构建[J].外国经济与管理,2014(3):3－9.

[40] 李艳.高等教育有效供给规模分析[J].江西财经大学学报,2007(003):113－116.

[41] 廖建桥,文鹏,王兢岩.从秋后算账到指点迷津:绩效管理的战略转移[J].中国人力资源开发,2010(02):67－70.

[42] 林乐,谢德仁.投资者会听话听音吗?——基于管理层语调视角的实证研究[J].财经研究,2016,42(7):28－39.

[43] 林乐,谢德仁.分析师荐股更新利用管理层语调吗?——基于业绩说

明会的文本分析[J].管理世界，2017(11)：125－145.

[44] 林明，董必荣，戚海峰.上市国企高管团队任务断裂带对企业绩效的影响——实际控制人控股程度与市场竞争的调节作用[J].财贸研究，2018，29(04)：93－101.

[45] 刘江林.向量空间模型的稀疏文本分类[J].内蒙古师范大学学报(自然科学汉文版)，2016，45(04)：489－491＋496.

[46] 刘睿智，胥朝阳.竞争战略、企业绩效与持续竞争优势——来自中国上市公司的经验证据[J].科研管理，2008(6)：38－45.

[47] 刘伍颖.面向垃圾信息过滤的主动多域学习文本分类方法研究[D].国防科学技术大学，2011。

[48] 刘迁，贾惠波.中文信息处理中自动分词技术的研究与展望[J].计算机工程与应用，2006，042(003)：175－177＋182.

[49] 刘星，徐光伟.政府管制、管理层权力与国企高管薪酬刚性[J].经济科学，2012(01)：86－102.

[50] 陆正华，谢智敏.中航工业反向购买北亚集团的会计处理分析[J].财会月刊，2014.

[51] 逯东，万丽梅，杨丹.创业板公司上市后为何业绩变脸？[J].经济研究，2015，050(002)：132－144.

[52] 罗婷，朱青，李丹.解析 R&D 投入和公司价值之间的关系[J].金融研究，2009(6)：100－110.

[53] 吕源，彭长桂.话语分析：开拓管理研究新视野[J].管理世界，2012(010)：157－171.

[54] 马连福，张燕，高塬.董事会断裂带与公司创新战略决策——基于技术密集型上市公司的经验数据[J].预测，2018，37(02)：37－43.

[55] 孟庆斌，范为，吴琮.中国国债发行的价格冲击现象研究[J].管理评论，2017，029(010)：34－41.

[56] 裴蓓.相得益彰抑或欲盖弥彰？——管理层语调管理与分析师预测行为的实证研究[D].厦门大学，2017.

[57] 权小锋，吴世农，文芳.管理层权力、私有收益与薪酬操纵[J].经济研究，2010(11)：75－89.

[58] 任莉莉，张瑞君.供应商集中度、财务柔性与企业研发投入[J].研究

与发展管理,2019,31(02):71－81.

[59] 任宏达,王琨.产品市场竞争与信息披露质量——基于上市公司年报文本分析的新证据[J].会计研究,2019(3):32－39.

[60] 施聪莺,徐朝军,杨晓江.TFIDF算法研究综述[J].计算机应用,2009,29(S1):167－170+180.

[61] 宋枫溪,高林.文本分类器性能评估指标[J].计算机工程,2004(13):107－109+127.

[62] 孙爱军,陈小悦.关于会计盈余的信息含量的研究——兼论中国股市的利润驱动特性[J].北京大学学报:哲学社会科学版,2002(01):15－27.

[63] 孙刚.基于线性回归的中文文本可读性预测方法研究[D].南京大学,2015.

[64] 孙蔓莉.上市公司年报语言信息披露中的印象管理行为研究——心理学、传播学理论与方法在公司报告研究中的应用[D].中国人民大学,2004.

[65] 孙蔓莉,蒋璐,孙健.业绩归因的自利性披露及市场反应研究——汇率单边升值情境下的纺织业表现[J].会计研究,2013(04):46－51

[66] 孙蔓莉,姚岳.公司报告语言信息研究[J].甘肃社会科学,2005(003):244－247.

[67] 孙自愿,王玲,李秀枝,赵绍娟.研发投入何时能提升企业绩效——内部控制有效性的调节效应[J].软科学,2019:1－11.

[68] 王建华,王海云.关于研发投资“加速化陷阱”的实证分析[J].国际贸易问题,2005(11):97－102.

[69] 王克敏,王华杰,李栋栋.年报文本信息复杂性与管理者自利——来自中国上市公司的证据[J].管理世界, 2018,34(012):120－132.

[70] 王钦池.信号传递与信号均衡——关于信号理论的一个文献综述[J].山西财经大学学报, 2009(S2):180－180.

[71] 汪沛,葛玉辉.TMT断裂带对创新绩效的影响研究[J].科技管理研究,2018,38(17):23－28.

[72] 王绍卿.公司多样化经营中行业选择问题的案例分析[D].河北工业大学,2006.

[73] 王维虎,李娟.上市公司会计信息披露中印象管理行为研究[J].山东财政学院学报,2012(01):54－58.

[74] 魏月如.高管团队断裂带对变革型领导与企业绩效关系的调节作用[J].领导科学,2018(14):38-41.

[75] 温潇.分布式表示与组合模型在中文自然语言处理中的应用[D].东南大学,2016.

[76] 吴世农,黄志功.上市公司盈利信息报告,股价变动与股市效率的实证研究[J].会计研究,1997(004):12-17.

[77] 吴晓波,韦影.制药企业技术创新战略网络中的关系性嵌入[J].科学学研究,2005,23(004):561-565.

[78] 肖浩,詹雷,王征.国外会计文本信息实证研究述评与展望[J].外国经济与管理,2016,38(9):93-112.

[79] 肖华芳,袁建国.上市公司自愿性信息披露程度与公司特征的实证研究[J].财会月刊,2007(004):2-5.

[80] 肖作平,刘辰嫣.上下游企业议价能力,产品独特性与企业商业信用——来自中国制造业上市公司的经验证据[J].证券市场导报,2017(9):33-41.

[81] 许强,王利琴,茅旭栋.CEO—董事会关系如何影响企业研发投入?[J].外国经济与管理,2019, 41(04):127-139.

[82] 薛爽,肖泽忠,潘妙丽.管理层讨论与分析是否提供了有用信息?——基于亏损上市公司的实证探索[J].管理世界,2010(005):130-140.

[83] 薛云奎,王志台.R&D 的重要性及其信息披露方式的改进[J].会计研究,2001(003):20-26.

[84] 阎达五,孙蔓莉.深市 B 股发行公司年度报告可读性特征研究[J].会计研究,2002(5):10-17.

[85] 杨陈,唐明凤.团队断裂带对团队创新绩效的作用机理研究[J].科学学与科学技术管理,2017(3):172-180.

[86] 杨德明,林斌,辛清泉.盈利质量、投资者非理性行为与盈余惯性[J].金融研究,2007(002):122-132.

[87] 杨清香,俞麟,宋丽.内部控制信息披露与市场反应研究——来自中国沪市上市公司的经验证据[J].南开管理评论,2012(01):123-130.

[88] 杨兴全,张丽平,吴昊旻.控股股东控制、管理层激励与公司过度投资[J].商业经济与管理, 2012(10):28-39.

［89］伊志宏，姜付秀，秦义虎. 产品市场竞争、公司治理与信息披露质量［J］. 管理世界，2010(001)：133 - 141.

［90］于李胜，王艳艳. 信息不确定性与盈余公告后漂移现象（PEAD）——来自中国上市公司的经验证据［J］. 管理世界，2006(03)：46 - 49 + 56 + 171 - 172.

［91］于团叶，黄浩. 基于净利润视角的营销人员激励机制研究［J］. 上海管理科学，2013(05)：19 - 23.

［92］曾庆生，周波，张程. 年报语调与内部人交易："表里如一"还是"口是心非"？［J］. 管理世界，2018，34(09)：149 - 166.

［93］张超林. 文本分类技术在数字图书馆中的应用与研究［D］. 首都师范大学，2007.

［94］张川，潘飞. 业绩评价指标在我国企业中的采用现状与启示［J］. 经济与管理研究，2007(12)：22 - 27.

［95］张红军. 面向网络舆情的文本分类系统研究与实现［D］. 电子科技大学，2017.

［96］张慧玉，杨静. 组织话语研究评述及展望［J］. 外国经济与管理，2016(7)：57 - 75.

［97］张美. 中小企业现金管理中存在的问题及对策研究［J］. 经济与社会发展研究，2015(1)：194 - 195.

［98］张绍杰. 任意符号系统和自然符号系统——索绪尔与韩礼德语言哲学思想探索［J］. 东北师大学报（哲学社会科学版），2003(002)：80 - 85.

［99］张永冀，炎晓阳，张瑞君. 产品市场竞争与关联方交易——基于战略转移定价理论的实证分析［J］. 会计研究，2014(012)：79 - 85.

［100］赵纯祥，张敦力. 市场竞争视角下的管理者权力和企业投资关系研究［J］. 会计研究，2013(010)：67 - 74.

［101］赵立新，黄燕铭. 构建以投资者需求为导向的上市公司信息披露体系［M］. 北京：中国金融出版社，2013.

［102］赵宇龙. 会计盈余披露的信息含量——来自上海股市的经验证据［J］. 经济研究，1998(07)：3 - 5.

［103］郑兵云，陈圻，李邃. 差异化战略对企业绩效的影响研究——基于创新的中介视角［J］. 科学学研究，2011，29(9)：1406 - 1414.

［104］赵子夜，杨庆，杨楠．言多必失？管理层报告的样板化及其经济后果［J］．管理科学学报，2019，22(3)：53－70．

［105］周国红，陆立军．地方政府协作与集群企业创新绩效——基于1184家集群企业问卷调查与分析［J］．科技管理研究，2009(06)：150－151．

［106］周建，李小青．董事会群体断裂带对企业战略绩效的影响研究——董事长职能背景和董事会持股比例的调节作用［J］．外国经济与管理，2015(11)：3－14．

［107］周美华，林斌，林东杰．管理层权力、内部控制与腐败治理［J］．会计研究，2016(3)：56－63．

［108］朱永生．试论现代汉语的言据性［C］．国际语言评价系统研讨会．2005．

［109］Abdel-Meguid，Taha，A.. Predictors of Sperm Recovery and Azoospermia Relapse in Men with Nonobstructive Azoospermia after Varicocele Repair［J］. *Journal of Urology*，2012，187(1)：222－226．

［110］Aerts，Walter. On the Use of Accounting Logic as an Explanatory Category in Narrative Accounting Disclosures［J］. *Accounting Organizations & Society*，1994，19(4)：337－353．

［111］Agrawal，A.，Knoeber，C. R.. Firm Performance and Mechanisms to Control Agency Problems between Managers and Shareholders［J］. *Journal of Financial and Quantitative Analysis*，1996，31(3)：377－397．

［112］Ahmad，K. M.，Ashraf，S.，Ahmed，S.. Is the Indian Stock Market Integrated with the US and Japanese Markets? ［J］. *South Asia Economic Journal*，2005 6(2)：193－206．

［113］Alan，W.. Coisotropic Calculus and Poisson Groupoids［J］. *Journal of the Mathematical Society of Japan*，2006，40(4)：705－727．

［114］Alvesson，M.，Karreman，D.. Varieties of Discourse：On the Study of Organizations through Discourse Analysis［J］. *Human Relations*，2000，53(9)：1125－1149．

［115］Amel-Zadeh A.，Serafeim G.. Why and How Investors Use ESG Information：Evidence from a Global Survey［J］. *CFA Financial Analyst Journal*. 74(3)：1－17．

[116] Andrew, B.R., Ankur, M.D., Luke, A.G., Aphinyanaphongs Y.. Use of a Machine-Learning Method for Predicting Highly Cited Articles within General Radiology Journals[J]. *Academic Radiology*, 2016, 23(12): 1573 - 1581.

[117] Arbel, A., Strebel, P.. Pay Attention to Neglected Firms[J]. *Journal of Portfolio Management*, 2009, 9(2): 37 - 42.

[118] Bagnoli, M., Watts, S.. Voluntary Assurance of Voluntary CSR Disclosure[J]. *Journal of Economics & Management Strategy*, 2017, 26 (1): 205 - 230.

[119] Ball, R., Brown, P.. An Empirical Evaluation of Income Numbers [J]. *Journal of Accounting Research*, 1968, 6(2): 159 - 178.

[120] Balogun, T. B., Yakubu, A.M.. Recent Illness, Feeding Practices and Father's Education as Determinants of Nutritional Status among Preschool Children in a Rural Nigerian Community[J]. *Journal of Tropical Pediatrics*, 2015, 61(2): 92 - 97.

[121] Barkema, H. G., Shvyrkov, O.. Does Top Management Team Diversity Promote or Hamper Foreign Expansion? [J]. *Strategic Management Journal*, 2007, 28(7): 663 - 680.

[122] Barkemeyer, R., Holt, D., Preuss, L.. What Happened to the Development in Sustainable Development? Business Guidelines Two Decades after Brundtland[J]. *Sustainable Development*, 2014, 22(1): 15 - 32.

[123] Baron, R. M., Kenng, D. A.. The Moderator-Mediator Variable Distinction in Social Psychological Research: Conceptual, Strategic, and Statistical Considerations [J]. *Journal of Personality and Social Psychology*, 1986, 51(6): 1173 - 1182.

[124] Bart, C., Mcqueen, G.. Why Women Make Better Directors[J]. *International Journal of Business Governance & Ethics*, 2013, 8(1): 93 - 99.

[125] Beattie, V., Jones, M. J.. Impression Management: The Case of Inter-Country Financial Graphs[J]. *Journal of International Accounting, Auditing and Taxation*, 2000, 9(2): 159 - 183.

[126] Beattie, V., Fearnley, S., Brandt, R.. A Grounded Theory

Model of Auditor-Client Negotiations[J]. *International Journal of Auditing*, March 2004, 8(1):1 - 19.

[127] Beaver, W. H.. Alternative Accounting Measures as Predictors of Failure[J]. *The Accounting Review*, 1968, 43(1):113 - 122.

[128] Bedford, N.M., Baladouni, V.. A Communication Theory Approach to Accounting[J]. *The Accounting Review*, 1962, 37(4):650 - 659.

[129] Ben, Rampton. Youth, Race, and Resistance: A Sociolinguistic Perspective[J]. *Linguistics & Education*,1996,8(2):159 - 173.

[130] Berger,P.L., Luckmann,T.. *The Social Construction of Reality*[M].Newyork:Doubleday,1967.

[131] Bergmann, G.. *Logic and Reality*[M]. University of Wisconsin Press, 1964.

[132] Beukeboom, C. J.. *Mechanisms of Linguistic Bias: How Words Reflect and Maintain Stereotypic Expectancies*[M]. Social Cognition and Communication. 2014.

[133] Beyer, A., Cohen, D. A., Lys, T. Z., Walther, B. R.. The Financial Reporting Environment: Review of the Recent Literature[J]. *Journal of Accounting and Economics*, 2010, 50(2 - 3):296 - 343.

[134] Bhagat, S., Black, B. S.. The Non-Correlation between Board Independence and Long-Term Firm Performance[J]. *Journal of Corporation Law*, 2002, 27:231 - 274.

[135] Bloomfield, R.. The Incomplete Revelation Hypothesis and Financial Reporting[J]. *Accounting Horizons*, 2002, 16(3):233 - 243.

[136] Bloomfield,R., Kristina, R..From the Laboratory to the Virtual World: Applications for Financial Reporting Research[J]. *The Accounting Review*, 2010 February:1473 - 1474.

[137] Bloomfield, T. H.. General Gynecology: The Requisites in Obstetrics and Gynaecology[J]. *Journal of Obstetrics &Gynaecology*, 2008, 28(4): 466 - 466.

[138] Botosan, C. A.. Disclosure Level and the Cost of Capital[J]. *Social Science Electronic Publishing*, 1997, 15(2):114 - 127.

[139] Bozzolan, S., Trombetta, M., Beretta, S.. Forward-Looking Disclosures, Financial Verifiability and Analysts' Forecasts: A Study of Cross-Listed European Firms [J]. *European Accounting Review*, 2009, 18(3):435 - 473.

[140] Brown, S. V., Tucker, J. W.. Large-Sample Evidence on Firms' Year-over-Year MD&A Modifications[J]. *Journal of Accounting Research*, 2011, 49(2):309 - 346.

[141] Brown, S. V., Knechel, W. R.. Auditor-Client Compatibility and Audit Firm Selection[J]. *Journal of Accounting Research*, 2016, 54(3): 725 - 775.

[142] Bryan, Nanson. Editorial: Towards a National Geospatial Data Framework[J]. *Journal of the Royal Statistical Society*, 1997, 160(2): 165 - 167.

[143] Bushee, B. J., Gow, I. D., Taylor, D. J.. Linguistic Complexity in Firm Disclosures: Obfuscation or Information? [J]. *Journal of Accounting Research*, 2018, 56(1):85 - 121.

[144] Bushman, R. M., Piotroski, J. D., Smith, A. J.. What Determines Corporate Transparency? [J]. *Journal of Accounting Research*, 2004, 42(2):207 - 252.

[145] Chambers, D., Jennings, R., Thompson, R. B.. Excess Returns to R&D-Intensive Firms[J]. *Review of Accounting Studies*, 2002, 7(2 - 3): 133 - 158.

[146] Ittner, C.D., Larcker, D.F.. Quality Strategy, Strategic Control Systems, and Organizational Performance[J]. *Accounting Organizations & Society*, 1997, 22(3 - 4):293 - 314.

[147] Ciftci, M., Zhou, N.. Capitalizing R&D Expenses versus Disclosing Intangible Information[J]. *Review of Quantitative Finance & Accounting*, 2016, 46(3):661 - 689.

[148] Core, J. E., Guay, W. R., Verdi, R.. Is Accruals Quality a Priced Risk Factor? [J]. *Journal of Accounting and Economics*, 2006, 46(1):2 - 22.

[149] Cole, C. J., Jones, C. L.. The Usefulness of MD&A Disclosures in the Retail Industry[J]. *Journal of Accounting, Auditing & Finance*, 2004, 19(4):361-388.

[150] Cready, W. M., Mynatt, P. G.. The Information Content of Annual Reports: A Price and Trading Response Analysis[J]. *Accounting Review*, 1991, 66(2):291-312.

[151] Cornelissen, J. P., Durand, R., Fiss, P.C., Lammers, J.C., Vaara, E.. Putting Communication Front and Center in Institutional Theory and Analysis[J]. *Academy of Management Review*, 2015, 40(1), 10-27.

[152] Dahlin, K.B., Weingart, L.R., Hinds, P.J.. Team Diversity and Information Use[J]. *Academy of Management Journal*, 2005, 48(6): 1107-1123.

[153] Donelson, D.C., Mclnnis, J.M., Mergenthaler, R.D., Yu, Y.. The Timeliness of Bad Earnings News and Litigation Risk[J]. *Accounting Review*, 2012, 87(6):1967-1991.

[154] Dale, E., Chall, J. S.. A Formula for Predicting Readability: Instructions[J]. *Educational Research Bulletin*, 1948, 27(2):37-54.

[155] Davis, A. K., Ge, W., Matsumoto, D., Zhang, J.L.. The Effect of Manager-Specific Optimism on the Tone of Earnings Conference Calls[J]. *Review of Accounting Studies*, 2015, 20(2):639-673.

[156] Dechow, P. M., Dichev, I. D.. The Quality of Accruals and Earnings: The Role of Accrual Estimation Errors[J]. *The Accounting Review*, 2002, 77(S-1):35-59.

[157] Dedman, E., Lennox, C.. Perceived Competition, Profitability and the Withholding of Information about Sales and the Cost of Sales[J]. *Journal of Accounting & Economics*, 2009, 48(2-3):210-230.

[158] Dhaliwal, D. S., Lee, K. J., Fargher, N. L.. The Association between Unexpected Earnings and Abnormal Security Returns in the Presence of Financial Leverage[J]. *Contemporary Accounting Research*, 1991, 8(1):20-41.

[159] Dopuch, N., Holthausen, R. W., Leftwich, R. W.. Abnormal

Stock Returns Associated with Media Disclosures of 'Subject To' Qualified Audit Opinions[J]. *Journal of Accounting & Economics*, 1986, 8(2): 93-117.

[160] Epstein, M. J., Pava, M. L.. How Good is MD&A as an Investment Tool? [J]. *Journal of Accountancy*, 1993, 175(3):51-53.

[161] Fama, E.F.. Efficient Capital Markets: A Review of Theory and Empirical Work[J]. *Journal of Finance*, 1970, 25(2):383-417.

[162] Fan, J. P. H., Wong, T. J.. Corporate Ownership Structure and the Informativeness of Accounting Earnings in East Asia[J]. *Journal of Accounting and Economics*, 2002, 33(3):401-425.

[163] Feldman, R., Govindaraj, S., Livnat, J., Segal, B.. Management's Tone Change, Post Earnings Announcement Drift and Accruals[J]. *Review of Accounting Studies*; New York, 2010, 15(4):915-953.

[164] Foucault,M. *The Archaeology of Knowledge &the Discourse on Language*[M]. Pantheon Books, 1972.

[165] Freeman, C.. *Technical Innovation, Diffusion, and Long Cycles of Economic Development*[M]. The Long-Wave Debate. Springer, Berlin, Heidelberg, 1987: 295-309.

[166] Fuoli, Matteo. Building a Trustworthy Corporate Identity: A Corpus-Based Analysis of Stance in Annual and Corporate Social Responsibility Reports[J]. *Applied Linguistics*, 2018, 39(6):846-885.

[167] Gratton, L., Viogt, A., Erickson, T.. Bridging Faultlines in Diverse Teams[J]. *Engineering Management Review IEEE*, 2011, 39(1): 80-90.

[168] Grossman, S. J.. The Informational Role of Warranties and Private Disclosure about Product Quality: Comment[J]. *Journal of Law & Economics*, 1981, 24(3), 461-483.

[169] Grossman, G. M., Helpman, E.. Trade, Knowledge Spillovers, and Growth[J]. *European Economic Review*, 1991, 35(2-3):517-526.

[170] Hagedoorn, J., Cloodt, M.. Measuring Innovative Performance: Is there an Advantage in Using Multiple Indicators? [J]. *Research Policy*,

2003, 32(8):1365 - 1379.

[171] Hambrick, D. C., Mason, P. A.. Upper Echelons: The Organization as a Reflection of its Top Managers[J]. *Academy of Management Review*, 1984, 9(2):193 - 206.

[172] Hambrick, D. C.. Corporate Coherence and the Top Management Team[J]. *Strategy & Leadership*, 1997, 25(5):24 - 29.

[173] Hanley, K. W., Hoberg, G.. The Information Content of IPO Prospectuses[J]. *Review of Financial Studies*, 2010, 23(7):2821 - 2864.

[174] Healy, P. M., Wahlen, J. M.. A Review of the Earnings Management Literature and its Implications for Standard Setting [J]. *Accounting Horizons*, 1999, 13(4):365 - 383.

[175] Healy, Paul, Palepu, K.G.. Information Asymmetry, Corporate Disclosure, and the Capital Markets: A Review of the Empirical Disclosure Literature. [J]. *Journal of Accounting & Economics*, 2001, 31(1 - 3): 405 - 440.

[176] Henry, E.. Are Investors Influenced by How Earnings Press Releases are Written? [J]. *International Journal of Business Communication*, 2008, 45(4):363 - 407.

[177] Hoberg, G., Hanley, K. W.. The Information Content of IPO Prospectuses[J]. *Review of Financial Studies*, 2010, 23(7):2821 - 2864.

[178] Hoberg, G., Phillips, G. M.. Product Market Synergies and Competition in Mergers and Acquisitions: A Text-Based Analysis [J]. *Review of Financial Studies*, 2010,23 (10), 3773 - 3811.

[179] Hoberg, G., Phillips, G. M.. Product Market Threats, Payouts, and Financial Flexibility[J]. *The Journal of Finance*, 2014, 69:293 - 324.

[180] Hoberg, G., Phillips, G. M.. Text-Based Network Industries and Endogenous Product Differentiation [J]. *Journal of Political Economy*, 2016,124 (5), 1423 - 1465.

[181] Hoberg, G., Phillips, G.. Conglomerate Industry Choice and Product Language[J]. *Management Science*, 2018, 64(8):3735 - 3755.

[182] Hoefele, Andreas. Endogenous Product Differentiation and

International R&D Policy [J]. *International Review of Economics & Finance*, 2016, 41:335 - 346.

[183] Hope, O. K., Hu, D., Lu, H.. The Benefits of more Detailed Risk-Factor Disclosures[J]. *Review of Accounting Studies*, 2016, 21(4): 1005 - 1045.

[184] Ibarra, Herminia, Barbulescu, Roxana. Identity as Narrative: Prevalence, Effectiveness, and Consequences of Narrative Identity Work in Macro Work Role Transitions.[J]. *Academy of Management Review*, 2010, 35(1):135 - 154.

[185] Jason, Rose. Taking Human Error out of Financial Spreadsheets [J]. *Strategic Finance*, 2007, 88(9):53 - 55.

[186] Jegadeesh, N., Wu, D.. Word Power: A New Approach for Content Analysis[J]. *Journal of Financial Economics*, 2013, 110(3): 712 - 729.

[187] Johnson, M. F., Nelson, K.K., Pritchard, A.C.. Do the Merits Matter more? The Impact of the Private Securities Litigation Reform Act[J]. *Journal of Law, Economics, and Organization*, 2007 23(3):627 - 652.

[188] Brazel, J.F., Jones, K.L., Zimbelman, M.F.. Using Nonfinancial Measures to Assess Fraud Risk[J]. *Journal of Accounting Research*, 2009, 47(5):1135 - 1166.

[189] Kaczmarek, S., Kimino, S., Pye, A.. Board Task-Related Faultlines and Firm Performance: A Decade of Evidence[J]. *Corporate Governance:An International Review*, 2012, 20(4):337 - 351.

[190] Kahneman, D., Tversky, A.. Prospect Theory of Decisions Under Risk[J]. *Econometrica*, 1979, 47(2):263 - 291.

[191] Kahneman, D., Tversky, A.. On the Psychology of Prediction [J]. *Psychological Review*, 1973, 80(4):237 - 251.

[192] Kimbrough, M. D.. The Influences of Financial Statement Recognition and Analyst Coverage on the Market's Valuation of R&D Capital [J]. *Accounting Review*, 2007, 82(5):1195 - 1225.

[193] Kothari, S. P., Li, X., Short, J. E.. The Effect of Disclosures by

Management, Analysts, and Business Press on Cost of Capital, Return Volatility, and Analyst Forecasts: A Study Using Content Analysis[J]. *Social Science Electronic Publishing*, 2009, 84(5):1639 - 1670.

[194] Kravet, T., Muslu, V.. Textual Risk Disclosures and Investors' Risk Perceptions[J]. *Review of Accounting Studies*, 2013, 18(4):1088 - 1122.

[195] Larcker, D. F., Zakolyukina, A. A.. Detecting Deceptive Discussions in Conference Calls[J]. *Journal of Accounting Research*, 2012, 50(2): 495 - 540.

[196] Lau, D. C., Murnighan, J. K.. Demographic Diversity and Faultlines: The Compositional Dynamics of Organizational Groups[J]. *Academy of Management Review*, 1998, 23(2):325 - 340.

[197] Lee, C., Lee, K., Pennings, J. M.. Internal Capabilities, External Networks, and Performance: A Study on Technology-Based Ventures[J]. *Strategic Management Journal*, 2001, 22(6 - 7):615 - 640.

[198] Lehavy, R., Li, F., Merkley, K.. The Effect of Annual Report Readability on Analyst Following and the Properties of their Earnings Forecasts[J]. *The Accounting Review*, 2011, 86(3):1087 - 1115.

[199] Lev, B., Sougiannis, T.. The Capitalization, Amortization, and Value-Relevance of R&D[J]. *Journal of Accounting and Economics*, 1996, 21(1):107 - 138.

[200] Lev, B., Gu, F.. *The End of Accounting and the Path Forward for Investors and Managers*[M]. John Wiley &Sons, 2016.

[201] Lev, S., Belyaev. California's Electricity Crisis—A Warning Sign for Europe[J]. *Economic Bulletin*, 2001, 38(9):283 - 292.

[202] Li, F., Yang, Y.. A Loss Function Analysis for Classification Methods in Text Categorization[C]. Machine Learning, Proceedings of the Twentieth International Conference, 2003:472 - 479.

[203] Li, F..Textual Analysis of Corporate Disclosures:A Survey of the Literature[J]. *Journal of Accounting Literature*, 2010,29:143 - 165.

[204] Li, F.. Annual Report Readability, Current Earnings, and Earnings Persistence[J]. *Journal of Accounting & Economics*, 2008, 45(2 - 3):

221 - 247.

[205] Liesman, S., Weil, J., Schroeder, M.. Dirty Books? Accounting Debacles Spark Calls for Change: Here's the Rundown. [J]. *Wall Street Journal*, 2002, February 6: A1.

[206] Loughran, T., Mcdonald, B.. Textual Analysis in Accounting and Finance: A Survey[J]. *Journal of Accounting Research*, 2016, 54(4): 1187 - 1230.

[207] Loughran, T., Mcdonald, B.. When is a Liability not a Liability? Textual Analysis, Dictionaries, and 10-Ks[J]. *Journal of Finance*, 2011, 66(1):35 - 65.

[208] Loughran, T., Mcdonald, B.. Regulation and Financial Disclosure: The Impact of Plain English[J]. *Journal of Regulatory Economics*, 2014, 45(1):94 - 113.

[209] Low, K. Y.. The Effects of Industry Specialization on Audit Risk Assessments and Audit-Planning Decisions[J]. *Accounting Review*, 2004, 79(1):201 - 219.

[210] Luhn, H. P.. The Automatic Creation of Literature Abstracts[J]. *IBM Journal of Research and Development*, 1958, 2(2):159 - 165.

[211] Lyandres, Evgeny. Capital Structure and Interaction among Firms in Output Markets: Theory and Evidence[J]. *Journal of Business*, 2006, 79(5):2381 - 2422.

[212] Matteo, F., Charlotte, H.. Optimising Transparency, Reliability and Replicability: Annotation Principles and Inter-Coder Agreement in the Quantification of Evaluative Expressions [J]. *Corpora*, 2015, 10 (3): 315 - 349.

[213] May, R. G.. The Influence of Quarterly Earnings Announcements on Investor Decisions as Reflected in Common Stock Price Changes [J]. *Journal of Accounting Research*, 1971, 9: 119 - 163.

[214] McCabe, J.Doing Multiculturalism: An Interactionist Analysis of the Practices of a Multicultural Sorority [J]. *Journal of Contemporary Ethnography*, 2011,40(5):521 - 549.

[215] Mendenhall, R.R.. Arbitrage Risk and Post-Earnings-Announcement Drift[J]. *Journal of Business*, 2004, 77(4):875 – 894.

[216] Merkl-Davies, D. M., Brennan, N.M.. Discretionary Disclosure Strategies in Corporate Narratives: Incremental Information or Impression Management? [J]. *Journal of Accounting Literature*, 2007, 27(3):116 – 196.

[217] Merkley, K. J.. Narrative Disclosure and Earnings Performance: Evidence from R&D Disclosures[J]. *The Accounting Review*, 2014, 89(2): 725 – 757.

[218] Mikolov, T., Chen, K., Corrado, G., Dean, J.. Efficient Estimation of Word Representations in Vector Space[J]. *Computer Science*, 2013 September: 1 – 12.

[219] Miller, T., Triana, M. C.. Demographic Diversity in the Boardroom: Mediators of the Board Diversity-Firm Performance Relationship [J]. *Journal of Management Studies*, 2009, 46(5):755 – 786.

[220] Miller, T., Triana, M. D. C.. Demographic Diversity in the Boardroom: Mediators of the Board Diversity-Firm Performance Relationship [J]. *Journal of Management Studies*, 2010, 46(5):755 – 786.

[221] Morck, Randall, Shleifer, Andrei, Vishny, Robert, W.. Management Ownership and Market Valuation: An Empirical Analysis[J]. *Journal of Financial Economics*, 1988, 20(1):293 – 315.

[222] Muslu, V., Radhakrishnan, S., Subramanyam, K. R., Lim, D.. Forward-Looking MD&A Disclosures and the Information Environment[J]. *Management Science*, 2015, 61(5):931 – 948.

[223] Narayanan, V., Adams, C. A.. Transformative Change Towards Sustainability: The Interaction between Organizational Discourses and Organizational Practices [J]. *Accounting and Business Research*, 2017, 47(3):344 – 368.

[224] Ohlson, J. A.. Earnings, Book Values, and Dividends in Equity Valuation[J]. *Contemporary Accounting Research*, 1995, 11(2):661 – 687.

[225] Olibe, K. O., Cready, W. M.. The Relative Value of Non-U.S.-Based Annual Reports and Accounts: A Price and Trading Volume Analysis

[J]. *Review of Accounting & Finance*, 2003, 2(3):5 - 27.

[226] Peng, Zhou, Nora, El-Gohary. Ontology-Based Automated Information Extraction from Building Energy Conservation Codes [J]. *Automation in Construction*,2017,74: 103 - 117.

[227] Phillips, Paul, A.. Hotel Performance and Competitive Advantage: A Contingency Approach [J]. *International Journal of Contemporary Hospitality Management*, 2013, 11(7):359 - 365.

[228] Phillips, G. M., Hoberg, G.. Text-Based Network Industries and Endogenous Product Differentiation [J]. *Journal of Political Economy*, 2016, 124(5):1423 - 1465.

[229] Price, S. M. K., Doran, J. S., Peterson, D. R., Bliss, B.. Earnings Conference Calls and Stock Returns: The Incremental Informativeness of Textual Tone[J]. *Journal of Banking & Finance*, 2012, 36(4):992 - 1011.

[230] Rennekamp, K.. Processing Fluency and Investors' Reactions to Disclosure Readability[J]. *Journal of Accounting Research*, 2012, 50(5): 1319 - 1354.

[231] Robb, Drew. Directory Enabled Networking: Coming Soon.[J]. *Business Communications Review*, 2001, 31(6):52 - 52.

[232] Rogers, J. L., Buskirk, A. V., Zechman, S. L. C.. Disclosure Tone and Shareholder Litigation[J]. *The Accounting Review*, 2011, 86(6): 2155 - 2183.

[233] Rorty, R. M.. *The Linguistic Turn: Essays in Philosophical Method*[M]. University of Chicago Press, 1992.

[234] Ross.S.A.. The Determination of Financial Structure: The Incentive-Signalling Approach [J]. *The Bell Journal of Economics*, 1977, 8(1): 23 - 40.

[235] Sadique,M.A.. Common Management of Investment Capital From Different Investors in Mudarabah: Scope of Validity and Consequences in Islamic Law [J]. *International Journal of Business Economics & Law*, 2013, 3(3):38 - 45.

[236] Saku, Mantere, E. V.. On the Problem of Participation in Strategy: A Critical Discursive Perspective[J]. *Strategic Direction*, 2009, 25(9): 341 - 358.

[237] Schrand, C. M.. Walther, B. R.. Strategic Benchmarks in Earnings Announcements: The Selective Disclosure of Prior-Period Earnings Components[J]. *Accounting Review*, 2000, 75(2): 151 - 177.

[238] Schroeder, N., Gibson, C.. Readability of Management's Discussion and Analysis[J]. *Accounting Horizons*, 1990, 4(4): 78 - 87.

[239] Shannon, C. E., Weaver, W.. The Mathematical Theory of Communication[J]. *Bell Labs Technical Journal*, 1949, 27(3): 379 - 423.

[240] Shaw, J. B.. The Development and Analysis of a Measure of Group Faultlines [J]. *Organizational Research Methods*, 2004, 7 (1): 66 - 100.

[241] Shleifer, Andrei, Vishny, Robert. Large Shareholders and Corporate Control [J]. *Journal of Political Economy*, 1986, 94 (3): 461 - 488.

[242] Shrader, C. B., Blackburn, V. B., Iles, P.. Women in Management and Firm Financial Performance: An Exploratory Study[J]. *Journal of Managerial Issues*, 1997, 9(3): 355 - 372.

[243] Singhvi, S., Desai, H.. An Empirical Analysis of the Quality of Corporate nancial Disclosure[J]. *The Accounting Review*. 1971, 46(1): 129 - 138.

[244] Sonenshein, S.. We're Changing-or Are We? Untangling the Role of Progressive, Regressive, and Stability Narratives during Strategic Change Implementation[J]. *Academy of Management Journal*, 2010, 53 (3): 477 - 512.

[245] Sonenshein, S., Dholakia, U.. Explaining Employee Engagement with Strategic Change Implementation: A Meaning-Making Approach[J]. *Organization Science*, 2012, 23(1): 1 - 23.

[246] Spence, M.. Job Market Signaling[J]. *Quarterly Journal of Economics*, 1973, 87: 355 - 374.

[247] Tadelis, S.. The Market for Reputations as an Incentive Mechanism[J]. *Journal of Political Economy*, 2002, 110(4), 854 - 882.

[248] Tae- Hwy, Lee. Spread and Volatility in Spot and Forward Exchange Rates[J]. *Journal of International Money & Finance*, 1994, 13(3): 375 - 383.

[249] Tekfi, Chaffai. Readability Formulas: An Overview[J]. *Journal of Documentation*, 1987, 43(3):261 - 273.

[250] Thatcher, A. R.. The Long-Term Pattern of Adult Mortality and the Highest Attained Age[J]. *Journal of the Royal Statistical Society*, 1999, 162(1):5 - 43.

[251] Thatcher, S. M. B., Zanutto, K. A. J. E. Cracks in Diversity Research: The Effects of Diversity Faultlineson Conflict and Performance[J]. *Group Decision and Negotiation*, 2003, 12(3):217 - 241.

[252] Thatcher, S., Patel, P. C.. Demographic Faultlines: A Meta-Analysis of the Literature[J]. *Journal of Applied Psychology*, 2011, 96(6):1119.

[253] Thomas, Schleicher, Ahmed,Tahoun, Martin,Walker. Response to Discussant IFRS Adoption in Europe and Investment-Cash Flow Sensitivity: Outsider versus insider Economies[J]. *International Journal of Accounting*, 2010, 45(2):173 - 174.

[254] Trezzini, B.. Probing the Group Faultline Concept: An Evaluation of Measures of Patterned Multi-Dimensional Group Diversity[J]. *Quality & Quantity*, 2008, 42(3):339 - 368.

[255] Trueman, B.. Managerial Disclosures and Shareholder Litigation [J]. *Review of Accounting Studies*, 1997, 2(2):181 - 199.

[256] Tversky, A., Kahneman, D.. Advances in Prospect Theory[J]. *Journal of Risk & Uncertainty*, 1992, 5(4):297 - 323.

[257] Vaara, E., Kleymann, B., Hannu, Serist.. Strategies as Discursive Constructions: The Case of Airline Alliances[J]. *Journal of Management Studies*, 2004, 41(1):1 - 35.

[258] Vaara, E., Tienari, J.. On the Narrative Construction of

Multinational Corporations: An Antenarrative Analysis of Legitimation and Resistance in a Cross-Border Merger [J]. *Organization Science*, 2010, 22(2):370 - 390.

[259] Verrecchia, R. E.. Discretionary Disclosure [J]. *Journal of Accounting & Economics*, 1983, 5(1):179 - 194.

[260] Wagenhofer, A.. Voluntary Disclosure with a Strategic Opponent [J]. *Journal of Accounting & Economics*, 1990, 12(4):341 - 363.

[261] Watts, R. L., Leftwich, R. W.. The Time Series of Annual Accounting Earnings[J]. *Journal of Accounting Research*, 1977, 15(2): 253 - 271.

[262] Yang, Y.. An Evaluation of Statistical Approaches to Text Categorization[J]. *Information Retrieval*, 1999, 1(1 - 2):69 - 90.

[263] Yardley, J. A., Kauffman, N. L., Cairney, T. D., Albrecht, W. D.. Supplier Behavior in the U.S. Audit Market[J]. *Journal of Accounting Literature*, 1992, 11(11):151 - 184.

[264] Zeff, S. A., Bevis, H. W., Ross, H.. Corporate Financial Reporting in a Competitive Economy[J]. *The Journal of Finance*, 1967, 22(1):117.

[265] Zhou, C., Sun, C., Liu, Z., Lau, F.C.M.. A C-LSTM Neural Network for Text Classification[J]. *Computer Science*, 2015, 1(4):39 - 44.

[266] Zoltan, Matolcsy, Anne, Wyatt. Capitalized Intangibles and Financial Analysts[J]. *Accounting & Finance*, 2006, 46(3):457 - 479.